中国名记者

ZHONGGUO MING JIZHE

第六卷

柳斌杰 ◎ 主 编

李东东 ◎ 副主编

人民出版社

责任编辑：雍 谊
封面设计：赵 洁
版式设计：顾杰珍 严淑芬
责任校对：周 昕

图书在版编目（CIP）数据

中国名记者 . 第 6 卷 / 柳斌杰 主编 . — 北京：人民出版社，2017.1
（中国名记者系列丛书）
ISBN 978 – 7 – 01 – 015970 – 6

I. ①中… II. ①柳… III. ①记者 – 生平事迹 – 中国 – 近现代
  IV. ① K825.42

中国版本图书馆 CIP 数据核字（2016）第 052909 号

中国名记者

ZHONGGUO MING JIZHE

（第六卷）

柳斌杰 主编 李东东 副主编

人民出版社 出版发行
（100706 北京市东城区隆福寺街 99 号）

北京新华印刷有限公司印刷 新华书店经销

2017 年 1 月第 1 版 2017 年 1 月北京第 1 次印刷
开本：720 毫米 × 1000 毫米 1/16 印张：22.75
字数：350 千字

ISBN 978 – 7 – 01 – 015970 – 6 定价：58.00 元

邮购地址 100706 北京市东城区隆福寺街 99 号
人民东方图书销售中心 电话（010）65250042 65289539

铁肩担道义
文章谱千秋

中国**名**记者
第六卷

铁肩担道义　文章谱千秋

——《中国名记者》序

柳斌杰　李东东

自鸦片战争以来，中国近现代历史是一部中国人民抵御外来侵略、争取民族独立的历史，也是劳苦大众反抗剥削压迫、追求自由解放的历史，更是中华儿女前赴后继追求光明和真理、为国家富强和民族复兴而奋斗的历史。在这一百多年可歌可泣、波澜壮阔的历史进程中，一代代优秀的新闻工作者竭诚奉献，倾情投入，发挥了传播真理、唤醒民众、鼓动革命、引领潮流的巨大作用，谱写出辉煌而多彩的篇章。这些优秀的新闻记者既是历史的亲历者、参与者，也是历史的记录者、思想者，他们凭借积极的思考和果敢的行动，在历史演进的轨迹中打上了自己的深刻印记，而他们抒写的文字、拍摄的图片，则生动地记录了中国近现代历史的风云变幻和曲折发展。王韬、梁启超、秋瑾、邵飘萍、陈独秀、蔡和森、邹韬奋、瞿秋白，范长江、邓拓、穆青、范敬宜、郭超人……一个个彪炳史册的人物，不仅在中国新闻史上占有重要地位，也对中国不同时期的革命和建设事业作出了卓越贡献。

《中国名记者》系列丛书的主角，就是中国近现代新闻事业中优秀的新闻记者；所要反映的，就是他们为时代发声、为人民立言纪事的光辉历程和突出业绩；他们代表了历史前进的主流。我国近现代意义上的新闻活动从晚清开始，自那时算起，历经戊戌变法、辛亥革命、第一次国内革命战争、第二次国内革命战争、抗日战争、解放战争，直至新中国成立到改革开放初期，我国新闻事业与时俱进，发展壮大。其间，几代中国优秀记者，为民族独立、为民主政治、为文化事业、为社会发展贡献了力量和智慧。进入改革开放时代，在新的形势和新的背景下，又涌现出许多优秀的新闻工作者，他们高举中国特色社会主义伟大旗帜，认真贯彻落实党中央解放思想、改革开放的总要求，贴近实际、贴近生活、贴近群众，创造性地开展新闻工作，把前辈们忠于党、忠于人民的光荣传统发扬光大，成为新时期新阶段我国新闻事业的创造者。《中国名记者》系列丛书就是从千千万万记者中遴选出 400 位各具特色、有代表性的著名记者，介绍他们的生平事迹，选登他们的代表性作品，评析其内容和价值，力图以短小的篇幅、精练的文字，展示这些著名记者的思想、业绩和情操，以激励今人，启迪来者。

收录于本丛书的著名记者都是中国近现代新闻工作者的杰出代表，历史跨度达一百四五十年。从 1874 年创办《循环日报》的中国第一个报刊政论家王韬、西学东渐的先驱严复、近代舆论界第一人梁启超，到五四运动总司令陈独秀、"铁肩辣手"邵飘萍、党的报刊开拓者瞿秋白，到邹韬奋、范长江……他们的身上，集中体现了中国优秀新闻工作者的理想追求、道德品质和社会责任感、历史使命感。他们或为启发民智而呐喊，或为揭露黑暗而拍案，或为寻找光明而高呼，或为坚守正义而发声。他们的生命和追求，"就是完全大公无我的对社会服务的精神组成的"（邹韬奋语），是为民族独立、国家富强、社会进步、民众幸福而奋斗不息的精神。这种精神，这种品格，无疑是今天的新闻工作者应该继承、弘扬的宝贵财富，是年轻一代新闻记者学习的榜样，也是激励整个社会奋发有为、创新进取的重要力量源泉。

我国最早的一批优秀记者、报人，面对民族生存的深重危机，表现出强烈的忧患意识和爱国情怀，他们热议朝政，力倡革新和革命，为救亡图存奔走呼号。革命战争年代，一批红色记者揭露国民党的黑暗统治，热情歌颂中国共产党领导的人民解放事业，体现了对历史发展大势的清醒认识，对社会进步潮流的自觉顺应。新中国成立后，大批优秀的新闻记者紧跟时代步伐，积极反映革命和建设事业的发展变化，针砭阻碍社会发展的不良风气和陈规陋习。改革开放三十多年来，我国经济社会迅猛发展，新闻工作者参与其中，用自己的笔墨、镜头、声音和图像，为伟大的改革开放事业鼓与呼，忠实记录了时代的变迁和文明的演进。可以说，历史的发展，社会的进步，是这些著名记者的共同追求。虽然历史阶段、表现形式各不相同，但我们看到，在这些优秀记者身上，体现的是深沉的历史担当，是对国家富强、人民幸福的满腔赤诚。当代新闻记者，特别是年轻记者要写出真正有分量、能够产生重大影响的新闻作品，首先必须具备这样的历史责任意识，站在顺应历史规律、推动社会进步的高度，投身于时代的火热实践之中，积极推动党和人民新闻事业发展，在人类文明进步的伟大实践中担当重任。

就专业素养而言，近现代著名新闻记者有一个共同的特点，就是都具有崇高的新闻职业操守和追求真理的精神。他们不辞艰辛，深入采访，深度思考，坚持新闻真实性原则，坚持用事实说话，用真相说理，拒绝虚假新闻，反对胡编乱造。"涉浅水者得鱼虾，涉深水者得蛟龙。"范长江、邹韬奋、穆青等老一辈新闻工作者能写出《动荡中之西北大局》《萍踪寄语》《县委书记的榜样——焦裕禄》等至今仍为人们传颂的新闻名作不是偶然的，这些前辈们为了一篇报道往往奔波数百里、上千里，采访上百人，深入下去采写，精心凝练思想，每一篇名作背后都浸透了辛勤的汗水。泡在会上、盯着网上要新闻，那是出不了名记者的。只有认真落实"三贴近"要求，深入到改革开放和现代化建设的伟大实践中，深入到丰富多彩的现实生活中，深入到人民群众中"挖新闻"，切实把前辈们"脚板底下出新闻"的优良作风发扬光大，才能写出人民群众喜闻乐见甚至传之久远的报道。

收入本丛书的著名记者还有一个共同的特点，那就是他们都拥有丰富的知识和宽广的视野，并且把不断学习视为重要的人生信条。新闻记者前辈如胡愈之、爱泼斯坦、穆青、范敬宜等，一生都在不断地学习，真正做到了"活到老，学到老"。他们总是每次采访前先做"功课"，时时学习，处处学习。正是他们渊博的学识、广阔的视野以及优美的文字，使得新闻作品充满了深厚情感，闪烁着智慧的光芒，被读者争相阅读，广为传诵。当代新闻记者要在新形势下作出成绩，也必须不断完善知识结构，拓宽知识领域，提高自身素质。要深入了解国际国内形势的发展变化，培养世界眼光和战略思维，增强全球传播意识。加强现代经济、法律、文化和各种科技知识的学习，深入研究信息化条件下新闻传播规律和传播艺术，善于运用信息、数字、网络等现代科技手段开展新闻工作。尤其是在全媒体时代搞新闻，是以知识、技术、信息为竞争力的，必须要把前辈们持之以恒的学习精神发扬光大，争做新闻高手。

在改革开放的恢弘背景下，新闻出版业在党和国家的亲切关怀下，积极进取，锐意改革，实现了空前的大发展、大繁荣、大跨越。目前，我国已经成为世界上的新闻出版大国，全国共有十多种传播业态在发展，报纸、刊物、图书、广播、电视、电影等主流媒体均在世界前列，新媒体更是全球领先，新闻工作者达 40 多万人，新闻出版、广电、互联网从业人员超过 1000 万人，可谓规模巨大。但我们也要看到，我国新闻出版广电业与发达国家相比还有一定的差距，我们虽然已经是新闻出版广电大国，但还不是新闻出版广电强国，我们继续发展的空间还很大，开拓创新的任务还很艰巨。为了实现新闻出版广电业的科学发展，早日把我国建设成为新闻出版广电强国，新时期的新闻记者们还需持续不断地努力奋斗，开拓进取。要继承前辈记者的精神品格，发扬前辈记者的优良传统，高举中国特色社会主义伟大旗帜，以邓小平理论和"三个代表"重要思想为指导，深入贯彻落实科学发展观，认真贯彻落实党中央的决策部署和工作要求，解放思想、实事求是、与时俱进，贴近实际、贴近生活、贴近群众，深入到新闻事发地、灾区、战场、疫区等地实地采访，用一篇篇报道、一张张图片、一组组镜头，生动书写中华民族富起来、强起来的宏伟历程，为国家富强、人民幸福、祖国统一提供精神动力、智力支持和舆论氛围。

2012 年 11 月，党的十八大胜利召开，以习近平同志为总书记的新一届中央领导集体，明确提出要实现中华民族伟大复兴的中国梦，而建设新闻出版广电强国作为中国梦的有机组成部分，已经开启了新的征程。回首往昔，岁月峥嵘；展望未来，前景光明。当此之时，我们编辑出版《中国名记者》系列丛书，展示一百多年来优秀新闻记者的责任与担当，业绩与精神，总结其新闻实践的经验和价值，不仅是对前辈新闻记者的缅怀和纪念，也是为了引导和激励今天的新闻记者踏着前人的足迹，更加奋发有为、锐意进取，努力成为无愧于我们这个伟大时代的优秀新闻人。

目录

目录

陆诒
（1911—1997）

　　陆诒（1911—1997）抗日战争时期三位出色的战地记者之一。他辗转于大江南北，出没于枪林弹雨之中，深入硝烟弥漫的抗战第一线，为宣传中国共产党的政治主张和抗日决心，宣传抗日民族统一战线作出重大贡献。他是中国青年新闻记者协会的发起者之一，是中国新闻教育的先行者，是一位理论与实务兼备的优秀新闻工作者。

战地黄花分外香

陆诒，字翼维，笔名静芳、芬君、何畏之、诸葛子民、以群、贺灵等，今上海闵行人，生于1911年8月14日，卒于1997年1月9日，有"战地百灵"之称。抗战胜利前，历任《新闻报》记者，《大公报》战地特派员，《新华日报》编委、采访部主任，《光明报》主编；抗战胜利后，任《联合日报》《联合晚报》和《时代日报》编委、采访部主任；新中国成立后，担任上海《新闻报》副总编辑。主要著作有《前线巡礼》《火线上的五路军》《热河失陷目击记》《亚非地区的新形势》《古老城市的新建设》《战地萍踪》和《文史杂忆》等。

从业新闻系偶然　淞沪抗战初成名

将新闻作为一辈子的事业，陆诒并没有料到，对于这位新闻大家来说，从业新闻仅仅只是一个偶然。

幼年的陆诒，家境贫寒，1927年8月从上海江苏省立商业专门学校中学部毕业后便暂时中断了学业，在上海法租界马浪路（今马当路）

中·国·名·记·者

私立通惠小学做起了小学教员。

转机出现在 1930 年。陆诒偶遇"私立民治新闻学院"校牌并报名入学，就是这样一个决定改变了他的一生。当时该校校长是《新闻报》采访科副主任顾执中，另有戈公振、严独鹤、翦伯赞、艾思奇等知名人士执教，每晚授课两小时。仅一年的时间，陆诒便因成绩优异被《新闻报》看中，于 1931 年 8 月进入该报工作，担任顾执中先生的助理，协助编辑《每周画报》。九一八事变后，顾执中先生随李顿调查团去沈阳，就由他全权编辑《每周画报》。

夜幕中的上海，静谧安详，呼啸而过的炮弹划破夜空，一·二八淞沪抗战爆发。这一天是 1932 年 1 月 28 日。这是继九一八事变后，日军对中方的再次严重挑衅，当顾执中先生在采访室调兵遣将，决定派记者赴战地闸北作现场采访时，隆隆的枪炮声也震醒了正在《新闻报》三楼宿舍熟睡的陆诒。顾先生的采访安排进行得并不顺利，记者们相互推诿，一反平日"共赴国难"的态度，一时间工作陷入僵局。家国情怀激涌下的陆诒并不能理解关键时刻记者们的畏首畏尾，主动请缨奔赴闸北前线。在没有任何人身保险的情况下，21 岁的陆诒跟随该报记者李祖唐到宝山路附近的北站采访。行至闸北中兴路，恰遇敌机低空扫射，出租车司机说什么也不肯驱车前进，于是陆诒决定弃车独往，并约定：我一个人到北站先去看看，你们在此等两小时，如果超过时间，就不必等了。

硝烟弥漫中，陆诒走进闸北前线一间指挥所，接见他的不是意想中驻守上海的十九路军军官，而是刚从南京调来的宪兵第六团三营营长李上珍。他告诉陆诒，1 月 27 日他才由南京调来，奉命与十九路军张君嵩团调防接防，接防部署未就，日军就已经杀上门来。他说：敌人既然打了第一枪，我们就不能不回敬第二枪。我与张团长通过电话，表示坚决服从他的指挥，坚守阵地。张团长非常痛快地说：那好极了，我们都是爱国军人，敌人打来了，再也不要分什么十九路军和宪兵的界限，我们团结起来狠狠地打！李营长掷地有声的誓言，前线将士义无反顾地拼搏，都让陆诒热血沸腾。

陆诒全程跟踪报道历时 34 天的淞沪抗战。几十年后，他当年的上

陆
诒
(1911—1997)

级也是老师顾执中老先生在回忆录中写道："我派陆诒随军采访，他在这次采访中表现得十分勇敢，十分努力，他的未来数十年的新闻工作上的成就，实是从此开始。"①

携笔报国书写战地传奇
采写实践成就专业理念

从淞沪抗战开始，陆诒以笔为枪，而《新闻报》《大公报》《新华日报》正承载着这位新闻战士的报国夙愿。他辗转大江南北，深入前沿敌后，哪里最危险，哪里就会有他的足迹和身影。从长城抗战到武汉保卫战，他足不停步、手不辍笔，用一篇篇真切翔实的战地通讯和人物访问向读者及时反映战局变化，为中华民族的抗战史留下一页页珍贵史料。

从 1939 年 6 月到 1940 年 2 月，他历经万难来到冀南、冀中、晋察冀边区及平西等抗日根据地，报道了八路军在华北敌后战场上"全民抗战"的光辉业绩。

1941 年 2 月，因皖南事变而被迫流亡香港、新加坡的陆诒，在太平洋战争爆发后、新加坡沦陷前，在香港《华商报》、新加坡《南洋商报》、吉隆坡《新国民日报》上发表文章，使海外华侨了解祖国抗战的真实情况，呼吁华侨团结抗日。同年返回重庆后，自 5 月起，在《新华日报》上发表大量有关太平洋战争、新加坡大撤退、滇缅边境以及中国远征军孙立人部的系列报道。

他用笔真实生动地记录了那一段风云激荡的历史，极大鼓舞振奋了军民斗志。他跑前线，也跑后方；他采访过毛泽东、周恩来、朱德、彭德怀等共产党高层领导，也采访过蔡廷锴、张治中、傅作义、卫立煌等国民党高级将领，在报道战况的同时对人物进行了客观评介。炮火纷飞中陆诒多次与死神擦身而过，也正是无数次出生入死的采访，换来了他笔下定格的珍贵历史瞬间。

陆诒多年的新闻采写实践经验集中在新闻工作者的素养和新闻记者的采访之道两个方面，归结起来主要有六点：

一、记者要有全局观。他曾写道，战地采访经验中最主要的一条，必须先了解战争的全局，才能采访一个战役或一次战斗。宏观与微观必须密切结合，因为军事是政治的继续。②

二、记者要做到不断学习。需要学习的不仅有书本知识，还有社会知识。他强调，当记者最要紧的一条，就是要随时随地坚持学习，而且还要善于学习；做记者工作如果稍微骄傲自满，放松一点，就会落后于形势发展，落后于时代。

三、记者要做"两广总督"。一要广结报缘，即与各家报纸结缘，相互沟通情况；二要广结人缘，结交各方人士，使自己消息灵通，并在自己周围结成一个智囊团。但广结报缘与人缘并非放弃政治立场，毫无原则，而须保持清醒的头脑。③

四、记者要学会"跑新闻"④。深入生活、深入群众，深入到第一线去采访。他认为，记者只有深入基层、了解第一线真实情况，才有资格纵谈天下大局。⑤

五、记者采访前要做好准备。他觉得，访问一个人物，事前准备越是周到、充分，采访就处处主动。访问前，对访问对象的背景资料要有一番调查研究，做到心中有底。只有这样，采访时才能有的放矢，抓住要害，提出问题。⑥

六、记者采访提问一定要具体。他认为，提问题切忌提得笼统、抽象。提问题提得越具体越好，还要有深度和广度。⑦

此外，陆诒还格外重视资料的积累与记录。陆诒在新闻采访中不仅勤于跑，而且勤于记，他的笔记不但时间、地点、访谈内容非常详尽，而且连采访一些会议或有数人在场时，被访对象的座次、位次都有注明。⑧

陆　诒 (1911—1997)

专心做的两件事

陆诒一生中与两个组织有着较长时间的密切联系：一个是中国青年新闻记者学会，一个是民治新闻专科学校。

1937年11月8日，中国青年新闻记者学会正式成立，它是中华全国新闻工作者协会的前身，陆诒、范长江等二十四人正是这一组织的发起人。在"青记"的各个分会中，陆诒参与创办了中国青年新闻记者学会第五战区分会和中国青年新闻记者学会晋察冀边区分会。

民治新闻专科学校，自1930年陆诒成为该校的学生后，便与陆诒有了长达数十年的不断情缘。学校从1943年在重庆正式复校到1954年停止招生，陆诒在12年时间里担任过代理校长、副校长，负责过招生工作和授课，可以说，陆诒见证了这所学校成长的始终。

老骥伏枥　志在千里

1957年被错划为右派后，陆诒的才干未能得到很好施展。等到拨乱反正时，陆诒已近古稀之年，但他老而弥坚，抖擞精神，再次上路。责任心和事业感驱使他不停地写作，用笔真实地记录着改革开放的时代。1986年，他应聘担任《人民日报》特约记者，开始为《人民日报·海外版》写稿。

此外，他主持了上海政协文史、统战文史的组稿、编辑和写作工作，出版了《战地萍踪》《文史杂忆》等极有历史价值的旧闻和回忆文集。他还担任全国政协委员第四、五、六、七届委员和上海市第三、四、五届政协常委，中国民主同盟第五、六届中央委员，民盟上海市委第八届副主任委员。他还是《新华日报》和《群众》杂志史学会副会长，上海市新闻工作者协会顾问、中华全国新闻工作者协会名誉理事。从 1979 年开始，陆诒担任复旦大学兼职教授，兼新闻系采访写作教研室主任，还担任新闻专业的硕士生、博士生导师。

注释：

① 韩辛茹：《陆诒》，人民日报出版社 1996 年版，第 4 页。

② 于友：《陆诒答于友》，《新闻记者》1989 年第 3 期。

③ 甘惜分主编：《新闻学大辞典》，河南人民出版社 1994 年版，第 29 页。

④ 周胜林：《名记者　兼职教授　良师益友——记忆中的陆诒》，东方网 2009 年 6 月 29 日。

⑤ 陆诒：《几十年记者生涯的切身感受——从博古一席话说到怎样当记者和通讯员》，《新闻通讯》1994 年第 4 期。

⑥ 于友：《陆诒答于友》，《新闻记者》1989 年第 3 期。

⑦ 于友：《陆诒答于友》，《新闻记者》1989 年第 3 期。

⑧ 陆慧年：《陆诒同志，祝你走好！》，《群言》1997 年第 4 期。

作品选编

台儿庄前线

我和范长江回到汉口出席中国青年记者学会成立大会的时候，鲁南战场上的战斗，规模越打越大，前方战局十分紧张。我们开完会匆匆赶回徐州，时已四月初，日军正向我台儿庄大举进攻，企图攻占这个战略要点，然后夺取津浦与陇海两条铁路交通的枢纽——徐州，再进攻武汉。

到徐州的当晚，我们就去五战区司令长官部访问李宗仁将军。他正在与白崇禧将军下象棋，白当时担任最高统帅部副总参谋长，到徐州来协助李宗仁指挥作战。他们两人见记者来访，即中止下棋，邀我们坐下来谈话。白崇禧将军个子高大，光头，戴无边的近视眼镜，穿的黄呢军装，衣领是敞开的，手里还拿着一支红铅笔。他们亲切地问我们汉口的近况。我说："我们在武汉看到青年踊跃从军，各省军队纷纷通过武汉开赴前线，救亡工作也正在开展，举国上下，同仇敌忾，确有一番团结战斗的新气象。后方各界人士密切关心津浦路战局，希望你们就目前战局趋势谈点看法。"李宗仁将军推白将军先发言，而白则一再谦让。这时前方打来的紧急电话接连不断，白崇禧一面接电话，一面用红铅笔在纸上做记录，分不开身。最后，还是李宗仁将军告诉我们："这几天，台儿庄正面战场打得很激烈，孙连仲所部第二集团军坚守台儿庄，浴血苦战，阵地上每天落日军炮弹六千发，伤亡惨重。我已命令二十军团汤恩伯所部迅速南下，夹击日军，以解台儿庄我军之危。当前战局的发展瞬息万变，我建议你们明天赶快上第一线作现场采访，不要专向上面伸手要现成战报。"他的建议并非无的放矢，当时确有部分同业常驻徐州，专发官方战报，不愿到前线看看真相。

从徐州到台儿庄前线不过五六十里，每天有军车来往，我们有国民革命军军委会颁发的战地记者证明文件，搭乘军车极便。第二天上午，我们就搭军车直达汤恩伯将军的司令部，他的部队位于台儿庄的东北方向，正是日军的侧翼，他的作战任务不是守一点一线，而是在运动战中全力攻击日军的侧翼，迫使他们不能不分兵作战，以减轻对台儿庄我军的压力。

汤恩伯的第二十军团，辖两个军（第五十二军关麟征和八十一军王仲廉）共计五个师（第二师郑洞国、第二十五师张耀明、第四师陈大庆、第八十九师张雪中和第一一〇师张轸）。这个军团最初奉命支援津浦路北段川军二十二集团军作战，不幸在部队刚到时，滕县县城已先一日沦陷，他们只能消极地掩护友军退却。当日军矶谷师团大举南下之时，汤军团奉命让开津浦路正面，退入抱犊岗东南的山区。日军即循津浦路的临枣（临城至枣庄）支线全力进攻，直扑台儿庄。

汤恩伯将军在一间农舍中接见我们。他说："打运动战，就是要天天行军，专找敌军的薄弱环节打。过去我们死守阵地挨打，吃了很大的亏。现在我军集中全力进攻日军的侧翼，以支援扼守台儿庄正面战场的友军。"

四月五日，我和范长江从汤恩伯所指挥的张耀明师师部，骑马到第二集团军孙连仲将军的司令部。这位最善于防守的西北军名将，当时正忙于接待刚从徐州来访的二十多位中外记者和外宾。孙连仲和他的参谋人员向我们报告台儿庄作战的经过，使我们对整个战局有所了解。

进攻台儿庄的日军是矶谷师团所属的濑谷旅团，他们从津浦路南下，长驱直入，骄横不可一世，却不料在台儿庄这个寨子遇到了我军顽强的抵抗，侧翼同时也受到我军的威胁。日军原来的如意算盘是，进攻临沂的日军板垣师团迅速赶到徐州东面来会师，结果被西北军庞炳勋和张自忠所部在临沂打垮，退往莒县，根本不能彼此呼应。临沂我军大捷，实为台儿庄胜利的先决条件。当时孙连仲将军早已接到长官部的命令，正在积极部署反攻，但他对中外记者仍然保持缄默。有位记者问孙将军什么时候开始反攻，他笑笑回答："我们守在台儿庄，能顶住一天是一天，至于什么时候反攻，那只有司令长官部才知道！"

陆 诒 (1911—1997)

一九三八年四月六日，我在孙连仲将军的司令部中，只听见敌我双方炮声隆隆，这天敌机终日出动，在接近台儿庄的地区轮番轰炸、扫射，极力阻挠我军向前线增援。我们二十多位中外同业坐在一起，大家虽不明言，但心里都明白，今晚上必有一场恶战。

当天下午，中央社战地记者曹聚仁偕夫人搭军车回徐州去了。我和范长江在送走曹氏夫妇之后，就不再待在孙将军的司令部里。孙将军特为我们备马两匹，派一个副官连夜把我们送到距台儿庄只有三里的一个小村庄——这是三十军三十一师池峰城师长的指挥所。这位三十多岁的池师长，头发蓬松，上身只穿一件咖啡色的绒线衫，下面穿一条军裤，腰佩左轮手枪，在一间阴暗的泥土砌成的房子里来回踱步。房子四壁挂着军用地图，一只破桌子上放着一架军用电话机，还有两条大板凳。没有行军床，我只看到墙角边用稻草铺成的地铺，上面有一条没有叠好的灰色的军毯。总之，室内是乱糟糟的，大概主人忙于指挥作战，就顾不到内务了。他一见到我们，兴高采烈，有说有笑。但几昼夜未睡，嗓音嘶哑，掩盖不了他的极度疲劳。他诙谐地说："这里还有几捆稻草，真诚欢迎你们在此过夜。"

范长江笑着说："前线打得这样热闹，就是你为我们准备了'席梦思'床铺，我们也是睡不着的。"

"老兄说对了！胜败存亡就看今晚上！"池师长神情激动，拍拍我们的肩膀大声说。

池师长对我们不再保密了，他说："从三月二十三日抗击日军进攻以来，全师四个团长伤亡了三个，原有十二个营长如今只剩下两个，下级军官伤亡则更多，但是只要今夜反攻令下，疲兵再战，我们还是有决心打一场胜仗给你们看看的！"

四月六日晚上九点半，全军下达反攻命令，我军重炮首先向日军阵地集中轰击，炮声震撼了大地。我们走出指挥所观察，遥见台儿庄内日军的弹药库已中弹爆炸，圆柱的火光直冲云霄。我军先头部队趁日军慌乱之际，冲进台儿庄寨子，展开白刃战，把原来困守台儿庄一角的残敌八百多人全部歼灭，只有少数日军向台儿庄北郊退却。

四月七日清晨，我军克复台儿庄并立即向前追击，肃清三里庄以北的残敌，俘获日军坦克八辆，以及山炮、轻重机关枪、步枪等大量战利品。胜利的消息传来，大家兴奋若狂，我们急忙披衣出发，向池师长匆匆告别。

我们坐临台支线的铁路摇车向台儿庄急驶。前线尚有稀落的炮声，这是日军掩护退却的炮击；附近尚有机关枪的密集扫射声，这是我军正在几个村庄里搜索残敌。铁路两旁的田野里，到处都是炮弹窟。台儿庄南站的房屋原为三层，现被炮火毁去两层，周围房屋也没有一所是完整的。这时，有三架敌机从远处飞来，五分钟后，来了一阵猛烈的轰炸，一道柱形的泥土和浓烟，从离我们两百米的地方冲向空中，我们尚未找到隐蔽处所，敌机又来扫射。敌机的干扰，使我们在路上耽误了不少时间。

接近前线时，我们进入交通壕步行前进，看到战士们有的在加固防御工事，有的正在休息，有的还在唱歌、哼京戏，他们一个个喜形于色，精神奋发，似乎早已忘记几小时前的激烈战斗。总之，给我的印象是士气旺盛，这是抗战以来战场上少见的现象。

当天下午一时半，我们通过运河上的军用浮桥，跨进台儿庄西门。眼前是一幅残垣断壁的景象，有几处房屋余烬未熄。脚下所践踏的都是瓦砾、弹片和炮弹壳，时常还有半烧焦的木片和零乱的电线之类挡住去路。从西门可以一眼看到东门、南门和北门的郊外，没有什么建筑物会阻挡你的视线。

"凯旋门系白骨筑成，自由花是热血灌溉。"事实确是如此，台儿庄内还有不少我军英勇战士的尸体，有的虽然全身焦黑了，但仍屹立在墙角，左手持枪，右手高举手榴弹。有的双目圆睁，直视前方，令人肃然起敬。最惨的是一个被敌人杀害的老乡的尸体，身上有三条刺刀痕，鲜血流淌一地，旁边还有一篮蔬菜。我军掩埋队正在忙于掩埋军民尸体，到处散发着臭气和火药味，刺鼻难闻。在北门内，还有日军弹药库爆炸后的遗迹，子弹壳和烧焦了的木板箱，狼藉满地。日军的骨灰盒在旁边堆得像座小山丘。

陆诒（1911—1997）

三十一师的王冠五旅长陪同我们参观战场。他边走边谈，告诉我们，当台儿庄巷战最激烈时，就是墙上一个枪眼，敌我双方都奋力争夺。一次，日军的枪刺已插进我军守卫的墙内，我们一个士兵毫不迟疑地把它捏住，刺刀刺破手掌，流血不止，他仍紧握不放，另一个士兵冲进邻室，用手榴弹把那个日军炸得粉碎。

我们走到他的旅部，看到成捆的日军三八式步枪、手提机关枪和五百顶日军的钢盔，还有好几箱弹药，堆满一屋。最引人注意的是一圆桶窒息毒瓦斯。王冠五旅长说，从四月一日起，日军在作战中曾多次使用过催泪弹、毒瓦斯。

走出北门几十步，田野间停放着四辆被我军平射炮击毁的日军轻型坦克，十几个士兵围住观看，有的爬到坦克顶上，有的用手敲敲钢板，纷纷议论。"喂！王金标，你看那家伙也不中用，几炮一打就爬不动了！""叫他们不要到中国来丢人了！"这是我在坦克旁听到的对话。还有四辆坦克被我军在东门外击毁。

重新回到台儿庄寨子，旅部举行了一次台儿庄血战座谈会。参加者都是亲历这次血战的官兵。台儿庄位于运河北岸，四周一片平原，土寨子并不高厚，在这次战斗中被打得到处是缺口。论地形条件，完全对优势装备的日军有利。凭什么我军能在这里坚守半月之久，而最后还能反攻取胜？王冠五旅长在座谈会上只用一句朴素的话来回答："就靠官兵一致的抗战决心。"他接着说："台儿庄如今成为一片焦土，这是因为在作战中敌我双方都用重炮轰击，而在进行巷战时双方又都用火攻。我们放火烧日军占领的房子，是为了摧毁他们的据点，而日军每晚也烧房子，以提防我军夜袭。往往屋子里余烬未熄，我英勇战士已纵身跳进屋中，挺身与日军作肉搏战了。"

三十一师的军医处长在座谈会上说："这次打仗，我们伤亡很大，如果光靠部队所有的担架队，无论如何是没有办法把伤兵运下去的。我们千万不能忘记鲁南的老百姓，他们把救护前线伤兵当作是自己的份（分）内事，他们一村一村自动组织起来，冒着敌人的炮火，日夜奔走在战场上抬运伤兵，有时甚至要绕道几十里，辗转运送。这个事实说明，这次台儿庄胜利的取得，应当归功于鲁南民众有力的支援。"

参加了座谈会，听了大家的发言，我才明白三月三十八日至四月一日，这几天确是台儿庄战役成败的关键时刻。战斗最紧急的时候，日军已占领了台儿庄寨子的五分之四，甚至连寨子的西北角也被攻占。当时坚守台儿庄的我军和外面的交通线全靠西门这条路，如果不及时夺回西北角这块阵地，我军在台儿庄势必被日军包围歼灭，局势千钧一发。四月一日晚上，池峰城师长当机立断，特选拔五十七人组成敢死队，连夜袭击日军阵地。经过激烈战斗，全部清除了插进西北角的日军，保证了这条和外间联系的交通线。在这次夜袭肉搏战中，敢死队生还的只有一位副营长和十三名兵士，其他的官兵都壮烈牺牲了。这次夜袭的成功，奠定了台儿庄战役胜利的基础。

台儿庄一仗，我军消灭日军一万左右。这次胜利对打击日军骄横不可一世的气焰，振奋我全国军民的抗战精神确有重大的意义。

（选自《群言》2005年第8期）

评析：

没有煽情，有的只是客观冷静的叙述，在《台儿庄前线》一文中，陆诒用全纪实的写作手法勾勒出台儿庄战役的昔日图景。真实原本就是最能撼动人心的力量，笔墨流淌间，我们已重回那个激情燃烧的年代，重新感受着坚守与责任，热血与激情。头发蓬松，几昼夜未睡，显得极度疲劳，终日的指挥作战也让嗓音变得嘶哑起来，"胜败存亡就在今晚！"寥寥几笔白描，池峰城师长的肖像已然勾勒。

"房子四壁挂着军用地图，一只破桌子上放着一架军用电话机，还有两条大板凳"，"稻草铺成的地铺，上面有一条没有叠好的灰色的军毯"，陆诒的笔下，池师长就在这样乱糟糟的指挥所内指挥着整整一个师的兵力。"战争已经让台儿庄完全失去了旧日的容颜，焦土之上四处弹痕累累，在经历过无数次冲锋、肉搏之后，交通壕中战士们士气依旧高涨"，陆诒用笔记录下了士兵们的使命与光荣。全纪实的真实记录，对军人形象的成功刻画，对恶劣战争环境的逼真描写，都让读者不由得被这种氛围所感染，对这段历史，对这些平凡而不平凡的军人肃然起敬。

陆 诒 (1911—1997)

神通广大的游击队

井陉和获鹿这两县的土地大部已经沦陷，但当地人民仍然不愿意在敌人"大东亚新秩序"统治下做奴隶，他们配合我军坚持抗日游击战争，前仆后继，战斗不息。

这两个县处在平汉、正太两条铁路之间的三角地带：南部和西北部虽然紧靠险峻的山区，东部是一片平原。河流有从娘子关流入的绵河，保持冬不结冰。农产品虽五谷都有，但旱田的麦收常不可靠，所产粮食仍不能自给。当地著名的物产是煤，抗战前有井陉、正丰两矿，规模宏大，都用机器开采，供给平汉、正太两路作燃料。抗战爆发后，这两大煤矿已为敌人占有。

一九三七年十月，日军由石家庄进攻娘子关，就在这时候井陉和获鹿两县沦陷，当地即呈无政府状态，土匪蜂起，坏人横行。两三个日军竟然可以肆无忌惮地从这村跑到那村，伸手要鸡子，要"花姑娘"，要任何东西。稍一不遂，即开枪杀人。富有者早已逃难走了，穷人只能在痛苦的深渊中挣扎。当时太原失守，八路军奉命挺进敌人后方，发展抗日游击战争，这个消息曾使沦陷区同胞眼前呈现一片曙光。千盼万盼，真像大旱之望云霓，结果却来了一个工作团，里面都是一些年轻小伙子，男女都有。他们也是手无寸铁的，只背着简单行李从这村走到那村，宣讲抗日自卫的大道理。起初，当地老乡们怀疑他们连自己能不能自卫也是个问题。

工作团不仅向群众做耐心细致的思想教育工作，而且领导他们用几条土枪和自制的手榴弹进行游击战争，首先是打击敌伪，肃清土匪。每次战斗之前都作详细调查和充分准备，战后又认真总结经验教训，连打几次胜仗，在群众中逐渐建立威信。经过半年多努力，各村自卫队、妇女救国会、儿童团等组织逐步成立，接着就成立四个区自卫队和井陉办事处。一九三八年七月，由上级抗日政权委任县长。当时为了适应游击战争环境，县政府化整为零，分成前方和后方两个办事处进行工作。一九三九年以后，因为井陉游击支队已经在战斗中发展、壮大，县政府得以在支队的有力掩护下进行政权工作。

在正太铁路以北，已经开辟抗战工作的村庄，属于井陉县的有一百六十四个，属于正定县的有六十多个，而在这带的日军据点只有十九个，他们处在广大乡村的包围之中。正太铁路的沿线车站都驻有日军守备队，铁路沿线的村庄虽名为"爱护村"，实际上绝大多数村民都是坚决抗日，拥护抗日政权和抗日军队的。

敌人组织"爱护村",为宣传护路特编出护路歌,歌词说:"有福靠近铁路住,享受益处何其多。"但眼前的事实怎样?列车满载日本的奢侈品、鸦片、白粉、浪人和妓女疾驶而来,载走的却是粮食、牛、羊、鸡、鸭以至自己的媳妇、儿子和小孩……农民看到伪钞上画着一条龙,都说总有一天会飞上天,飞到不知所踪,钞票一文钱也不值。欺骗或许能奏效一时,但总掩盖不了事实。强迫村民来爱护他们所不愿爱护的铁路,其结果适得其反。

沦陷区流传许多群众英勇抗敌的故事。罗钵村的马国琳和方山村的张晚义,过去都是不务正业的人物,村里人对他们侧目而视。但当敌军烧杀到他们村上的时候,他们就用土炮架在危崖上阻击敌军,连发十几炮,杀伤敌军十五名,村里人称颂他们是"神炮手"、"好小子"。马国琳在一次战斗中英勇牺牲,张晚义则参加了井陉游击支队,继续战斗。

矿工韩志中,任井陉游击支队的侦察参谋,他曾护送我通过正太路日军封锁线,以前他和康镛威、李士珍等组织一个游击小组,潜入井陉煤矿,用煤铲砍倒日本监工毛利三郎和一户久怡,把他们两人缚获,交给游击支队。

合肥人高先时是正丰煤矿的工程师,集合职工一百多人举行武装起义,击毙敌矿警多人,彻底破坏了矿内机器,率领职工参加井陉游击支队,编为支队的第三中队。他熟悉煤矿的地形和情况,经常袭击煤矿,迫使他们不能正常生产。

华北日军纵火焚烧了农民的房屋,流血成河,它梦想建立其"和平的新秩序",结果是迫使千千万万的人民群众都拿起武器,坚持抗日游击战争。井陉游击支队从无到有、从小到大的发展过程即为例证。

我是取道井陉,在娘子关前面突破正太路日军封锁线,循着太行山脉策马南行重返晋东南抗日根据地的。

经过平山县境时,正逢农历正月半,正如平山县蓝县长所说,农村中过元宵节的盛况比往年更加热闹,每个村庄,不管有无驻军,都挂灯结彩,喜气洋洋。女人和小孩穿得红红绿绿,广场上锣鼓喧天,有踩高跷的，有唱京戏的，各显神通，纵情狂欢。初见这种热闹景象，不禁愕然！难道被称为晋察冀边区模范县的平山也在提倡过元宵节？

细看灯笼上的宣传画和村上花花绿绿的标语，始知他们正是利用农民过元宵节，大力开展春耕运动的宣传活动。从前农村中每家门口总是画着青面獠牙、怒目提刀的将军做门神，如今画的新门神是一位荷枪实弹的八路军战士同一位手执红樱（缨）枪的农民自卫队队员并肩而立，配上"军民合作保家乡，赶走日军享太平"的春联，非常得体。这种以新内容充实旧形式的宣传方式，正在华北敌后战场普遍推行，收到很好的效果。

在晋察冀边区天然的温泉共有三处，一在龙泉关附近，一在阜平县的城南庄，但这两处都比不上平山县的温堂温泉好，可惜这地方已经沦陷。温堂原是平山县的一个小镇，距县城四十多里，日军占领该镇后，就修公路、建碉堡，作为沿滹沱河西进通往盂县的一条交通线。边区军民曾不断袭击温堂日军，破坏温堂周围的公路。

二月十一日下午，平山县王家店自卫队队员四十多人，要求到温堂去袭击敌人，得到游击支队首长许可。她们由妇救会会长张老太带领，在傍晚到达目的地，隐蔽在温堂对面的山峰上，晚上八时开始进攻。日军急从炕上爬起，仓卒（促）应战，枪炮声响了一晚，但不敢轻离据点。十二日上午九时，平山县城日军分两批增援温堂，一路上焚烧民房，屠杀民众。这时我正规军已看准了日军的弱点，突然向日军猛烈进攻，附近自卫队配合作战，打得敌人晕头转向，伤亡重大。激战至十三日下午四时，日军全部向平山县城退却，温堂为我军收复。

十五日下午，我参加温堂镇举行的祝捷大会，到会军民达五千多人，空前热闹，大会上最受人称赞的是王家店中队的妇女自卫队，她们带了土枪、红樱（缨）枪和手榴弹等武器昂然进入会场。当妇救会会长张老太讲话时，台下掌声如雷。我听到人群中在议论："别说娘儿们没劲，扔起手榴弹来可厉害极了！""娘儿们都有两下子，咱们男子汉还怕当兵，那真是见不得人啊！"

离温堂南行，翻山越岭，历时两天，到达军分区的井陉游击队队部。井陉、获鹿境内，日军到处设据点，派重兵守备。石家庄是华北日军重要据点之一，经常驻军两千多人。井陉煤矿又是敌人实行"以战养战"的生命线，如果当地煤矿停产三天，则正太和平汉路上的火车头势必休息。因此日军以这个战略要地必须死守。

井获游击队要在日军据点密布、重兵防守的地区发展壮大，坚持游击战争，除了加紧战斗之外，别无其他选择。前任支队长和政治委员都是在作战中英勇牺牲的，军区选派了蒋支队长来继续作战。他是一位身经百战的老干部，身受十次重伤，右手残废，只靠一只左手放左轮手枪。他三天不打仗，就要坐立不安，到任不到八月，作战已达一百四十三次，曾配合工人起义，两次冲进井陉煤矿作战，缴获枪支和弹药，取得胜利战果。这支游击部队现已发展成为拥有三千人枪俱全的武装力量。

陆　诒
(1911—1997)

蒋支队长只派十个战士和侦察参谋韩志忠同志送我过正太路，他对我说："韩参谋神通广大，对正太路的情况了如指掌，你跟他走，决无问题。"三月二日下午五时，我们这支小小队伍，翻过娘子关前最陡峭的山峰——观音坨，向正太路前进。离铁路尚有五里，后面突然响起一阵枪声，原来占据孙村的日军袭击王庄，距我们只隔半里。我们队伍迅速散开，每人找好地方隐蔽着，警惕地静待韩参谋的命令而行动。枪声只响了五分钟就沉寂下来，韩参谋说："今晚上我们得上抬脑山过夜。"我们就走上冰雪载道的山路，大雾笼罩，崎岖难走。走到山顶，已经深夜。这时大雾消散，山峰的轮廓兀突地向远处延伸，韩参谋兴奋地指点我俯瞰井陉两大煤矿的电灯和正在爬行的正太路火车。山上的老乡从村里跑出来欢迎韩参谋，亲切地喊他"老韩"，大家争着邀请韩参谋一行住到他家里去，使老韩颇感为难。

韩志忠参谋原是井陉正丰煤矿的矿工，抗战爆发后，他组织工人武装起义，活捉日本监工，押送到抗日游击队。从此，他英名远扬，妇孺皆知，尤其是当地煤矿工人对他非常敬佩。他不仅是一位工人领袖，同时也是一个智勇兼备的指挥员。他对正太路两旁的人物和地形很熟悉。

他身材高大，粗眉圆眼，性格豪爽，待人和蔼可亲，群众关系好。三月三日在抬脑山上，我目睹韩参谋忙了一个上午，他写条子通知我们必经之路上的村庄，又指派两名侦察员到铁路沿线摸清情况，周密布置一切。

晚上八时，我紧跟韩参谋和十个战士下山出发，经过四个"爱护村"，每村都有预先布置好的两位向导等候我们，逐村带路前进，不到一小时就走到铁路边。附近一座铁桥旁边，有着守铁路的自警团团员五个，硬要老韩到岗楼去喝杯茶再走。有一位老汉对韩参谋说："东洋兵现在不沾了（意思不行了），上次我们有两个团路过，驻岩峰车站的十几个日军急忙换了便衣，来到我家里求保护。现在车站日军只不过六七人，别怕他们出来，他们总要到十时以后才敢出来巡逻。"老韩同他们一一握手告别，极为友善。

正太路两旁都是险峻的山峰，如果日军伏击我们的话，任何一个深沟山谷里都可以架上机枪，用密集扫射的火力网来阻拦一切进路。日军虽占领"点"与"线"，但他们在人民战争的包围中仍然是既盲且聋的"孤军"。

雪夜行军，过了铁路不到二里，前面又是一个大村庄。起初，我估计总是绕村而过，不料老韩带着队伍大踏步尽往村里走，菜油灯微颤的光芒透过纸窗，照射着我们这支小小的队伍，屋子里还有老乡们的谈笑声。我一看表，已经十一点，经过白天辛勤劳动的农民难道此刻尚未睡觉？

老韩让我们在屋前停下，他自己去轻轻敲门三下，这是联系的暗号。紧接着，两个老乡跑到门外来欢迎，一个十岁的儿童走在我们前面掌灯照亮，欢天喜地地把我们接进屋里。一位农民救国会主任用埋怨的口吻对老韩说："明明你通知我们十点钟到的，却等到这个时候才来，我们焦急不安，六十岁的老村长也枯坐久等……这一切都不要紧，为你准备好的馍都凉了。"老韩讲了一连串抱歉的话，才把气氛转为缓和，老乡们招呼我们烤火、喝茶。这时，银髯飘拂的老村长从邻室走出来同大家热烈招呼，他和老韩是老朋友。据老韩介绍，他是天津国术馆中的拳教师，精通武术，抗战后回到家乡，送两个儿子参加八路军，自己留在村里做抗战工作。

王老村长对待我们像对自己的子弟那样体贴入微，他走到我们的身边，拍拍肩膀，逐个地摸摸我们军服的厚薄，恳切地叮嘱我们说："夜行军时，衣服要穿得暖一点，饿着肚子行军，最伤身体了。今晚上你们一定要吃点东西才放你们走！"老韩和我们再三推辞都不行，结果吃了一顿他们早就为我们准备的名副其实的半夜饭——黑豆与玉米。翌晨二时，我们与王老村长和老乡们依依惜别。

走上大尖山，回顾铁路以北那耸峙矗立的群山中的晋察冀抗日根据地，我的脑海中不断映演三月来的印象……背着简单行装日行八十里的妇运干部、村口查问路条的儿童团团员、在战地上露天上课的抗大分校师生，还有成千上万的自卫队队员带着土枪、红缨枪、手榴弹和担架，紧跟边区的子弟兵上前线去参加战斗。现在我将离别他们，心里怪难受。

山麓在黎明中苏醒，我们走到南尖村宿营。当地人民生活特苦，刚刚经历日军的"扫荡"，一堆一堆的破砖碎瓦和满目凄凉的残垣断壁，向人们控诉着敌人的残暴。粮食早被日军抢光，有的人家因坚壁清野尚未取回粮食。我们只有十几个人，但在当地要买到几斤黑豆，还得靠老韩和村长作最大的努力。

路南的井陉县政府设在胡家台，这是一个山沟里的小村庄。县长吴锡彤同志是当地人，年纪不过二十五岁，穿一套农民的棉袄裤，佩带自卫手枪。他见到我带了照相机，有点诧异，问我是干什么的。老韩为我做了详细介绍，他才同我热烈握手说："深山里交通不便，说真的，我从来没有见过新闻记者到这里来。整个县政府除我以外，还有两个科长和一个勤务员，我们全部武装力量只有两支手枪和三条步枪，正在组织人民自卫队进行游击战争。"

（选自《陆诒》，人民日报出版社 1996 年版）

陆 诒 (1911—1997)

评析:

　　《神通广大的游击队》是一篇个性鲜明的战地通讯,整体风格平实朴素,事实的白描在字里行间将"神通广大"四字刻画得淋漓尽致,这正是"清水出芙蓉,天然去雕饰"。

　　首先,用事实说话,并不作什么议论和发挥。用事实说话是新闻写作的基本规律。比如,在王家店自卫队进攻温堂镇时写道:"日军急从炕上爬起,仓卒应战,枪炮声响了一晚,但不敢轻离据点。"作者并未在文中对共产党的"全民抗战"这一路线大发议论,而是用这些事实,来表达"日军虽占领'点'和'线',但他们在人民战争的包围中仍然是既盲且聋的'孤军'"的观点。

　　其次,选择最有说服力、最生动的事实来写。新闻是选择性传播。陆诒越井陉、过平山,穿行于太行山脉,一路上见闻多多。他没罗列事实,而是筛选出一些精彩片段。比如平山县元宵节新式的宣传画和标语,收复温堂镇的战役,以及夜过日军封锁线。尤其对夜过封锁线的细节描绘,事件写得张弛有度,时而扣人心弦,时而一马平川,人物刻画得栩栩如生。

　　最后,事实的安排与结构,形散而神不散。表面上看,全篇面面俱到,事实不少。但各个事实有紧密的内在联系,都是围绕着"神通广大"四个字来选材的。作者采用一线串珠的形式来结构全文,以自己穿行的路线为主线,将众多地点、人物、事件贯穿起来,写得游刃有余,不枝不蔓。主线清晰,形散而神聚。

（编撰：商建辉）

向仲华

（1911—1981）

向仲华（1911—1981） 党的新闻事业的开创者和杰出领导者，一生对党的新闻事业忠心耿耿。从长征中背着油印机出版《红军日报》，到担任红中社和《红色中华》报负责人以及红中社改名新华社后的第一任社长、《新中华报》社长，参与创建了延安新华广播电台和各抗日根据地的新华社分社机构，对党的报纸、通讯社的发展做出了重要贡献。新中国成立后，他作为中国人民解放军的高级将领，依然一如既往关心着党的新闻事业，体现了一位久经考验的优秀共产党人的高风亮节。

青春献中华

　　向仲华，原名向崇如，又名向镇华，土家族，1911 年 8 月出生于湖南省溆浦县观音阁乡浆池湾村。向仲华具有崇高的共产主义信念和坚定的无产阶级立场，毕生为党的事业奋斗不息。他在红军时期就开始从事新闻宣传工作。长征到达陕北后，参与创建了延安新华广播电台和各抗日根据地新华社分社机构，使党报和新华社的采访、通讯业务扩展到各个敌后抗日根据地。从 1936 年年初到 1941 年 12 月离开新华社，六年多时间，为党的新闻事业努力工作，在极其艰难困苦的条件下，做出了不懈努力。新中国成立后，向仲华成为中国人民解放军的一位高级将领，但依然对党的新闻工作倾注了极大的关心。他的一生是"勤勤恳恳，兢兢业业，鞠躬尽瘁，死而后已"的一生。

背着油印机参加长征

　　向仲华幼年时，在父亲的严格要求下，得以习武识字。1927 年，被保送进县立初中。中学期间，向仲华积极参加革命活动，开始阅读

《共产主义ABC》等进步书籍。是年3月，加入中国共产主义青年团。不久经组织批准，又加入了国民党。利用国民党的招牌，进行学生活动和农村宣传工作和团的活动。

1928年，沉寂了大半年的溆浦共产党人开始组织舒溶溪农民暴动，向仲华利用年龄小的优势，在晚上承担写标语、贴标语的工作。但由于叛徒告密，暴动没有成功。向仲华也不得不流亡长沙。

1930年7月27日夜晚，红军第三军团攻入长沙，敌人仓皇出逃，向仲华趁机冲出监狱，参加了中国工农红军。9月，加入中国共产党。11月，随部队从临江南下，渡袁水、过赣江，参加围歼国民党第十八师的龙冈战斗。作为军部秘书，他负责上传下达，跑的路比别人多，脚累肿了、起泡了，也顾不上休息，坚持白天行军作战，晚上撰写各类文书，有时通宵达旦地工作，从没有叫过苦。因为他读过几年书，大家都称他为"秀才"。

1934年年初，红三军团领导指令向仲华负责重新办好《红军日报》。这份报纸原来是1930年7月28日彭德怀、滕代远、何长工等率领红军第三军团占领长沙后，于29日铅印出版的。至红三军团撤退前的8月4日止，共出版6期。后因为没有人才而停办。

向仲华受命办报时，条件非常简陋，报社只有一台手摇油印机、一块钢板。从采访、写稿、刻钢板，到油印出版发行报纸，全由他一人操持。为了保证每3天出一期报纸，及时报道行军作战情况，向仲华总是不顾生命危险，深入前线采访，先后报道了红三军团在三溪圩反击战、太阳嶂阻击战、广昌保卫战、高虎垴战斗、万年亭战斗、驿前战斗中的辉煌战绩和红军指战员奋勇歼敌的无畏精神，使广大官兵深受鼓舞。

1935年5月，红三军团要通过大凉山彝民区，向仲华专门编发特刊配合部队进行民族政策和群众纪律教育，开辟专栏介绍彝族同胞的风土人情和生活习惯，号召广大指战员和红军战士尊重彝民风俗习惯，恪守三大纪律八项注意，以模范行动扩大党和红军的政治影响。这张报纸为红军顺利通过彝族地区、为红军赢得少数民族的支持做出了贡献，得到了军团领导的肯定和赞扬。

向仲华 (1911—1981)

到达陕北后，瘦得皮包骨的向仲华背着他的宝贝：一台手摇油印机和一块钢板。以至军团领导何长工等看到两件办报的宝贝依然与他形影不离，都不胜感动。

党报和通讯社的优秀领导人

1936年年初，党组织调向仲华到红色中华社工作，接替任质斌主持红中社的业务及复刊后的《红色中华》报的编辑工作。

这一时期，红中社与《红色中华》报是一个组织机构。向仲华和同志们一起，在人员少（就一两个编辑）、任务重（既要编报纸，又要发消息）的情况下，坚持白天采访，晚上编辑、刻写钢板，保证了《红色中华》报的及时出版和红中社电讯的播出。

1936年12月，廖承志同志到了保安，参加红中社的工作。廖承志负责翻译全部外电，向仲华则负责国内报道（每天发两千字的电讯），还主编《红色中华》报。这一时期，适逢震惊中外的"西安事变"爆发，红中社在党中央的领导下，播发了大量我党关于和平解决"西安事变"的文告和宣言等，为建立抗日民族统一战线做出了贡献。

"西安事变"以后，为了适应日益发展的革命形势的需要，1937年1月，党中央决定将《红色中华》报改名为《新中华报》，向仲华任社长；红中社改名为新华社，博古任社长。3月，博古调走后，向仲华接任新华社社长，并继续负责《新中华报》的工作。当时，新华社社址在延安城内十字街东南端一个教堂的斜对面。毛主席晚上经常到新华社来，了解有什么最新消息，并发表他对时局的看法。向仲华总是连夜把毛主席的谈话突击整理出来，以新华社名义发表，或刊登在最新出版的《新中华报》上。

1937年9月9日，《新中华报》第390期出版，由"苏维埃政府机关报"改为"陕甘宁边区政府机关报"，报纸也由油印改为铅印出版。

《红色中华》

向仲华同志除了每天写稿编稿，保证按时出版报纸外，仍负责编发新闻，供新华社广播。报纸方面，最初只有刘毅同志当他的助手。1938年才增加了杜映、王揖和郁文等同志。

1939年年初，中共中央决定新华社与《新中华报》分开，分别成立各自的编辑部门。从此，新华社成为独立的机构，直接由中央党报委员会领导。开始，向仲华被任命为新华社社长。不久，李初犁调到《新中华报》任主编，向仲华便专管新华社。

当时，新华社正处于初创时期，设备简陋，人员缺乏，尤其是缺乏外文翻译人员，工作中困难不少。向仲华担任社长后，了解到因新华社的外文翻译人员很少，以至当时新闻台抄收到的外国通讯社电讯，每天都有大量译不出来。他便向中央专门打了报告。收到报告后，党中央和毛主席根据新华社的具体情况，陆续为新华社调来了一些业务人员。至1939年夏秋，新华社工作人员增加到20余人，设有编辑科、通讯科、译电科、新闻科（油印《今日新闻》）。至此，党的通讯社的雏形已初步形成。并陆续建立了华北、山东、晋察冀等几个分社。

作为一社之长，向仲华日夜操劳，把全部精力都放在了新华社的业务建设上。为了帮助通讯员提高新闻写作水平，新华社于1939年10月

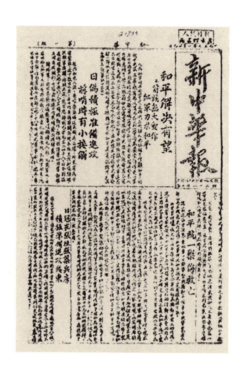

《新中华报》

1日，在延安中央大礼堂召开了延安通讯员大会。到会的有八路军政治部、抗大、女大、鲁艺、新华社晋察冀边区分社等代表100余人。向仲华主持召开了这次大会，并在会上介绍了新华通讯社的性质、任务和工作情况，还请中宣部部长洛甫（张闻天）到会讲话。会后不久，新华社业务刊物《通讯》创刊号出版，由毛泽东题写刊名。它的对象是陕甘宁边区通讯员。创刊号刊登了洛甫和向仲华在通讯员大会上的报告。后来，这份刊物改为新华社、《新中华报》与中国青年新闻记者学会延安分会联合编辑出版的业务刊物。

宣传党的正确路线

抗日战争爆发后，新华社的业务除收集和发布广大人民所迫切需要的新闻，并起着党中央的喉舌作用外，对于国内的重大事件（如汪精卫投敌、皖南事变及国民党发动的历次反共高潮等），都能及时经常地反映各界舆论，有时还担负了党报的评论工作，成为中共中央指导全国人民抗日斗争的重要武器，成为交流各抗日根据地建设情况和经验的有力工具。

七七事变后，向仲华还组织大家用电讯或通讯稿的形式，向莫斯科对外新闻社提供有关中国人民抗日斗争的具体材料，促进了国际进步人士对中国人民抗日战争的了解。随着抗日民族统一战线的形成，以及中共领导的抗日根据地的建立，新华社不仅发布的新闻电讯数量由原来的每天2000字左右增至5000字，同时经常发布党中央的重要指示、决定和《新中华报》《解放周刊》的社论，以指导和推动全国人民的抗日斗争。这时，新华社抄收国际电讯的范围也扩大了，苏联塔斯社、德国海通社、英国路透社、法国哈瓦斯社和美国国际新闻社等通讯社的电讯，都能够抄收并翻译了。向仲华及时组织人员编写、播发这些消息，使陕甘宁边区和各抗日根据地的人民能够较快地从多方面了解国际国内的重大事件及其发展。

1938年6月初，毛泽东在延安抗日军政大学作了《论持久战》的报告。这是抗日战争时期毛泽东最重要的军事论著，回答了困扰人们思想的种种问题。向仲华征得毛泽东同意后，由新华社向国内外作了全文播发。这是新闻媒体首次公开报道这篇光辉著作，因而迅速传遍了各抗日根据地乃至国统区及敌占区，在全国产生了极大反响，鼓舞了全国军民的抗战斗志，坚定了全国军民抗战必胜的信心。

1941年12月，向仲华奉调离开新华社，到中央党校学习。屈指算来，向仲华在党报和新华社工作整整6年，在党中央的领导下，在极端艰难困苦的环境中，呕心沥血，克服困难，团结同志，为办好党报，扶植新华社的成长和发展，做出了优异的成绩。

解放战争时期，向仲华历任旅副政委、纵队政委、军政委、兵团政治部主任等职。1945年4月参加中国共产党第七次全国代表大会。新中国成立后，曾任华北军政大学副政治委员，人民解放军装甲兵副政

向仲华 (1911—1981)

027

治委员兼政治部主任、政治委员，军事科学院副政治委员，人民解放军副总参谋长，广州军区政治委员，是人民解放军装甲兵领导机构的主要创建人之一。

1980 年春节期间，向仲华因肝病入院治疗。1981 年 5 月 21 日在广州逝世。

作品选编

要求蒋介石履行其允诺！

西安电称：蒋介石在西安经过张杨二人的屡次恳切陈词，接受了张杨的六项要求，于 25 日蒋介石同学良飞洛阳，26 日进南京。蒋介石毅然接受西安方面之抗日救国要求，与张学良、杨虎城将军的继续与蒋合作，均为大局着想的勇敢的行为。因为在蒋被留居后，日本帝国主义者利用这一事变，造成中国的不断内战，以便利于日本对中国的掠夺，而南京政府内的亲日派，亦在奉承日本帝国主义的意志，不顾全国人民的意向，实行调动部队讨伐张杨，要陷中国于极大混乱的局面，使日本坐收渔人之利！

全国人民与有血性的军政将领，在此日寇挑拨内战进攻中国严重形势下，均热烈地一致反对对张杨的讨伐行动，呼吁和平解决，先有广西李宗仁、白崇禧的宣言要求停止内战，实行抗日，继有阎锡山要求停止军事行动的通电，最近宋哲元、韩复渠（榘）的联名通电及广西、四川、广东等省的会议……等等，无一不是反对内战的表示。全国人民在此国难千钧一发之际，是在如何迫切地盼望对事变之和平解决呵！

蒋介石之反省而被释放，正是全国人民的期望与全国爱国将士与人民共同努力于停止内战所致。我们希望各方将领为中国民族之和平团结，共抗日寇计共同努力于完全消灭中国之内战，更望蒋介石能由此次经历中，深自反省，以不负全国民众的热望，履行张杨等的抗日救国要求。

然而我们决不以此而表示乐观，以为日本强盗挑唆内战的阴谋已不会再来施用，我们更须进一步地认清日本今后分裂中国抗日力量的伎俩，必然继续进行，亲日派的挑拨离间必然更加无微不至，人民必须以最大的努力，继续为停止内战，国共合作一致抗日而奋斗。

对于争取南京政府中的中派人来实行抗日这一点我们必须用最大的努力。

（原载《红色中华》报，1936 年 12 月 28 日第 519 期；

选自《向仲华》，军事科学出版社 2002 年版）

向仲华 (1911—1981)

评析：

本文是向仲华为《红色中华》报撰写的一篇社论。1936 年 12 月 12 日，时任西北剿匪副总司令、东北军领袖张学良和当时任职国民革命军第十七路军总指挥、西北军领袖杨虎城联手策动了"西安事变"，扣留了蒋介石。最终蒋介石被迫接受中共中央和毛泽东关于停止剿共一致抗日的主张，促成了第二次国共合作。本文就是在这个大背景下写的。全文不长，仅有 670 多字，但笔锋犀利，观点明确。首先，作者开门见山指出了和平解决西安事变是"为大局着想的勇敢的行为"，反之，如果把南京置于同西安敌对的地位，有可能造成对中华民族极端危险的新的大规模内战，这是日本和亲日派欢迎的前途。话语不多，但分析透彻，说理性强。其次，作者进一步列举事实，指出和平解决西安事变是"全国人民与有血性的军政将领，在此日寇挑拨内战进攻中国严重形势下，均热烈地一致反对对张杨的讨伐行动"，是全国人民和一切愿意抗日的各党各派各界各军所企盼的。最后，作者在文章中提醒人们，在和平解决西安事变后，仍要提高警惕，"我们决不以此而表示乐观，以为日本强盗挑唆内战的阴谋已不会再来施用，我们更须进一步地认清日本今后分裂中国抗日力量的伎俩，必然继续进行，亲日派的挑拨离间必然更加无微不至，人民必须以最大的努力，继续为停止内战，国共合作一致抗日而奋斗"。全文行文精粹，不蔓不枝，堪称一篇短小精悍的时论佳作。

在通讯工作会议上的讲话（摘要）

一、刊物的性质问题

装甲兵杂志是综合性的业务刊物。什么叫业务性？对它理解的正确与否，对于办好刊物，对于组织宣传报道有直接关系。如果把业务性只理解为：战斗训练、技术工作，再加上一点三场政治工作、指导员上车，而把其他各项工作看成为不是业务范围之内的工作，就不报道，或者刊物上也不去刊登，这种看法，是不全面的，是片面的。应该怎样来理解综合性的业务刊物呢？应该是：凡是为本兵种服务的各项工作，它又是适合于这一兵种的具体对象要求的，都称之谓专业性的。因此，都应该刊载。如果是这样，我的具体的意见是：

第一，属于全国全军性的，如人民代表大会、社会主义教育、上山下乡、共同条令等一般性的问题，杂志上可不去发表。凡是属于上述的全国全军性的一般性的问题，如果涉及我们兵种内部的一些具体问题时，还应进行报道。会上有的同志提出：贯彻共同条令中本兵种有些具体做法和经验，这就需要报道。又比如社会主义教育中，有的人觉得坦克兵干部发展慢，没有前途等，我们就应该通过某一具体事情和人物来进行批判和报道。至于连队中，党、团和俱乐部的工作如何适应本兵种的特点来进行工作的方法和经验，更不消说，更应该报道。

其次，所有的工作都要报道，但是当中要有重点。应该以战斗训练和技术工作为主，同时还必须照顾到其他工作：政治工作、后勤工作和军事行政工作等；是以坦克分队为主，还必须照顾到其他分队，尤其是机械化步兵团、炮兵团。装甲兵实际上是一个合成军队，本兵种编成内的特种部（分）队的活动也必须反映。

刊物改为半月刊后，在报道的范围上和篇幅上，有一个大体的分工，战斗训练占多少，政治工作占多少……这个划分是必要的，但是必须留给其他工作（如后勤、军事行政等）以应有的地位。这个划分是大体上的划分，是不是每一期都是这样呢？我想不应该这样去理解。每一期的报道中心，不一定都是以军训、技术为主，可能这一期以政治工作为主，另一期就可能以另一项工作为主。至于哪一期以什么工作为中心，这必须根据部队的具体工作安排来决定。虽然每一时期有每一时期的中心工作，但又必须明确，战斗训练是我们的经常的中心工作。某一个月有某一个月的工作重点，不一定是每一个月都是训练工作，要根据当前的任务来确定，如果把刊物局限在军事、技术业务上，或局限于坦克分队不照顾其他分队，会产生什么结果呢？结果就会造成政治上的损失，就会造成只钻业务不管政治的现象，使干部没有政治上的远见，会妨碍业务工作的开展。所以杂志虽然是业务性的，但必须要紧密地配合政治运动。另（一）方面必须照顾到其他分队，才能使读者的对象扩大，如仅仅局限于坦克分队，就会缩小读者对象，对工作有害处，就会予人以这样的印象：似乎装甲机械化兵就是几辆坦克，就是只管坦克分（部）队，其他分（部）队的工作，不是本身的业务范围，而养成单打一的思想和工作方法。当然扩大是有限制的，是以坦克分队为主，以军事、技术工作为主。

二、刊物的内容问题

刊物存在的缺点，有的同志提出是"五多五少"。军事、技术工作

向仲华 (1911—1981)

031

多，政治工作少；部队工作多，分队工作少；经验多，教训少；大文章多，小文章少；坦克分队的工作多，其他分队的工作少。这个批评虽然不完全符合情况，但也有一定的根据和道理。有些情况不在于五多五少，而在于有些经验是公式化，如消灭车辆事故的报道，经验只是在几个公式上，当然使人看了一遍，就再不愿看了。文章的形式也缺少多样化，在刊物上论述的文章是需要的，而不应该忽视其他的形式，如记载、通讯、叙述、照片等。版面的活泼是一种形式，主要的是内容上的活泼，在内容上刊物是综合性的，而在文章的形式上，也必须是综合性的，这样刊物才能吸引读者。刊物内容的多样化，文章形式的多样化，目的只有一个，是交流经验推动工作，这样就不是一个评论所能解决的，必须通过各种形式吸引大家，进行报道。为了把内容搞好，也提几点意见。

首先，读者对象，主要是连、排干部，同时照顾到营以上干部和领导机关。因此，文章的内容、形式的立脚点，主要是连、排干部，写稿者、编辑都应注意到这点，当提起笔来时，首先要考虑写这个是为谁，给谁看？如果不为他们，就会脱离读者对象。今后刊物上应该多刊登对他们的工作有直接帮助的文章，以及连、排干部的活动情况，如连、排干部怎样组织训练，怎样解决困难，党、团支部怎样进行工作等。

第二，刊物要办得好，文章要写得好，必须深入调查，很好地了解情况。过去，有的文章写得不够好，内容一般化，主要是我们了解情况不够，只是看到表面，没有深入调查，观察事物不深、不透，只有做好深入调查工作，文章才能写得好。同时，还必须善于分析，就是说要好好地研究。同样是一个问题，但各人表现的能力可能各不一样，这里除去立场问题外，就是要求作者很好地提高自己。深入调查研究就要到生活中去，不断地提高觉悟，解决了这两方面的问题，文章才能写得好。

第三，今年的报道内容：（略）

根据今年的任务，通讯站和业务部门、政治部门，要好好地研究一下，做出一个全年的报道的规划来，然后每个月再订出一个具体的报道计划来。

三、通讯工作问题

刊物办得好不好，通讯工作是有很大影响的。去年，通讯工作进步不快，来稿数量不多，质量不高。刊物改为半月刊后，稿件更必须有保证，因为没有数量，质量也很难提高，如果来稿数量少，质量又不高，就更难办好刊物。过去通讯工作不好的主要原因，是不是这样的：刊物改为业务性后，从我们这里到下面，由于认识上有些偏差，影响了通讯工作的开展，所以来稿数量少了。如果问题是这样引起的，现在刊物的性质变了，范围也扩大了，对象增多了，通讯工作不好的情况就要改变，把大家发动起来办好刊物。

为了把通讯工作做好，必须解决下面问题。

一个问题，通讯工作是全军的责任。办刊物是全军的责任，通讯工作也是全军的责任，特别是全体干部的责任，尤其是政治机关的责任更加重大。作为业务来说，这是宣教部门的业务之一，宣教部门不能推脱责任。宣传教育工作是通过各种形式来做的。如上课、作报告是进行宣传工作的形式，通过文化娱乐活动、对刊物的报道也是一种形式。过去我们的通讯工作开展得不够好，主要是宣教部门没有很好地抓而形成自流。为了做好通讯工作，宣教部门要有一个人来负责通讯工作。除了他自己写稿以外，主要的是组织领导本单位的通讯工作，号召和组织全体干部写稿，制定（订）报道计划，不断地督促检查，这就是做通讯工作的三大任务。

杂志社要加强对通讯站的领导，所谓领导，不仅对来稿多、通讯工作开展得好的单位取得联系，同时对来稿少的通讯站和通讯员也要取得联系，就是说既要抓先进，也要抓落后，也要抓工作开展得差一些的单位，要用左手抓，也要用右手抓。对各通讯站不仅有一般的指导，还要有具体的指导，向他们提出具体的要求和完成的办法，就是说要出大题目，也要出小题目，还要告诉他们文章怎么写法，意思是把一般指导

向仲华 (1911—1981)

033

和具体指导结合起来，这就是杂志社的领导方法问题。

再一个问题，通讯站担负的任务要明确：不仅仅是担负着对装甲兵杂志的报道任务，同时还担负着对内对外的报道，不仅对军内要报道，对全国性的和地方性的报纸也要报道。通讯站就是担负着这几方面的任务的。

（原载《人民装甲兵》杂志；选自《向仲华》，军事科学出版社 2002 年版）

评析：

本文是向仲华在装甲兵杂志通讯工作会议上的讲话。全文紧紧围绕如何办好装甲兵杂志这一主题，谈了三个问题。首先，作者开宗明义，针对当时办好装甲兵杂志的不同观点，谈了刊物的性质问题。他在讲话的头一句就提出"装甲兵杂志是综合性的业务刊物"，就把装甲兵杂志的办刊宗旨，作了准确的定位。接着，作者提出："应该怎样来理解综合性的业务刊物呢？应该是：凡是为本兵种服务的各项工作，它又是适合于这一兵种的具体对象要求的，都称之谓专业性的。因此，都应该刊载。"他认为，第一，属于全国全军性的。第二，所有的工作都要报道，但是当中要有重点。第三，作者在讲话中对刊物的内容问题，做出了具体而又明确的阐述。他认为，期刊的内容是期刊生存和发展的根本，"刊物内容的多样化，文章形式的多样化，目的只有一个，是交流经验推动工作，这样就不是一个评论所能解决的，必须通过各种形式吸引大家，进行报道"。第四，作者围绕当时存在的通讯工作问题，简明扼要地提出刊物办得好不好，通讯工作是有很大影响的。他认为，办刊物是全军的责任，通讯工作也是全军的责任。接着，他就如何办好杂志，提出了一些具体要求。全文说理性强，分析透彻，具有很强的说服力。

（编撰：郑德金）

刘火子

（1911—1990）

刘火子（1911—1990） 作为新闻人，经历曲折而辉煌。他曾亲历战火纷飞，辗转香港、桂林、重庆、上海等地，参加《珠江日报》《广西日报》《文汇报》等报刊工作，开创了我国横排报纸的八栏编排法，是中国新闻事业当之无愧的元老级人物。作为出版人，他出任《中国百科年鉴》主编，被视为新中国年鉴事业的奠基人。作为诗人，他是香港文坛的早期代表性人物之一，是第一位连续写了半个世纪诗歌的诗人，出版诗集《不死的荣誉》。

诗者报人

1990 年冬，79 岁的刘火子弥留之际，意识已经模糊。病榻上，喃喃自语。家人倾听良久，才分辨出来："这条标题要换掉！""这个版面要修改！"① 从抗日战争爆发至 "文化大革命" 开始，刘火子做了大半辈子的新闻出版人，临终之时仍旧对新闻出版工作念念不忘。

自学成才的诗人与战地记者

刘火子，原名刘培燊，曾用名刘佩生、刘宁，广东台山人。1911 年 8 月出生于香港。他家境贫寒，只上到小学便不得不辍学，以打工谋生。但刘火子并未从此放弃自己的学业，他坚持参加夜校学习，不肯放弃自己对文艺的热爱，努力自学成才。1927 年，大革命失败后，不少内地的革命者撤退至香港，刘火子受其影响，思想上也逐渐发生了转变。1934 年至 1937 年，刘火子在香港的一所中学任教，期间开始接触文艺创作。他撰写了不少文艺评论和诗歌作品，宣扬左翼文学，同情民间疾苦，为革命鼓吹。

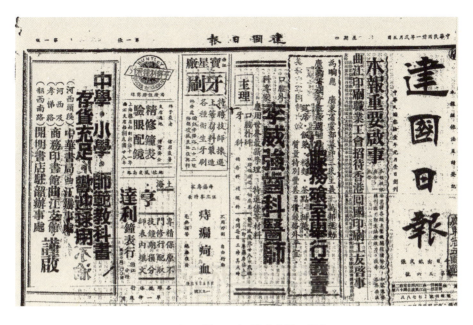

1942 年 2 月 5 日韶关《建国日报》

　　年轻时的刘火子十分活跃，参与了不少香港左翼团体组织的活动。他曾参与筹划了香港第一本诗刊《诗页》和刊物《今日诗歌》，后者在当时的香港具有一定的影响力。他还参与创办了香港早期第一个有组织、有活动的文艺团体"香港文艺协会"，大力宣传左翼文学。很快，刘火子在香港的左翼团体中建立起了较高的个人威望。1936 年 11 月，刘火子参加组织香港左翼团体联合发起的追悼鲁迅先生纪念大会，并被推选为大会执行主席。②

　　1937 年，抗日战争爆发，刘火子正式从事新闻工作。

　　抗日战争初期，刘火子先入香港《大众日报》当记者，不久后又到香港《珠江日报》任战地记者。他曾历时 20 个月，深入广东、广西、湖南等地抗战前线，采写了大量战地新闻报道和通讯，揭露日寇暴行，报道抗战捷报，鼓舞港岛居民。

　　太平洋战争爆发后，刘火子离开香港，赶赴韶关，任《建国日报》编辑，后来又到桂林任《广西日报》采访部主任、《广西晚报》主编。其间，刘火子始终坚持以新闻报道、评论、诗歌和散文的方式，呈现抗日战争的残酷景象，鼓励国人抗战士气。湘桂大撤退后，刘火子抵达重庆，在《商务日报》继续其新闻工作。

《商务日报》的老板姓高，后来成了国民党三青团的头目。为了将《商务日报》变为共产党宣传、发声的渠道，当时由周恩来和董必武主持的南方局前后派多人打入《商务日报》，刘火子正是在这样的背景下进入《商务日报》工作的。刘火子等人进入该报后，很快就利用该报宣传共产党的路线方针，从而被列入国民党当局的重点监视对象名单。

怒斥中央社的正气报人

1946年2月10日上午，重庆各界万余人在较场口举行大会，庆祝政治协商会议胜利闭幕。刘火子作为记者，一早就到达现场。但刘火子却发现，大会现场的讲台上情况有异：讲台中央的几排椅子被人斜放着，椅子上坐着十几个穿着黑衣服的吹鼓手。不久后，特务刘野樵突然抢到扩音器前，向现场群众宣布会议开始。郭沫若等人欲拿回扩音器，却被刘野樵阻止。刘野樵向身后的人发出示意后，一众打手马上起身，将砖头、石块等扔向现场群众。台上的郭沫若等人则被打手团团围住，遭其殴打。事后统计，暴徒们打伤了李公朴、郭沫若、马寅初、章乃器等六十余人。然而，对这一事件，国民党中央通讯社却在电讯中声称，"较场口事件"是"民众互殴"。

在现场亲眼目睹此事的42名记者不满中央社的报道，很快推选出以石西民、刘火子、浦熙修、毕群、高集五人为核心的记者小组，负责记录亲眼所见的"较场口事件"真相，并决定以公开信的形式质问中央社。当天晚上，国民党当局探知刘火子等人的计划，决定在公开信刊出之前，打乱他们的部署。他们赶赴《商务日报》，持枪威胁报社人员不得刊登公开信。

胁迫之下，《商务日报》的高老板劝说刘火子放弃刊登公开信，明哲保身；刘火子则回答说："这场惨案我们是亲眼目睹的，新闻记者就是要说真话，我们有责任把全盘真相告知广大群众，就是刀子架在颈上，还是要对人民讲真话的。"③ 但高老板仍然不为所动，坚持不允。两人僵持不下，刘火子便叫来其他同事支援。最后，刘火子决定按照五人小组早前的部署行动，自己掏腰包，买下《商务日报》的广告版面，将公开信作为广告刊出。高老板只好勉强地同意了。

刘火子正好负责编辑当天的要闻版，他选择一、四版的中缝，以特大字号把公开信的题文排出，使得这条"广告"格外显眼。为了怕高老板反悔，刘火子还一直守候在印刷机旁，直到全部报纸印刷完毕。以公开信形式作为斗争手段，这在当时的重庆是一个创举；而利用广告形式登出公开信，是另一个创举。公开信于2月11日发表，严词驳斥了中央社。同日，高老板解雇了刘火子。

2月12日，中央社再发电讯，否认报道失实，坚称是记者在现场采访得出的事实。刘火子等42人于2月13日再发致中央社的公开信，指出："'较场口事件'之真相，我们数十人当场目睹，且我们中有人当场被殴。"④

此事发生后，刘火子难以留在重庆。通过关系，刘火子搭乘冯玉祥的"民联号"轮船离开山城重庆，抵达上海。刘火子到上海后，进《文汇报》，任"本市新闻版"编辑。1947年5月下旬，《文汇报》被封，刘火子和同事又不得不先后逃离上海，奔赴香港。

《文汇报》总编辑与年鉴事业奠基人

逃往香港后，刘火子在《新生晚报》负责编辑一个新闻性副刊《新闻之钥》。其后，刘火子参与了香港《文汇报》的创刊，主持港闻版的编辑工作。广州解放后，中共中央华南分局正式决定刘火子出任香港《文汇报》总编辑。

刘火子（1911—1990）

刘火子在香港《文汇报》任总编辑的初期，既要负责领导整个编辑部，又因总主笔聂绀弩还未到任，还要兼抓评论工作。香港《文汇报》当时经济困难，他还不得不帮助解决印报用的白报纸等物资。作为总编辑的刘火子组织了对许多重要事件的报道，如解放军进军西南、解放海南岛之战、国民党政府在港机构的起义等。

1951年6月，刘火子调回上海《文汇报》任主管版面工作的副总编辑。上海《文汇报》一度停刊，1956年复刊。刘火子在复刊后的《文汇报》大力推行编排技术的全面革新。当年，我国大型横排报纸的编排技术师法苏联，版式呆板，刘火子细心研究了欧洲的一些报纸，吸收了直排报纸的一些优点，开创了我国横排报纸的八栏编排法。因这种八栏编排法风格轻松活泼，后来，全国的大型报纸纷纷引用八栏编排法。

"文化大革命"开始后，刘火子身受迫害，自此离开了新闻工作。"文化大革命"结束后的1978年，刘火子被调至新创办的中国大百科全书出版社上海分社任副总编辑，负责编撰中国第一部综合性大型年鉴——《中国百科年鉴》。⑤ 这在当时而言，不仅时间紧，而且经验少。中国只在"文化大革命"前出版过限于国际范围的年鉴，针对国内的年鉴出版还是一片空白。作为年鉴主编的刘火子带领编辑部全体同仁，反复讨论年鉴框架。框架定下来以后，他又亲自带领同事们向自然科学界、社会科学界、文学艺术界约稿，向中共中央、国务院、中央军委以及各省市办公厅约稿。稿件写来之后，刘火子又与同事一起进行高强度的编辑工作，对稿件进行再加工。最终，仅半年的工夫，一部高密度、大容量的《中国百科年鉴》便于1980年春夏之交与读者见面了。从1980年到1987年，刘火子一连主编了八部《中国百科年鉴》，直到他病倒入院。由于刘火子的突出贡献，他被誉为新中国年鉴事业的奠基人。⑥

1978年以后，刘火子曾当选为上海市人大代表、政协委员。1990年，刘火子因病在上海逝世，享年79岁。

注释：

① 黄立文：《泪洒春申哭火子》，《新闻记者》1991 年第 1 期。

② 施宣圆：《诗人、报人刘火子》，《文汇读书周报》2012 年 9 月 28 日，第 5 版。

③ 刘火子：《较场口事件中的〈商务日报〉》，《新闻研究资料》1986 年第 3 期。

④ 黄立文：《泪洒春申哭火子》，《新闻记者》1991 年第 1 期。

⑤ 刘丽北编：《奋起者之歌：刘火子诗文选》，东方出版中心 2011 年版，第 307 页。

⑥ 邓伟志：《刘火子：从诗人到年鉴事业奠基人》，《文汇报》2010 年 7 月 18 日。

作品选编

刘火子 (1911—1990)

大战后昆仑关巡礼（节选）

——并记歼灭战的大捷及劳军的经过

尽管"皇军"怎样的夸大狂，颠倒是非，或者输了不认账，这回终竟哑口无言了！它可以把平型关、台儿庄……一切的败绩自欺欺人地说成是胜利，但 1939 年除夕之夜在桂南昆仑关的一次溃败，却是无法涂改颠倒了！是的，自从攻略南宁之后，"皇军"一直满以为可以顺利地向北推进，想不到到了昆仑关就遭遇到了我们有力部队的进击，一直到全军的败退。这中间东京的、汉口的广播台，始终不敢只字提及"皇军"在桂南的这一个可怜的遭遇！

这次我从前线视察回来，兴奋之余，仅把"皇军"的可怜相、我们的威武记在后面，告诉读者。

一、第五师团的悲哀

这一次进窥桂南的"皇军",主要是第五师团,它与第一、第六、第九师团被称为日本最精锐的四个部队。尤以第五师团被视为特别厉害。过去所谓板垣师团即是。板垣征四郎晋升为陆军大臣之后,师团长便由现任的那位今川均接充。这师团因为从在那个被称为"关东军三羽鸟"的主脑板垣所训练下,一向就配备很好,同时也以此担负起横冲直撞的侵华主要任务。因此,过去从南口起以至山西、山东、广东、琼岛和对苏作战的诺门罕,这些重大的战役,无一不是由第五师团担当,中间虽然在平型关、台儿庄及诺门罕都吃了很大的亏,但是这仍足以证明第五师团是精锐的部队。好吧,这一回,这所谓最精锐的部队,又担负起到桂南这一战役的责任了。它自然以为曾经尝受过南口、平型关、徐州、台儿庄、广州及诺门罕这许多激烈的战役,而且从它们兵士的日记中还晓得未来之前曾经练习了两个月的山地战,凭这经验还大可以一鼓而攻至桂林,或者更由湘桂路而至粤汉路。但是它的企图是整个失败了,而且丧失了一个旅团以上的兵力,给我们造成空前胜利的战果,而给它们自己以空前的败绩,比之诺门罕还要惨重,它们是永远料不到盘据(踞)在昆仑关这样险要的高地,我们以不利的攻势,而它们竟也吃了这么大的亏的!

战争是空前的激烈,我们以大炮、手榴弹、机械化部队,加之空军的协助,尤其士兵的勇敢,把第五师团打得落花流水了。尽管第五师团怎样顽强,士兵的出身大都是"山口县"那些强悍的农民,但这回是比不上我们部队的战斗力了。

这是第五师团的悲哀!它有资格去参与任何一个困难的战局,但却很少够资格得到胜利的战果。过去有平型关、台儿庄(或者加上诺门罕)的惨败,现在又加上昆仑关被歼灭的可怜的史记了。

二、踏上昆仑关的高地

昆仑关大捷的第四天，我们从桂北赶到了桂南。在昆仑关之间，曾有过几天时间勾留。一个黄昏，我们随着×军长一直爬上×××高地。望着几里路的前面就是火光和炮响，我们所站的地方是完全在炮火有效射程之内的。当天曾落过炮弹。×军长为我们对这昆仑关的地势作了一回解释。

昆仑关，在历史上是有名的天险。听说宋朝狄青讨伐"南蛮"龙子高的时候，带领十万大兵，最初到了这里，就没有办法顺利地通过。后来他只得施了一个计谋，在元宵的前天临时放了十天假，让兵士们痛饮狂欢。龙子高看见狄青这样放纵部队，以为会有一个时间的停息，不料狄青就在元宵之夜，一面向四处张灯结彩，一面突然地夜袭昆仑关，终竟过了。不想经过千年以后的今日，在昆仑关又要展开一幕争夺的剧战。而我们与日军的仇恨是远出于狄青与龙子高的，顽强也达到罕见的程度。

昆仑关到处都是山地。从思陇起，透过昆仑关一直到九塘、八塘，沿途都是四五百公尺的高地，中间只有一条迤迂的隘路。昆仑关是一条比公路较近的小道中的一个关口，门上刻有古雅的"昆仑关"几个字。关的阁楼上是关帝庙，我们在那里和士兵们同合一个影。在门楼上边，望见前面的屋顶还陈放着一只不知若干日前被炸断的"皇军"的手。到处都嗅到死尸的味道，战场才清理不久，死尸只随便地掩埋，松散的泥土还散着臭气。

光是打昆仑关这一个关口，倒不是十分困难的一件事。难打的是昆仑关之前有三个高地，即"同兴北面高地"、"六零零高地"和"罗塘高地"。这些高地都起码四五百公尺，斜角很锐，作为昆仑关北面的最好屏障。再过就是界首高地、四一五高地，彼此连绵着，和其他许多的相结，一直伸到八塘。这些高地我们都到过的，"皇军"的野战工事还保留着，高地上的树木都烧的烧、断的断了，树干和泥土到处都充满弹痕，地上到处都是坟堆。

刘火子（1911—1990）

三、一个空前的大歼灭战

"皇军"自从夺得南宁之后，即把指挥刀一挥向北推进。当时我们因为战略的关系曾退到宾阳。"皇军"的足迹于是到了思陇（有人说而且到过庐墟）。思陇离昆仑关三十五公里。等到我们的军事全部部署妥了，便作了全线的反攻。首先是正面的威力把"皇军"一压就压到了昆仑关。现在"皇军"是非常顽固地利用了高地的天险作守势了。在这情形底下，我们采取攻势是不利的。但是我们的配备并不比"皇军"弱，同时与六七塘等地的友军时相策应，袭击日军的后路，于是我们在12月18日的那一天开始攻坚的战略，正面攻昆仑关了。

经过四天的恶战，我们攻克了昆仑关的罗塘高地，接着又攻克了同兴北面高地。"皇军"的顽强精神是极可佩服的，它守着当中一个六零零高地，在我们罗塘、同兴两高地的夹攻下，还死不肯退。它们兵士作战的能力强得很。旅团长死了，联队长、大队长、中队长都死光了，它们仍在那里单独作战。但是它却没奈我们的大炮和手榴弹何！从一个俘虏口中，知道它们"皇军"对于我们手榴弹的丰富，表示惊叹！他说："你们真多手榴弹，好像永远丢不完的样子，我们真不行哪！"是的，我们这一役，手榴弹的消耗也在 × 万颗！

"皇军"的后路不能通了，这一回就给它打一个"困笼"！尽管工事做得好，士气顽强，拼命使用毒气，但是第一，抵不住我们的大炮和手榴弹的爆击；第二，抵不住粮食的缺乏；第三，下级干部的死亡。归根，它就只得以飞机去输送水、盐、粮食和下级干部。但手段不高明，大部全落在我们阵地。

这样地过了两个星期，"皇军"不幸的日子！

四、一个旅团的灭亡

（一）"从南宁至昆仑关我们的进军未尝见一死者向后。今天续渐看见死伤的人运下来了。听日人的炮火，那一定是非常厉害的队伍……"

（二）"今日剩余的炮弹渐少了。中村旅团长要在公路强行通过，阵亡了。"

（三）"我第十二旅团长中村正雄因率队至昆仑关增援，当敌炮火击毙了！"

（四）"我小炮队将宿居小山，闻炮声四起，九塘即陷，弹药和粮极乏。我侪固守阵地。中村少将不幸为护国鬼了。遗骨埋战壕中。"……

这是第五师团第二十一旅团第四十二联队士兵 12 月 24 日的日记，首先我们晓得他们丧去一个少将旅团长中村正雄。抗战以来，"皇军"旅团长的死亡现在是第三个了。而这一个联队大队长以下的死亡，更无法统计，至少在百分之八十五以上。

战利品实在太多了。而"皇军"狼狈也于此可见一斑。过去"皇军"败北，无论如何也拼死地先把军用品带走。这回却无暇及此了。单举一个例子就可以知道它们忙乱的情形。我们清理战场的时候，第一，发现了几十匹死马，马肉都被挖出来，充当食品；第二，也发现了几十匹活马。我们知道倘使"皇军"撤退从容的（假使还有残兵撤退的话），马匹是必须要的，军用品、文档，一切都需要它驮负，长官需要它代步。这回却连马匹也来不及带走。我们就可知道困守昆仑关的一个旅团生还的若干人，军用品遗留若干数量了。

一个旅团万余人是全部消灭了。一个旅团的军用品是遗留在昆仑关上了。照现在所逐渐发现的，战利品已满三四十部大货车（第一批共二十一部已载运后方展览），原来"皇军"是非常乖巧的，两个星期的困守战，自知无法解围了。眼见无数兄弟们都做了"护国鬼"，便把那些多余出来的军用品藏在地下，上边放一个死尸，把泥土封上（火化也来不及了），可是我们的弟兄爬上昆仑关的高地之后，为了"发洋财"，曾把好些坟土挖出来搜索"护国鬼"身上的东西，最后无意中连机关枪、大炮都搜出了。原来地下有这么多的宝藏，单在师部调查，机关枪就获得九十余挺，而步枪、子弹、毒气……更不堪计算。

现在我们攻上昆仑关的士兵真是阔气了。我曾经碰到几个 ××× 师的士兵，我看见他们左右手都戴有两个手表，而口袋里也可掏出一束

刘火子（1911—1990）

045

来，军用票、照相机、自来墨水笔、皮靴，这些都变成我们士兵的军用品了。

五、胜利的意义

在前方，我们曾分访过几位高级长官。他们对于这一次胜利的意义都曾有所指明。第一，我们晓得：此次"皇军"入寇桂南的武力，除了三十多只战舰、百多架飞机，主要的是第五师团与第二十八师团：即台湾师团（按：一师团有两旅团，每旅团有三联队，每联队约三千人，与其他各种特殊编制，合约二万五千人左右）。"皇军"侵桂的企图是这样的：第一，自然是企图切断我们的国际路线；第二，是企图对我们内部政治的威胁，藉（借）此以支持汪精卫丑剧的演出。据说，汪兆铭最近曾到了广州；第三，是企图对法国的威胁，知道法国忙于欧战，也许从此会夺取某些利益。

但是这些雄心与企图，在昆仑关一役都被我全部粉碎了。而且"皇军"的进军目的，还志在扰乱我们整个军事部署，以为粤北与桂南双方的攻势，我们至少应该有一方面的失利。可是它想不到进到昆仑关之后，我们不特不忙乱，而且还大有力量给它以反攻。昆仑关胜利的意义，表示着我们在顽强日军新攻势之前，我们的军事是大有把握应付，足以打击它的企图的。

一个集团军总司令对我们说：抗战两年半，日人在战术上是完全采取攻势的。虽然我们在战略上采取主动，但在很多战场上我们还是被攻击，取守势的，在战术上完全被动。台儿庄、德安、黄梅、湘北，这一串辉煌的胜利史实，归根，还是最初受了攻击，然后在某种有利的形势底下展开包围的歼灭战。这一回昆仑关的胜利则有所不同，日军是退守在一个天险的关口，我们去攻击，所谓攻坚，打硬仗。在战术上，我们是采取主动的。两年半以来，我们老是受攻，现在我们主攻了。昆仑关是我们第一次攻战的胜利。

再说："皇军"的兵力在固守昆仑关的最初是第五师团的第二十一

旅团，后来又增援了台湾师团的一个旅团，上边说过"皇军"的士气是顽强得可以的，而第五师团的装备又是有名的完整。飞机白天活动得非常厉害，自早至晚百余架的轰我阵地及扫射我作战的兵队。同时，"皇军"的不顾国际公法（由来已久了），拼命使用毒气，在最初是毒气罐，最后并使用毒气炮了！但是在这种情形之下，我们终有办法攻下的！这表示着，我们的装备并不亚于"皇军"，我们也有攻击的能力！人们常说，日人占了一个地方，我们要取回来就难了，这回不就是证明我们也可以攻克日人占领了的地方吗？

是的，我们的配备并不下于第五师团，单说我们的榴霰炮就比日人多出不知多少！而士兵的英勇、机巧，也远非日人所能及。飞机来扫射吗？我们可以趁此机会冲向前肉搏，使其完全消失了它的效能（有一次日机向我们一团人的阵地投了百余枚重磅的炸弹，结果只死伤我们两个人）。"皇军"放毒气吗？如果吹北风，它们会自吃其苦；如果吹南风，我们的弟兄也会异常迅速地走上山头。毒气比空气重，是逐步向低沉的，因此弟兄们都不易上当，何况大部分还有面具呢。

有人说：日本的国力至多只能够支持它的战争两年又半，昆仑关的大捷恰是战争 1940 年开始的前一天，这刚好证实了那估计的正确。（本文属笔时，粤北大捷及日内阁又一崩溃的消息交相而来，新春佳日，听此不胜欣喜！）

1940 年是反攻年！是胜利年！

六、几个战争中的插话

不要说"皇军"的顽强是根生的，至死不渝的。我们知道他们的大部分都是一时受愚而供了军阀们的牺牲品，所以这回配合着军事的攻势，就有了自抗战以来第一次的"敌前广播宣传"。

那是鹿地亘先生领导的"在华日人反战同盟西南支部"的五位日本友人，以及朝鲜义勇队的工作同志，他们在反攻昆仑关的开始，就驰赴到火线上，担负起这伟大的工作。在西班牙战争时，我们晓得这敌前广播者在政府军方面收到很好的效果，国民军拿着枪投降过来是常有的事。

一个月夜，昆仑关前的×××高地，那是一个才被我们占领了不久的地方，凄冷的月色照着充满弹痕血迹的松岗上，三百码前就是日人的机关枪阵地了。他——鹿地亘先生这时在那也许血迹还渗泥土未干的一块地方，面对着广播器开始了他的对敌宣传。日人是莫名其妙的，这"摩登"的玩意使他们大惊小怪。跟着一排一排的机关枪扫射过来了。鹿地亘先生重复着他的说话：

"朋友，请听我说来！如果你认为我说的不对，就开枪打过来吧……今晚月色这样迷人，你们会想到家乡里也有一个同样的月色吗？那家乡是有着你们的父亲、母亲、妻子的呀！为什么你们要离乡背井？"

接着更说明了军阀怎样欺骗他们的理由。握在三百码距离外"皇军"手中的枪呢，听了这番话之后打过来吗？没有！可惜他们都在受着箝（钳）制，没有办法归顺到我们这边来。这一次广播深深地触动了他们，在一个尸身上捡出的日记（名字是吉田时吉，北支派遣军今村部队，板田部队的班长）写着：

"今晚月色很好，敌人在阵前播音；有这么一套的设备一定是很优秀的部队了。我愁苦地坐在战壕中，同僚都死去大半了，外边炮火异常厉害，大小便也只得就地解决。冷月当空，我的确想到家乡了，什么时候才可以返乡呢？我把千人针缠着我的头顶，祝祷上帝，新武运长久！……"

在另外的一个尸身，我们又搜出一张信纸，写着相当优秀的诗句，而内容却是对于战争的厌倦与恐惧，那是：

"胜利是死，

失败是生，

战场是坟墓，

炮车是丧车！"

是的，日本对华作战，倘使表面上愈是胜利，则国民死亡的可能愈多；相反的，干脆快点失败了，反而获得多数人的生存。这是士兵们所实感的真实情形，军阀们却没有理会到这一点，仍驱着国民去死亡哩！

下边是另外几个关于我们士兵壮烈的故事，应该与"皇军"的那种颓丧的士气一比。我们的士兵太伟大了，他们并没有对于战争中死亡的预感或恐惧。他们是那么舒闲，若无其事地对战争从没有半句怨言。而说起战争的遭遇，则起码可以口若悬河地说出几个神话般的故事。

有一个伙夫，在黄昏时分，送饭到前方，在昆仑关那种交错的山道上，他走着，却没有理会到他自己走的是否正确。一会，他渐渐地走向日人的阵线上来了。我们的哨岗远远地喝止着他，他却没有听见。最后他真的踏入敌阵了。他看见一个日军军官拿着望远镜在望着我们的阵地。好，现在掉过头来就跑是来不及了，反正到了这里，他心想不如就以一条伙夫的命跟他一个军官拼一拼也是好的。想着就从山脚爬上去。那军官只顾远望，在他跟前来了一个人却无法看到。他——那伙夫首先抢去了日本军官的镜，接着就抱住他一起滚下山。原本是想活生生捉那军官回来的，可是那军官却要拔刀刺死他，伙夫没有办法，只能紧紧地掐着军官的颈项使他窒息而死，结果，伙夫自己依然有办法逃了出来。

一个曾经参加过卢沟桥、上海、台儿庄等战役而未受过伤的班长，一次冲锋中，他想要活捉一个日本人回来，在那里纠缠着。日兵在贴身的时候，拔出刺刀要杀死他。班长没有办法，为了防卫，只得把日兵压在地上，左手从袋中摸出手榴弹，放近嘴边咬开了掣，放在日兵下边。他抱着共同赴死的决心，轰的一声，首先自然是日兵的死，而他自己的腿部也炸伤了一个洞。

日兵的野战工事做得很不错，往往一挺重机关枪巢里，扫射出来，使你不易近前。"好，怕你刁么？"一个上等兵当他看见很多弟兄冲过去又倒下之后，他气愤愤地立下誓要把这挺机枪消灭。他左掩右蔽地爬着向前，日兵的机枪只是向前卜卜卜地射着，却冷不防有人从旁边跳过来，把他的枪向外一拉就抢了去。日兵蹑尾追着，两个人在机关枪前展开恶斗，另外几个日兵赶来了，自然这勇士结果成仁，但我们其他的弟兄因为那机关枪已离开了巢穴，乘机冲过来，一阵排头火，那几个曾手

刘火子 (1911—1990)

刃我们勇士的日兵，只得做他们的"护国鬼"了。

（原载香港《珠江日报》1940 年 1 月 29 日、30 日、2 月 1 日；
选自《奋起者之歌：刘火子诗文选》，东方出版中心 2011 年版）

评析：

　　本文是刘火子早年在香港《珠江日报》担任战地记者，前往桂林前线
采访后写成的作品。在这篇报道中，刘火子针对 1939 年除夕之夜中国军
民在桂南昆仑关对日寇的一次军事胜利，展开了艰苦的战地采访。29 岁的
刘火子亲赴战争第一线，与官兵和当地百姓面对面交流，获得了第一手信
息，形成了这一长篇战地报道。报道既呈现了中国官兵的救国决心与昆仑
关下残酷艰险的战斗历程，也描述了普通中国百姓面对敌寇毫不退缩、以
命相抵的英勇气概；报道还对日军有所描述，如面对军事失利时低落的士
气、经历漫长战争后对战争的厌恶等。总体而言，刘火子的报道真实描绘
了抗日战争的残酷性，展现了前线军民一心抗敌的壮烈景象，表现了中国
军民不畏死亡威胁、保家卫国的决心和对和平的渴望。

　　刘火子的这篇报道，其全文于 1940 年 1 月 29 日、30 日，2 月 1 日在
香港《珠江日报》上连载了三天，是刘火子作为战地记者的代表作品之一。
报道极大地鼓舞了港岛市民的抗战士气，展现了前线军民的抗日决心，也
表现了作为战地记者的刘火子对新闻事业的忘我追求与拳拳爱国之心。

红香炉的百年祭（节选）

——香港的悲剧

一

　　香港，有人给它改了一个很雅致的名字，叫做"红香炉岛"，因为

那个矗立在岛上的"扯旗山"，据说就正像是个"红香炉"。一百年来，这个"红香炉"在善于市政经营的英国人所日夕涂抹之下，正放射着它的光辉，不少世界有名的诗翁、哲人、文学家都曾为它的美景所吸引，写下不少赞美的诗文。事实上，英国人也太会体贴每一个游客的心情，他们安排了一道山顶缆车，把游者带到那个"香炉峰"之巅，然后又环着山顶建筑了一条白色的栈道，让每一个游者沿着栈道俯临岛上的一切。那平坦得有如一泓湖水的碧色的大海，和海上慢慢移动着的汽船与一点一点的白帆，那些结连着的密如蜂房的屋子，那些青翠的园林，摇曳着的棕榈树，都永远的贴服在栈道之下。星期日，栈道上的游人更多了，我们可以看见他们在那里凭栏远眺，或者他们在带着一家老少散步，或者他们在阳光下读着心爱的书，这一条栈道的建筑，充分表现着英国人会动脑筋，到过香港的人，正不知有多少曾流连于这一条栈道之上。

但是，这一条栈道从来却被一种人所固执地反对，这就是勘（堪）舆师，他们持着"风水"的见地发表他们的理由，他们说，香港既然像是一个红香炉，为什么我们要在山顶建一条白色的栈道破坏了它的吉利呢？那一条白的栈道就像一条素白的带子，把一条素白的带子缚在一个红香炉的颈上，正是一种丧事的征象啊！

这一个玄学上的理由在 1941 年 12 月 8 日之前，略有科学头脑的人没有一个不说它无稽的。然而，一件突如其来掀动世界的风暴，终于使那风水先生的无稽之谈不幸而应验了！香港，为了它的灾难，现在，它的红香炉的颈上不正是缚着一条素白的带子么？

香港，在四年余的远东烽火中，是始终站在门外的小岛，是的，现在也沦于苦难里了，事前，没有一个人曾预感到风暴的来临，也不相信它会来临。香港人，最近正为一种穷奢极乐的欲潮所掩盖着，溜冰场、电影院、跑马场、食物店，一切都达到了事业的顶点，特别最近从"岷尼拉"来了一个嘉年华会（CATNIVA），日以继夜地吸住了千万仕女，他们疯狂地耍乐着，坐着"巴黎风车""八爪鱼""空中飞船""疯狂电车"和"木马"，而且在会场中也举行了一次中国历朝服装表演。

刘火子（1911—1990）

051

会期本来打算三个星期就停止的，后来主办者方面看见生意兴隆，还打算展期到若干时期。但是，开始的三星期还没有完，就给爆炸的声音惊止了。

的的确确，事前没有一个人预感到大难的临头，虽然空气一天紧似一天，最近一连几天的防空演习，一千七百余名的加拿大军的调来，美日谈判的忽张忽弛，甚至7号那一天——开战前的一天，十几二十艘的太古船忽然不载货客提前地开走，电影院在开映的期间忽然召集军士回营，马路上的岔口处忽然有了兵队的哨岗，这一切非常状态依然引不起岛上居民半点注意，或者分散开他们半点的娱乐心情。

其实又何怪于老百姓们呢？我曾在尖沙咀的渡轮上碰到过一位权威的国际问题专家，我问他对于远东的局势看法如何，他也说，他从来是乐观的，日本未必敢下手。无知的老百姓看不出局势的紧张，有修养的学者估断错了局势的发展，于是，整个香港的人，临到炸弹从高空掉下来时，爆炸，坍屋，死亡，他们仍然以为是演习了！

我自己也何尝不乐观呢？自从加拿大军调来之后，他们在马路上操演的步伐，他们的配备，以及日常生活的活泼（和美国电影里一样），喜欢喝酒唱歌，喜欢打架胡闹，以及随便施派纸币给路人（据说他们每月原来的薪饷，可换港币四百余元），我们一向看的欧美电影中的士兵就是这个样子。但是，在很多战争电影里，他们打起仗来还是被描写得十分勇敢的。

二

而加拿大军他们自己，更永远想不到来此不及一月，却要担当起一回意料不到的角色。8日上午凌晨，香港的领空突然来了在香港市民眼中所不曾见过如此众多的飞机——十八架，炸弹丢下地来，警报呜呜地叫着，把不少惯于夜生活而正在酣睡的人惊了起来。我走到露台去观望，看见了其中的一批九架战斗机正在打从"昂船洲"上空列着队形飞过，高射炮弹猛烈地在飞机的附近喷着白烟圈，于是我知道"太平山"

开始不太平了，我清楚地看见了飞机翼子下的"红膏药"。

我是和一个医生同居的。医务总监司徒永觉的电话跟着警报的时候来了，叫他报上家庭的人数，而且限令即刻到达山顶的域多利医院执行服务工作。现在岛上的确陷于战时状态了，报纸出了号外，义勇军总部命令兵员回营，防空员站满街上，禁止了一切非公务的车辆往来。可是虽然如此，不少的市民仍然没有知道战神已临岛上，不过，这却又有好处，如果他们早已知道战争的消息，当他们听见头一声警报的时候，当有多少的人会惊惶（慌）失措，甚至挤下海里去啊！

这时，我是在香港这方面的，但我的母亲和妹妹却住在海的对岸深水埗。深水埗是兵营的所在地，所以日机一来就猛烈地在那里轰炸。电话已经很混乱了，一拿起听筒就有数十种声音渗进耳里，根本无法打通一次。我就只得渡海，不只看看她们的安全，而且也得给她们一点钱。可是渡了海之后，香港政府为了避免香港方面人口的过于稠密，却不准对岸——九龙方面的人渡过香港，除非领有通行证的话。我因此被困在九龙。

事实上，战争开始的几天，九龙这方面的确成为敌人轰炸的目标，而且势必最早成为英日两军接战的战场。人们总想逃过最先的一次灾难的，因此每天冒险雇小艇偷渡者为数不少，虽然此举足会遭到香港方面防军的机关枪扫射。我并不急于到香港方面去，我坚信九龙这方面是能够固守相当时期的。因为第一，我看见香港的英军配备很好，军车、坦克车、通讯车、骑兵在马路上不停的往来，单以军容而论就远胜于日军了；第二，新界的工事很坚固，从大埔、元朗以至沙田、荃湾一带的军事建筑，都是现代化的。日本军队攻打这些坚固的工事，似乎不大容易。所以，我把母亲和妹妹交托给一个当义勇军的朋友，冒充他的家属先撤退到香港方面去之后，我才着手进行领取一张通行证，为的是此后可以长时间的通行。但是并没有成功。领通行证的地方，人挤得要命，每每挨次轮到自己领取的时候，就给一次警报吓走了。而最令人厌倦的，就是在那里服务的葡籍后备警察，他们并不给予方便。

最后，我就只有托一个朋友去代办了。那是 11 号早晨，甚（什）么

刘火子 (1911—1990)

手续，例如照片和证件都办妥了，中午就可以把通行证领出来。不过，这一天市面情形却有点惶乱，原因是昨夜整个晚上都有炮声，早报又曾把当局撤退大埔、元朗一线而固守沙田、荃湾一线的消息披露出来，据说根据陆军部的意见，这一带山峦起伏，易于据守。前方曾有好几次的小接触。街上有不少的人扶老携幼到海傍去，准备偷渡到对海香港。歹徒的活动非常厉害。警察撤销了岗位，非有四五人合在一起不敢巡逻。我曾亲眼看见过两次歹徒与歹徒间的冲突。一次是百数十人的斗殴，竹杠、菜刀、铁尺等互相挥打；一次是歹徒刺毙歹徒，凶手拿着匕首，跟跟跄跄地走着，还一面高喝路人不要惊跑。那个死者，我看着他还勉力支持一下才死去。这种恐怖现象不断地发生着。不过我并不害怕这种现象。我仍然在街上"蹓跶"。但我却为几种军事上的表现感到不安：11号那天的早晨，我看见了从前方拖回的残碎的小型坦克车；我看见了从前方交替回来的兵士疲倦得难以形容，他们蹲伏在救伤站门前，举足几不成步，面色青癯；我看见了突然从前方奔跑回来的几匹没有了骑者的战马。我知道这是属于印度骑兵的，仿佛前一天的报纸正登过印度骑兵出发的消息。这些表现，都使我生起不少疑虑：前方一定在混战了。但我仍然乐观，我相信英军可以固守，等到相当时期，我们中国的战士赶来，这危急的情状就可渡过了。

三

中午，在油麻地的一个地方，我等候那个领取通行证的朋友。可是那个朋友还没有来到，突然街上的行人纷乱起来，四处奔走。跟着"日本仔到了，九龙荔枝角等处在巷战了"这一消息就传到我的耳边。就在这时，我看见弥敦道上一辆一辆的军车满载着英军向尖沙咀方向飞驰，车上每一个士兵，都把枪口瞄着后头，仿佛沿途经过一场恶战才冲出重围的样子，而警察也跑回临时派出所去，忙着脱去了警服，把手枪纳进怀里，就又跑了出去，警帽、子弹匣随街都可以发现；义勇军、防空队员、救伤队员也忙着架车向尖沙咀开走。我也曾见着一个义勇军拿着一挺轻机枪在马路上手足无措，东跑跑，西跑跑，最后才敲破了一辆停在路旁的汽车的玻璃门，把车子驶了去。我不能不有点狼狈了。在这种混乱的形势里，我是不能在街上再事停留的。而油麻地一带又没有朋友的住家。我于是决定回到深水埗母亲原来住的地方。我在弥敦道上截住了一辆"的士"（计程车），司机问我往哪里去，我说回到深水埗。可是他一听到深水埗这个名字时便摇了一下手，随即把车门砰地关了起来，说："那边不去了！"于是我急着问他："为甚（什）么呢？"他并没有立刻回答我，只是指了下车后的玻璃，我发现那里有一个枪洞！车开的时候，他才补上一句："那边在巷战！"

怎么好呢？起初，我仍然想步行回到深水埗，但是如果那边真的在巷战的话，此行岂不是太冒险了么？街上的行人越来越乱了，这紧张的一刻间，使我不能再事犹豫踌躇，最后我就只得也随着人流到尖沙咀去。其间我曾跑进过新新酒店与弥敦酒店想临时住下来，度过一宵才再作打算，但店主人并不许我进去。我继续往尖沙咀方向走，我记起了在山林道那里还住着一个友人。当时渡海的希望根本已打消了，在军队撤退的时候，香港方面哪里还可以让你登陆呢！

但住山林道的朋友早已渡海去了！我带着完全绝望的心情跑在街上，正不知如何是好。幸而就在这个时候我碰到了一位原先认识的住在附近的南洋侨生，他完全不知道英军撤退的消息，还一摇一摆的手里拿着一包花生糖果吃着，慢慢地走着。我于是告诉他刚才的情形，要在他家里暂住一个晚上，但是他却说一个钟头之前他在红磡定了一只小船，打算再来一次偷渡（他已经失败过两次了，都是给水师船放枪射击所制止的），现在回家拿行李。可是他说并没有交过定钱给船夫，现在我只得劝他放弃渡海的念头，在家里住一个晚上再作打算。第一，没有交过定钱，小船未必肯在那里等候，而且到红磡去至少要走半个钟头；第二，这时偷渡的危险性比以前更大。但是这位南洋侨生因为不曾看到弥敦道上的紧张情形，自然仍是决心要偷渡去的。我还有甚（什）么办法呢？就只得等着他执捡了一大批行李（其重量要两个人才挑得起来），然后跟着他冒险去。到海傍（旁）的时候，我看见英军仍然不断驾着车

刘火子（1911—1990）

055

《奋起者之歌》

子撤来，远远地听见他们在说着一声 goodbye（再见），把车子推下海里。这时敌机又来了，我们忙着向红磡走去。在那里幸而还有三只小船（怕是最后的三只了），我们在五六十个搭客的拥挤下，满足了歹徒的多方勒索敲诈，才得以跳下船里。

　　在船上，心情非常的沉重，回头遥望土瓜湾的电力厂、水泥厂，在轰轰的响着，一团一团的黑烟涌上来，我知道这是在进行一次破坏的工作。船夫左闪右闪地把船只瞒过水师船的视线（其实根本水师船上的水警也早撤退了，船只停泊在海心）。慢慢地驶进铜锣湾的避风塘，避风塘的堤岸上本来是有一个机关枪堡垒的，可是当我们小船靠岸的时候，我并没有发见（现）那里曾有一个守兵（如果我们这几只小船载的是追踪的敌人又将如何呢），这样我也算是安全撤退了！

（原载韶关《建国日报》1942 年 2 月 5 日连载 17 期；选自《奋起者之歌：刘火子诗文选》，东方出版中心 2011 年 11 月版）

评析：

　　本文是刘火子在香港于1941年冬沦陷前的亲身见闻。文章详细描述了战火逼近香港的过程：先是连香港市民们都不曾预料的空袭——"香港的领空突然来了在香港市民眼中所不曾见过如此众多的飞机——十八架，把不少惯于夜生活而正在酣睡的人惊了起来"；接着是"报纸出了号外，义勇军总部命令兵员回营，防空员站满街上，禁止了一切非公务的车辆往来"；随后，香港进入警戒状态，刘火子被困于九龙，被迫与家人分隔；情况紧急，社会失序，歹徒当街混战，伤兵陆续败退，亲眼目睹此景的刘火子开始心生疑虑，但心里仍怀有侥幸乐观心态；然而，事态每况愈下——英军与日军终于正面交火，当街巷战，战争开始；刘火子在混乱中幸运搭上偷渡的小船，最终及时脱险。文章从香港普通市民的视角出发，详细描述了香港一步步沦陷的全过程。其中，文章对"偷渡""巷战"等情节描述颇为具体，令人如身临其境。当刘火子最后成功撤退，在小船上回望时，只见"土瓜湾的电力厂、水泥厂，在轰轰的响着，一团一团的黑烟涌上来"——香港终究难以摆脱战火的吞噬。长于香港的刘火子，其内心之复杂、沉痛，可想而知。

（编撰：张培超　邓绍根）

刘火子 (1911—1990)

057

苏德战场的女记者

胡济邦

（1911—1995）

　　胡济邦（1911—1995）　中国派驻国外的第一位女性外交官，一位具有传奇色彩的女记者，足迹遍布苏联、东欧及亚、非、拉美各国。第二次世界大战期间，作为中国驻苏联唯一的战地记者，奔赴前线采访报道苏德战争，发表《列宁格勒的九百个日日夜夜》《解围前的列宁格勒》《解放后的斯大林格勒》《莫斯科大会战》《庆祝全民胜利中的莫斯科》等脍炙人口的战地报道。新中国成立后，曾任《人民日报》国际部记者、评论员，中国常驻联合国代表团参赞等职。

苏德战场的女记者

胡济邦，浙江永康人，中共党员。中国著名女外交官，知名记者、评论员，是中国外交史、新闻史上具有坚定政治信仰、卓著外交天赋和强烈新闻敏感的一位传奇女性。胡济邦是中国派驻国外的第一位女性外交官，同时也是"第二次世界大战"期间中国唯一一位驻苏战地记者。她通晓英、俄、法、日、匈、拉丁等外语，报道过列宁格勒保卫战、莫斯科保卫战、斯大林格勒战役、匈牙利事件等，采访过斯大林、罗斯福、杜鲁门、张伯伦、丘吉尔、戴高乐、铁托等一大批世界政坛风云人物，并一度担任国民党南京政府巴黎和会代表团秘书。1949年回国后参与新中国外交部的筹建工作；1956年调入人民日报社任记者、评论员，并任中国记协国际联络部部长；1979年派赴联合国任中国驻联合国代表团参赞，1985年回国。

从热血青年到战地女记者

1911年11月1日，胡济邦出生于浙江省永康县古山镇一个世代务

胡济邦 (1911—1995)

农的家庭。1923年秋，12岁的胡济邦考入永康县的初级女子师范学校就读。三年后，在二哥胡济川的帮助下，进入山东济南东城根中学读书，一年后考入杭州法政学校。①

1928年，胡济邦考入南京中央大学（今南京大学）经济系读书。在那里，她接触到马列主义，选择投身革命，加入反帝大同盟。1932年夏，因为参加抗日运动，被学校开除。这位21岁的年轻姑娘毫不气馁，立即北上，到北京大学旁听，一边学习，一边参加革命活动。

1933年夏，经二哥胡济川和恩师何浩若举荐，以及俞大维和胡济时的说合，胡济邦凭着一口流利的英语，进入国民政府外交部国际司五科（护照科）任科员。1935年，胡济邦被派往国民党驻苏使馆工作。1936年年初，她在上海乘坐苏联破冰船，到达海参崴，然后坐了9天9夜的火车，穿过冰天雪地的西伯利亚，到达莫斯科，任当时的中国驻苏大使馆新闻专员，成为中国有史以来派驻国外的第一位女性外交官。②

1936年，沈兹九、罗琼在上海主编的《妇女生活》专为远在莫斯科的胡济邦开辟了一个"新世界巡礼"专栏，这是胡济邦从事记者工作的"滥觞"。③1937年全面抗战开始后，胡济邦兼任中苏文化协会驻苏代表，同时兼任《中苏文化》杂志驻苏记者，正式开始了她的驻外记者生涯。

苏德战争爆发前，她曾发表和翻译反思中国文学和文化现状的文章，致力于推动中国同世界的沟通与交流。苏德战争爆发后，作为"二战"期间中国唯一一位驻苏战地记者，胡济邦亲眼见证并记录了战争的全过程。

1941年6月22日清晨，广播里传出"德军悍然入侵苏联，苏德战争爆发"这一突如其来的消息，令当时正在莫斯科计划经济学院攻读研究生学位的胡济邦感到无比震惊。在危急的局势下，莫斯科人心惶惶，有人开始烧毁党证，武官们纷纷作出判断，莫斯科守不住了，苏联完了。胡济邦凭借着敏锐的观察和思考，坚定地相信苏联能够打破德军不可战胜的神话。在整个苏德战争期间，她一直同苏联人民在艰苦战斗的岁月里同呼吸、共命运，从苏联发回大量关于苏德各个战场的报道，记录下许多真实的战况，鼓舞了中国人民坚持抗战的斗志，同时也具有极高的史料价值。

从1941年到1946年的五六年间，胡济邦在《中苏文化》杂志上陆续发表了许多脍炙人口的战地报道，如《列宁格勒的九百个日日夜夜》《解围前的列宁格勒》《解放后的斯大林格勒》《莫斯科大会战》《庆祝全民胜利中的莫斯科》等，实地拍摄了大量历史性珍贵照片。她还参加战斗，对扑上来的德军开枪，并且同美国记者斯诺、英国记者夏庇若结下了深厚友谊。皮衣皮帽的胡济邦精神抖擞地驾驶着军用吉普车，在茫茫雪原上奔驰，是整个苏德战争期间胡济邦的生活缩影。④

在外交官和"无冕之王"的身份中穿行

胡济邦 (1911—1995)

在驻外的日子里，广交朋友、嗅觉敏锐的胡济邦，与美、英等国的记者一道，参加了战时战后在莫斯科举行的各种国际会议，采访过斯大林、罗斯福、杜鲁门、张伯伦、丘吉尔、戴高乐等一大批世界政坛风云人物，还去乌克兰的基辅采访对德国战犯的审判，并一度担任国民党南京政府巴黎和会代表团的秘书。

胡济邦的语言天赋为其驻外采访报道，以及同各国领导人自由广泛地交谈创造了条件。她和苏联斯大林元帅在一起时说俄语，和美国罗斯福、杜鲁门总统，英国张伯伦、丘吉尔首相在一起时说英语，和法国戴高乐总统在一起时说法语，能用流利的俄语和匈牙利语采访南斯拉夫总统铁托，并且通晓日语、拉丁语和世界语。

战争刚结束的1946年，胡济邦以中国女记者的身份，应南斯拉夫政府之邀，参加了南斯拉夫对米哈齐维奇的审判。当时，全世界都想了解这个新生国家。胡济邦遂提出采访申请，很快就得到南斯拉夫政府的批准，并且派给她一辆吉普车，一位陪同，另加两名武装战士保护。胡济邦抓住这个机会，跑遍了南斯拉夫全国6个共和邦，调查采访了部长、基层干部、士兵。最后，还在黑山采访了铁托总统。

采访当日，铁托向胡济邦介绍当时南斯拉夫和美国的关系时说："今天早上，美国一家通讯社还造谣说我在黑山翻车受伤。"胡济邦机智地回答："我来给你辟谣吧！"铁托大笑，高兴地与这位友好的中国女记者合影留念。⑤经过一个多月的紧张采访，胡济邦对大战后的南斯拉夫了然于胸。

不久，在巴黎召开的解决南斯拉夫和意大利领土问题的会议上，凭着对南斯拉夫情况的熟悉，胡济邦撰写了一份三万多字的考察报告，对问题的解决起到了积极作用。

在驻外的十余年间，胡济邦把外交官和"无冕之王"的职业结合得相得益彰，诚如她自己所说，"大使馆少派一个秘书，多派一名记者，工作要好做得多"，记者身份为她的外交官事业插上了翅膀。⑥

活跃在新中国的外交和新闻界

1949年3月，国民党驻苏联大使馆起义，同年4月，阔别故土13载的胡济邦以赴欧学习为名离开国民党驻苏大使馆，乘飞机经瑞士抵香港回国。同年5月，胡济邦历尽艰险，回到祖国。这时北平刚解放，新中国还没有成立，中国共产党面临着百废待兴的局面。在翠明庄招待所作短暂停留的胡济邦忙里偷闲，为中华全国总工会翻译了《苏联总工会关于工会组织工作的各种决定》等大量文件，为新中国的工会建设起了关键的作用。⑦

1949年9月，胡济邦进入正在筹建的新中国外交部大楼，于同年11月至次年7月在外交部东二楼大厅举办的大使学习班里，任外交礼仪教官，被学员们称为"老外交""传奇人物""在隐秘战线上战斗了近30年的红色战士"。她教起"学生"来极为严格，将共和国首批将军、大使及其夫人"调教"得举止优雅、得体。随后，在外交部工作的近七年时间里，胡济邦为新中国外交事业的起步付出了大量心血。

1956 年，胡济邦调到《人民日报》国际部任记者。本来她计划到东欧国家边旅行边采访，恰逢"匈牙利事件"爆发，她便深入一线调查研究，及时发回大量通讯和社会动态内参。1956 年 11 月至 1958 年 3 月，《人民日报》共发表她的专稿 31 篇，其内容为国内广大党政军干部关注。匈牙利社会主义工人党第一书记卡达尔来北京访问时，曾对毛主席说："你们派来的《人民日报》记者胡济邦真勇敢，工作太出色了，谢谢毛泽东同志。"毛主席听后微笑着说："我也是从她的报道里，才晓得你们的真情……"⑧

从东欧回国后，胡济邦任《人民日报》国际部评论员，同时兼任全国记协国际联络部部长。其评论员文章纵览国际风云，笔下生花，文采飞扬，常常被外电作为研究我国对外政策的重要依据。

胡济邦的丈夫毕季龙曾任联合国副秘书长。1979 年，她随夫至纽约，任中国常驻联合国代表团参赞，1985 年回国。在这六年时间里，夫妻俩风尘仆仆地访问了六七十个国家，足迹遍布亚、非、拉美各国，结交了各界人士和朋友。在外交界，两人被誉为"最美好的一对"。⑨

1988 年 10 月，在北京一所干净整洁、充满花香的小院里，已经 77 岁高龄的胡济邦老人打开"话匣子"说道："我认为，记者是一种很崇高的职业。当记者对我的工作来说，就好像插上了飞翔的翅膀。作为一名战地记者，要有良好的素质和职业道德。触角要敏锐，要关心政治，要有正义感，要坚持真理。要真实、要准确，不能浮夸。更不能当'客里空'。要深入第一线调查研究，要善于发现新情况、新问题。要准要快。准是属于质量问题，快是属于数量问题。准比快更重要。既准又快更好。要当好一个记者，还要了解当地的历史地理，风土人情。譬如，在苏联，你不知道普希金，就很难与这个国家的文学艺术家交往。当记者应该成为百事通，不然，工作就很难开展。"⑩

胡济邦（1911—1995）

注释:

　① 宗道一:《胡济邦:跨越新旧中国的女性外交官与记者》,《湘潮》2006 年第 3 期。

　② 陈抚生:《苏德战场唯一中国女记者胡济邦的巾帼风采》,《人物》2008 年第 4 期。

　③ 宗道一:《胡济邦:二战期间惟一的中国驻苏战地记者》,《世界报》,2005 年 8 月 31 日,第 108 期。

　④ 宗道一:《胡济邦:二战期间惟一的中国驻苏战地记者》,《世界报》,2005 年 9 月 7 日,第 109 期。

　⑤ 宗道一:《胡济邦:充满传奇色彩的女外交官》,《今日浙江》1998 年第 7 期。

　⑥ 宗道一:《胡济邦:二战期间惟一的中国驻苏战地记者》,《世界报》,2005 年 8 月 31 日,第 108 期。

　⑦ 陈抚生:《苏德战场唯一中国女记者胡济邦的巾帼风采》,《人物》2008 年第 4 期。

　⑧ 应跃鱼:《神秘的女记者外交官》,《国际新闻界》1993 年第 1 期。

　⑨ 陈抚生:《苏德战场唯一中国女记者胡济邦的巾帼风采》,《人物》2008 年第 4 期。

　⑩ 陈抚生:《苏德战场唯一中国女记者胡济邦的巾帼风采》,《人物》2008 年第 4 期。

作品选编

庆祝全民胜利中的莫斯科

　　深夜,我一度被隆隆的飞机声惊醒,大概灯火管制取消后还需要空中的巡防吧,我这样揣度了一下,立刻又转入睡乡了。一大早电话铃又把我扰醒了,我以为又是电话接线生把找医生的病人接到我这里来了,心想不理它,就拉紧被头,蒙上耳朵。可是电话铃顽强地催迫着,我只得不耐烦地掀开被窝,跳下床去拿起电话筒,正想说出:你错了,同志!可是对方冲击过来的语句把我压倒了。

　　"德国已向红军无条件投降了,miss 胡!胜利!战争结束了!我们通宵没有睡觉，守候在收音机的旁边，现在还在继续报告哩。"

我连忙把收音机的开关扭转，报告员正以高亢的声调宣读德国军队无条件投降的签字记录：从八日夜间十一时一分起双方停止军事行动，德国军队各在当地全部解除武装。接着是最高苏维埃主席团的指令，宣布五月九日为全民庆祝的胜利日。苏联人民委员会公布五月九日为休息日，同时向各机关建议升挂国旗。

拉开窗帘，看到碧蓝的天空中放出稳定的阳光，真是奇迹，莫斯科自从五一节以后，连日风雨，昨日还是阴暗的雨天。怪不得俄国妇人说"上帝也爱我们"，莫斯科人久待中的胜利的阳光终究普照着爱好和平的大地了。

电话铃又响了，是美国国际新闻服务社的记者莱内女士的电话。

"Miss 胡，你要知道，我昨夜通宵达旦向美国拍发新闻，这次我抢过路透社的记者了。夜里三点钟我往情报局送电报去检查时，没有遇到一位竞争者，首都饭店的记者们都在甜蜜的睡乡中，我幸亏由一位莫斯科大学的女友及时通知，所以没有失去这个伟大的时刻……"

原来大家等候休战的宣布已有好几天了。自从红军攻克法西斯的心脏——柏林——以后，大家知道希特勒恶魔的丧钟已报，接着意大利北部，德国西南部的德军先后都向同盟国投降。英国广播就英皇向人民宣布休战的演词都准备妥了。但是莫斯科每晚还是广播庆祝红军攻克俄境和捷克城市的命令。八号下午自从丘吉尔和杜鲁门发表和平演说后，大家都等候斯大林的宣言。下午四时悄然过去，七点三刻莫斯科广播电台发出呼唤的信号，大家都以为有非常的消息到来，结果还是最高统帅祝贺南方将士克复城市的命令。

八号的夜里一共有三次呼唤的信号打动了听众的心坎，最后一次十一时是给在奥国作战的第二乌克兰战区军队的命令。我们以为今天是不会宣布什么特别的消息了，一班记者的推想像和平、胜利这样严重的消息，一定会在白天——照过去的经验，在上午十二时或者下午四点钟宣布，不然，在深更半夜报告给谁呢。

谁料莫斯科的人们却通夜开放无线电播音器，下半夜二点钟，一

胡济邦 (1911—1995)

065

种不平常的呼唤信号，刹那间将全莫斯科的人们从睡乡中唤醒。

战争结束了！希特勒德国最后向苏联屈膝投降了！

在这个黎明前刻的莫斯科是万家灯火，人声喧扰，彼此用电话通报道贺。深夜三时，电报局门前排着长班，莫斯科的居民等着向前方和外城的亲友拍发胜利的贺电，街上拥满行人，彼此虽不相识，但是这个伟大的欢乐打破了羞怯，彼此握手道贺，拥抱狂吻。

天正破晓，红场已拥满人群，全城已飘扬着胜利的红旗，莫斯科的居民都不由自主地向接近克里姆宫的方向走去，群众愈聚愈多，自发地形成了游行的队伍，在宫墙外面欢呼歌颂。

这一夜整个莫斯科没有睡眠，孩子们也无法安静睡觉，带着朦胧（蒙眬）的睡眼跟着人们在街上和广场上拥挤，后来孩子们也愈来愈多，形成了一支同年龄的游行团体。

这一天莫斯科的广播电台给全城播送凯旋的音乐。祖国歌，进行曲，英美的民歌新曲，请有若干名人，前方的英雄和后方斯达哈诺夫分子讲演。

全民的胜利日，它带给人类团聚的幸福佳音，这时后方的妇女们是特别兴奋狂欢，朱可夫元帅夫人在广播中向其丈夫统率下的战友和其家属恳切道贺，感谢战士们带给全国人民的和平胜利，预祝他们凯旋归来的团聚。她说自己和朱可夫元帅结婚二十四年，这次四年的祖国战争使他们作长期的别离，她和子女们都翘盼其家人能快从柏林归来重聚家庭之乐。

作（做）客苏联已有一个多月的丘吉尔夫人，今天也受首相之托，向苏联人民及其领袖致极极热诚的贺词。

广播电台传来苏联各地庆祝的盛况，这个伟大的时刻，不独是首都的人们捷足先知，遥远的勘察加半岛，北冰洋的破冰船，高加索的山地，伏尔加河的草原，这个伟大的消息瞬息传遍，这个时刻，苏联人民以数十种语言庆祝胜利，欢呼凯旋！

这一天，佩带（戴）勋章的军人和同盟国的军人到街上去都受到威胁，在高尔基街上一位佩金星章的空军英雄先被十几位女学生包围，每人将手中拿的花束投到他的怀里，刹那间群众的巨流都拥到他的周围，使他无法喘息了，这位年轻军人拥抱着一大堆花束，微微红着两颊，谦逊地向着群众解释说："我是很平凡的没有特殊的贡献。同志们，让我走到红场去吧！我有朋友等在那边呢！"群众说我们一道去会你的女友，结果这一大群都向红场流动了。

又有一个令人感动的场合，基洛夫街上走着一位炮兵少校，对面奔来一位中年妇人拥抱了他，紧紧不放。她的眼泪不断流滴在这位少校的脸颊上，妇人抖动着上唇喃喃地说："我的亲爱的儿子！我有三个孩子，像你一般的年龄，穿着一样的炮兵制服，四年不见了，没有消息！"

在普希金广场，一位美国兵，被一群青年先是把他抬到他们的肩上，后来是"乌拉，乌拉"地按照拍调向着上空高抛不停了。这位军人既不能用俄语说明理由要求他们停止这个举动，也无力量冲破他们的包围圈，这种情形的发生不止一次，上午英美人在各广场上穿来穿去颇为活跃，到了下午他们尝到这种热烈拥戴的滋味以后，就不敢出街走路了。

美国使馆恰在市中心，介于莫斯科大学和国民饭店的中间，面对着马尼日广场和克里姆宫墙，整天有群众聚立美国使馆的门前瞻望着，向那在春风中飘扬的美国旗欢呼，有几位莫斯科大学的学生用他们带着俄国调的英语向着从三四层楼的窗台上伸出来观望的美国人致欢呼庆祝之词，美国人也用半调（吊）子的俄语高高在上的回答，"红军万岁！""苏联人民的伟大领袖斯大林万岁！"倘如他们这时候在广场上，那至少衣服会被扯破了，他们在三层楼的窗内，民众还有拥进去表示种种热情的可能，所以从下午一直到深夜美国使馆的门前加派双岗，四岗，替这些美国朋友充作挡驾的前卫。

上午我给所有熟识的俄国朋友通电话道贺，他们的回答差不多是一致的"希望很快就能共同庆祝中国的解放！"

我和使馆的一位同事上午先到红场去巡阅一遭，到处人山人海。无目的和无方向地流动着。架设着摄影机的卡车在红场和高尔基街上不断地狩猎镜头。一班群众也就跟着摄影车走。许多青年就在广场上跳

胡济邦（1911—1995）

舞歌唱。红场的右角，古贝舍夫街口一座住宅门前，一大堆群众在欢呼，我询问欢呼的理由，旁边的女人告诉我因为一位将军刚刚从这门口进去。我们经过这个门口正想绕过红场后面的一条冷巷去找我们的汽车，但是转眼间不知来自何方的一群孩子和青年拥到我们这边来了，我们竟忽然变成了磁石一般，人愈来愈多，简直把半条小巷塞满了。我们使劲地用手伸张，得到一点空间，以便向前移动。起初我看周围群众中间并没有特殊引人的目标，在（再）看看他们的视线和笑脸，才知道是我们变成这个巨流的目标，我又问过旁边的男孩子问为什么你们都往这边走，他说"不知道"，再问一位女孩子，她回答说这是我们的敬意呀！我想他们倘能确实断定我们是中国人，说不定会做出完全不同的热烈花样来，但是他们已经感觉到凡是到这广场来和他们一同过热闹的一定都是朋友，决不会是德国的同盟。

今天虽有太阳，因为久雨之后，天气还是很凉，就是穿上毛皮大衣也不妨碍，但是女人们多半忍耐凉风的侵袭，穿着夏季新装，单薄的丝袜，白色的皮鞋。由母亲的带领着的穿上鲜艳新衣的小孩用着自己的二（两）只小腿愉快地追赶母亲的脚步，并没有要求拥抱，有的男孩子也洋洋得意地骑在父亲的脖子上，用小手捧着父亲的头顶，探望着克里姆林宫，不断地追问斯大林同志在哪里。这一天军人们也多半不着大衣，所以他们胸前的勋章特别显得辉煌。

下午，每条街上都设置了探照灯，大约每五十步有一架，马雅可夫斯基、普希金、斯维特洛夫和马尼日各广场上，都已布置音乐队。这（各）大建筑物上都挂着中央要人和元帅的半身像，以及关于红军胜利的宣传画。

这一天，莫斯科的居民没有正常地用餐，许多人就在广场上购买小面包和冰淇淋充饥，实际上他们已忘记了饥饿，忘记了一切。

在白昼与黑夜交界的时分，莫斯科的上空又震撼着炮声，放出红绿色的焰火，这是红军在今日上午四时解放盟国捷克首都的礼炮。捷克境内的一部分德军还不肯听从投降命令，这是法西斯魔王在它扑倒之后还要挣扎一下它的已经断了血脉的翅翼！

068

将到九点钟的时候，广播电台又发出呼唤的信号，这次的信号使人声鼎沸的广场忽然变成像旷野中一般的肃静，听到远处的电车声和断续的汽车喇叭声，这是全莫斯科庄严肃静的时刻，从这个肃静中突然传出平稳，简明而亲切的斯大林的演词，人们压住跳荡的心腔，只用深深的呼吸代替热烈的欢呼。当斯大林喊出"我亲爱的男女同胞们，向你们祝贺胜利"，并纪念为民族自由幸福而捐躯的阵亡英雄之时，许多人的眼睛都润湿了！最后群众以海啸般的欢呼和雷鸣般的掌声回答领袖的胜利宣言！

这时莫斯科又重新为歌声欢呼声所笼罩了，广场上更加拥挤起来了。一部分在家中听完斯大林广播的居民，这时又都赶集到大街和广场上来，观看十点钟的胜利焰火，这时（原文为"是"，本书编辑改）警察的号令和汽车的喇叭声都失去了平时的威信，汽车被人群积成的无数礁石搁浅了，我和几位朋友费了九牛二虎之力从海尔岑街挤到国民饭店，到一位同事的房间去。他们的房间是在四层楼上，窗子正对着马尼日广场。从窗台往下观望，从海尔岑街到高尔基街，从莫斯科饭店的四周到行政院的两旁以及往红场的大道上，视线所及的地方，难以找出一小块空隙。汽车和电车，这时候都被沉没在人海中。从高楼俯视这片人海，似乎变成风平浪静没有一点波流，大概人群在拥挤中都不得动弹的缘故。

四面射出紫、红、蓝各色探照灯的光箭，由浅而深，由疏而密，最后将无数的各色光线汇合成为一种颜色，整个天空被染成紫丁香花的颜色了。莫斯科，苏联人民呼她为"美人"的莫斯科，她的乌云一般的美发上被蒙上一层柔软的浅紫的披纱了。甚至没有泄漏出一丝黑发般的空隙，大家被这无法形容的神话中的美景所吸引住了。过了一分钟，一千门的大炮同时齐放，将这紫色的披纱缓慢地拉开，在她黑色的美发上戴上五彩的花束了。当万朵花蕾在空中开放时，地面上反映得十分光亮，人海中随着涌出一阵喝彩欢呼声，一千门大炮连放了三十响，在空中开放了三十次火花。一刻钟后，炮声停止了，空中翱翔着数十架飞机，像天女散花似的在高空中散播了五彩焰火，这些焰花在空中缓慢地

胡济邦 (1911—1995)

漂（飘）浮着，无数高升的轻（氢）气球挂着若干红旗和斯大林的肖像，探照灯照射在它们上面，人们看不见气球本身，但见黑色的天空飘扬着一道道红光。

这是全民的庆祝盛典，这是真理与和平之神战胜法西斯恶魔以后的神圣婚典！万千民众含着欢乐的眼泪，祝福着它们永存无疆。

礼炮完毕，广场上的人群立刻蠕动起来了，车辆也开动了。这时候，莫斯科的民众，一部分回到家中和亲友们去联欢去。我在观望焰火之后，也曾到过一位教授之家。他家的客厅内已经拥满了许多不熟之客。平时苏联什么都按照计划，可是今天到处都是自发的和自流的狂乱。来的客人也没有按照战时的惯例，自己携带酒菜。酒，这个欢乐的良友，早已在今早和日间喝光了。今天商店没有开门，无法获得新来源，有些人到菜市去找，可是怎样高价也没有人愿意出让。我们的女主人想向邻居去借，也无结果，打开一瓶香滨（槟），只够大家闻一闻而已。女主人在厨房中忙着烹菜煮咖啡，客厅内的同乐夜会已自动开始了。主人设有留声机，可是客人中的一位已弹奏起狐步舞和华尔兹舞的音乐。跳舞会就这样开始。来宾中有大戏院的美术指导，苏俄荣誉艺术家，平时被他夫人看成书呆子，有时夫妇二人各居一室，彼此整天不闻一声，可是今天这位年达五十以上的，身材又高又大科学士，跳起各种土风舞，他的轻快的步法把大家惊到了。

客人中自动想出若干种余兴。剧本《侵略》的作者李昂诺夫表演中国魔术，姿势十足。可是甲盆里的珠球终究跑不进乙盆里面去。后来他用手巾包着半边拳头，用大拇指夹在中指与无名指中间当作舌头，用二（两）根洋火头夹在食指与中指的中间当作眼睛，十足像一位俄国的乡下老妪，哄得大家大笑，今天的日子大家都回返到童年，大家都把四年来的辛酸忘却了。

深夜二时回家街上已寂静无人，也没有看到像战前节日所常见的躺在地上的醉汉，因为明天是工作日，大家都明白胜利虽已到手，还须努力把握她，欧洲的战事虽已结束，世界的侵略者还没有完全消灭，东方的法西斯仍然威胁着苏联边境的安全，这是人人都理解的。昨日莫洛

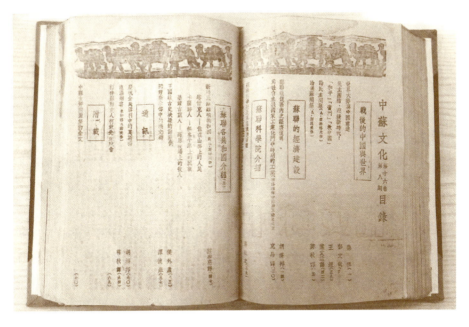

《庆祝全民胜利中的莫斯科》原载刊物目录

托夫外长答复美国记者的询问中谈，苏联对日的态度已在四月初明白表示过。今年五一节的命令中，斯大林再次指出日本为德国的盟友。今天同盟国在欧洲的凯旋，也是明天我们在东亚胜利的保证。

一九四五年五月九日于莫斯科

（原载《中苏文化》1945 年第 8 期）

评析：

1941 年 6 月 22 日，德军悍然入侵苏联，苏德战争爆发。苏联人民奋起抵抗，经过浴血奋战，最终迫使德国在 1945 年 5 月 8 日无条件投降，粉碎了德军所向无敌的神话。

作为"二战"期间中国惟一的驻苏战地记者，胡济邦亲眼见证并记录了这场战争的全过程。这篇通讯写于德国无条件投降的次日，文章以时间为轴，详细记录了从 5 月 9 日凌晨到次日凌晨，作者在莫斯科的所见所闻所感。

细致入微的描写是本文的一大特色，作者通过对周围环境以及人们语言、动作、神态甚至衣着的描写，生动再现了莫斯科人民对于取得胜利的激动与喜悦之情，让读者有身临其境之感。

对细节的把握体现了作者作为一名女性记者的细腻情感和细心观察，如对基洛夫街上那位因思念有着同样战斗经历的孩子而紧紧拥抱炮兵少校的中年妇人的描写，以及对乍暖还寒之时在街头庆祝胜利的妇女靓丽却单薄的穿着的描写，都体现了女性细腻的笔触，对于烘托情绪、渲染气氛起到了重要作用。

文章点面结合，丝丝入扣，既有对欢庆活动以及对街道场景的宏观描写，又有对具体人物、场景和事件的生动再现。行文节奏明快，叙述、描写、抒情、议论相互穿插，将胜利的喜悦和意义和盘托出。

文章最后，作者将视线从欧洲战场转入东亚战场，指出同盟国在欧洲的凯旋，预示了抗日战争即将取得的胜利，这对当时正在抗日战场上浴血奋战的中国军民是极大的鼓舞。

裴多菲的革命旗帜

3月15日是匈牙利1848年资产阶级民主革命和民族独立斗争的纪念日。今天，匈牙利首都到处充满着节日的气氛。上午十时，在"科苏特"广场和"裴多菲"广场上，分别举行了隆重的献花仪式。匈牙利党、政、军领导人和各界代表们，都向纪念像敬献了花圈。在民族博物馆的两旁，也挂满了国旗和红旗。一百多年前伟大的民族诗人裴多菲就站在这个博物馆前面右边的台阶上朗诵了他的诗篇"民族歌"，号召人们起来争取独立和反对哈布斯堡王朝的封建统治。

解放后，匈牙利青年把这一天作为自己的节日。当时在裴多菲领导下的青年组织是这个伟大的民族民主运动的先锋。裴多菲战斗的一生是匈牙利青年的光辉榜样，是革命青年的光荣传统。

可是在十月事件中，裴多菲的旗帜被反革命分子盗用和玷污了。他们用裴多菲的爱国主义把民族沙文主义掩盖起来，使一部分青年走上反苏和反对人民民主制度的冒险途径。他们也窃取了裴多菲的民主、自由的口号，来为国内资产阶级的复辟清除障碍。他们更玷污了裴多菲的英雄气概的"民族之歌"，把许多热衷于幻想的青年，无辜地推进反革命暴乱的深渊，造成了历史的悲剧。在十月事件以前，敌人曾以裴多菲为名的俱乐部广泛传播反动言论，为反革命暴乱进行思想动员。可是，生在一百多年以前的裴多菲的思想、创作和行动都和十月的资产阶级复辟运动毫无共同之处。裴多菲是民主革命的先驱。他是十九世纪匈牙利最伟大的青年革命诗人。他出身于贫苦的农家，他是匈牙利第一个用人民语言写作的诗人，以崭新的姿态出现于当代文坛之上，他的绚烂多彩的诗歌，都离不开时代所赋予他的一个主题：为被压迫的人民，为水深火热的祖国而斗争。他十五岁就开始创作，二十六岁时就在卫国战争的前线牺牲了。

可是他那短促的生命已为祖国的事业，世界的文坛作出了巨大的贡献。1848年，欧洲和匈牙利都卷入反封建、反专制、反民族压迫的革命风暴中。最初匈牙利遭到土耳其的长期压迫，继而又受到奥地利哈布斯堡王朝的统治和国内大地主、贵族的剥削。裴多菲看到了自己的先辈在为反抗奴役和压迫的斗争中写出了多少悲壮的史诗，历代杰出的诗人前仆后继，有的饿死在狱中，有的战死在疆场。于是年轻的诗人勇敢地担起了历史的使命，确定了自我牺牲的人生观。他认为一位诗人，如果只能歌唱自己的悲伤和自己的欢笑，那么世界并不需要你，不如把你的琴一起摔掉。裴多菲是一位意志坚强的战士，他宣称：为了爱情，我牺牲我的生命；为了自由，我又将爱情牺牲。这些话都在诗人以后的行动中实践了。

在三月革命爆发的前夕，裴多菲写了两个著名的诗篇：一个叫"给贵族老爷们"，号召被压迫的人民起来反抗国内的阶级敌人；另一篇为最著名的"民族之歌"，号召匈牙利人立即起来为民族自由而战。

3月15日，匈牙利的革命风暴开始了！佩斯的青年学生和一部分

胡济邦 (1911—1995)

城市小资产阶层，以及少数工人在诗人裴多菲的领导下，组织了示威游行。首先占领印刷厂，第一次争取到出版的自由，"民族之歌"和十二项要求都印成了大量传单分发。由青年领导人组成了革命委员会。下午三时，在大雨滂沱中，约有一万人集合在民族广场，裴多菲在大会上朗诵了"民族之歌"。群众又向市政厅进发，市长在群众压力下接受了青年们提出的各项要求。黄昏，群众向布达出发，打开了牢门，放出了当时和科苏特、裴多菲一起领导革命的民主政论家谭启琦。其他群众用凯旋式的行列把他迎到市中心。

议会得到佩斯起义消息后，也在惊恐中取消了农奴制，并允许考虑若干其他的改革。

裴多菲在自己的日记中写道：3月15日在匈牙利历史中永远是光辉的一日，这是一个卓越的开端，但残酷的斗争还在后面。

在十月事件中，反革命分子用3月15日的民族感情来煽动人民，从形式上模仿了1848年3月15日的行动。反革命分子鼓动青年们走到裴多菲、贝姆和科苏特铜像前献花，继而向国会大厦广场集合。开始对政府施加政治压力，然后占领了广播电台、印刷机构、军火库等。同时也组织了所谓"革命委员会"，释放全国犯人（被释放的有普通犯一万名，战犯、法西斯和外国间谍约三千人），并提出十六项要求等等。在十六项政治要求中，没有一项不是包含着反革命复辟的阴谋。其目的是取消工农政权和无产阶级专政，投靠帝国主义。因此，10月23日是匈牙利历史中黑暗的一日，它盗用了裴多菲的革命旗帜，玷污了3月15日的光荣传统。

裴多菲不仅是十九世纪的被压迫的匈牙利人民的代言人，也是二十世纪的歌唱者。他的许多诗篇，具有高度的战斗性，而且敌我界线（限）十分鲜明，例如他在1848年所写的诗篇"给民族"中有这样的诗句：

而且最大、最危险的敌人正是那兄弟一般拥抱着你的人们。

最大的敌人是在我们中间：

是那卑鄙的反叛的弟兄们！

恰如一滴毒药损害一杯酒，

他们的一个就破坏几百个人。

我们外面的敌人很容易对付，

只要先把内部的叛徒灭尽……

放开七弦琴……我跑到钟楼去，

我要敲响那报警的钟声！

　　裴多菲在奥国敌军进攻以前，已预感到匈政府中的这种隐患，他对内部敌人是多么坚决啊！今天，裴多菲的这些诗句对于匈牙利人民有着多么深刻的教育意义。

（3月15日于布达佩斯）

（原载《人民日报》1957年3月16日）

胡济邦 （1911—1995）

评析：

　　1956年10月23日至11月4日，匈牙利爆发了由群众和平游行引发的武装暴动，后在苏联的两次军事干预下，事件最终被平息。这就是著名的"匈牙利十月事件"。

　　1957年3月15日，匈牙利1848年资产阶级民主革命和民族独立斗争纪念日当天，《人民日报》驻外记者胡济邦发回报道，高度颂扬1948年民族诗人裴多菲领导的这场争取民族独立、反抗阶级压迫的人民起义，并结合当时的局势，指出"十月事件"中部分人假借裴多菲的革命旗帜，高喊"民主、自由"口号，利用民族感情发动反革命暴乱，妄图推翻工农政权和无产阶级专政，投靠帝国主义。

　　在特定的时代背景下，胡济邦的这篇文章体现了一名记者应有的政治敏感性，审时度势地分析了时局，让国内民众了解了当时匈牙利的真实情况，具有重要的报道价值和史料价值。

从纳吉的反革命案件中看南斯拉夫修正主义

匈牙利反革命事件的罪魁纳吉·伊姆雷被判处死刑，这是大快人心的消息。从这里，我不能不联想到南斯拉夫的修正主义者，他们在纳吉集团发动的反革命叛乱事件中，扮演了一个多么不光彩的角色。

纳吉等修正主义分子假借反对"斯大林主义"和反对"拉科西分子"来贩卖修正主义，攻击党、反对无产阶级专政、篡改马克思列宁主义。他们在这样的口号下夸大党和政府领导人的缺点和错误，攻击一点，否定其它（他），这样制造思想混乱，进而否定马克思列宁主义的基本原则和社会主义的政治、经济制度。匈牙利的修正主义分子在裴多菲俱乐部的新闻自由讨论会上就公然提出，"现在已经不是纠正错误，而是要改变整个制度"。这正是南斯拉夫修正主义者的老调。卡德尔在匈牙利事件之后，1956 年 12 月在南斯拉夫联邦国民议会的演说中仍坚持强调这种主张，他说："目前匈牙利的主要问题正是某些国家共产党今天坚决否认的事实，并且正是今天应当谈一谈的问题，这就是必须彻底改变政治制度的问题，而不是撤换一些人和任命另外一些人和纠正个别错误的问题。"

纳吉等修正主义分子提出一些煽动性的口号，所谓"民族独立"、"匈苏平等"、"匈牙利的特殊道路"等等。这些口号实际上是处处有意挑起狭隘的民族主义情绪，这样来否认无产阶级国际主义原则，通过反苏来削弱无产阶级专政和国际团结，从而夺取政权、推翻社会主义制度，恢复资本主义制度。纳吉上台以后的主要努力：对内是解散革命武装队伍，解散劳动人民党、成立各种右派分子参加的资产阶级政府，最后与法西斯公开合作，大批屠杀共产党员；对外则是片面废除华沙条约，宣布"中立"要求苏军撤出匈牙利并最后公开向帝国主义求援，这一系列行动都不是偶然的。纳吉早在事件爆发之前已写成的一部修正主义的纲领性著作中就已提出恢复资产阶级政党和退出华沙条约的主张。

这部著作的草本在事件之前已秘密分送英美和南斯拉夫的当局，这些主张是完全符合南斯拉夫所鼓吹的"反斯大林主义"、"不参加集团"、"积极共处"等主张，和南共纲领草案是一脉相承的。

纳吉等修正主义分子所提倡的阶级斗争熄灭论并进一步要求"纯粹民主"和"全民自由"，实际上就是要削弱和取消无产阶级专政，为资产阶级、地主、帝国主义分子争取自由，其目的是为无产阶级和社会主义的敌人铺平复辟的道路，只要看一看铁托和卡德尔1956年12月的演说，以及最近的南共纲领，我们就可以清清楚楚地看出，在匈牙利反革命暴乱中起着思想和组织领导作用的修正主义分子的货色来自何处。

纳吉在1955年所写的"道德和伦理"一文中把人民民主国家制度称为"蜕化的拿破仑政权"。这同南共领导集团经常污蔑社会主义国家为"官僚专制"一样，南斯拉夫的修正主义集团和纳吉分子都力图推翻这种制度。在十月反革命事件中，纳吉集团为达到此目的竟无耻地与一切反革命势力结成联盟，放弃工人阶级专政，恢复资产阶级的多党制度。

纳吉在1956年1月所写的"国际联系的五项基本原则"中借口"消灭集团政策"提出废除防御联盟的华沙条约，以便走南斯拉夫的所谓"中立"的道路，实即投靠西方的道路。

纳吉为了追求美元，极力讨好美帝国主义，在他的全部言论中也正如南共领导集团一样避而不谈美帝国主义，当他在10月末完成帝国主义者的要求：取消无产阶级政权，宣布退出华沙条约，要求苏军撤出匈牙利以后，他第一件事情就是向美国伸手要美元，艾森豪威尔马上答应给他一笔奖金，这个数目既不多也不少，同美国第一次给南斯拉夫的一样是二千万美元。

美国资产阶级评论家李普曼1954年4月24日在《纽约先驱论坛报》上就已经指出了帝国主义在社会主义阵营内利用修正主义分子进行反革命颠复（覆）活动的策略和步骤。他说："我们有一切理由相信，卫星国家的解放将分成两个阶段。第一个阶段是铁托主义，就是民族自由，它不是反共的，而且它将继续留在苏联的军事和政治的势力范围之内。

胡济邦（1911—1995）

第二个阶段是在国内和对外政策方面的完全自由。"事实表明，匈牙利的修正主义分子就是扮演着这样的角色，而且以非常的速度出色地表演了它在两个阶段中所起的作用，终于抛掉最后一层伪装的外衣，公然赤裸裸地以背叛人民、勾结帝国主义的反革命分子面目出现。他们的真正政治面目的暴露，也是修正主义的实质在实际政治生活中的最生动具体的说明。

南共领导集团一贯强调"独立"、"自主"、"不干涉内政"。但是，匈牙利事变中有许多事实表明，南共领导集团是那样热中（衷）于在匈牙利推销"南斯拉夫的路线"。他们的许多言行完全违反国际主义团结和平等的原则，实际上是对匈牙利内政的公然干涉。

南共领导集团惯于在兄弟党内进行分裂的活动。纳吉上台以前，裴多菲俱乐部的讨论会上不断宣传"南斯拉夫的榜样"并且强调他们的斗争需要同南共的团结，而南共领导集团也以修正主义国家的盟主自居，放肆地在兄弟党内培植拉拢和支持修正主义分子，对于纳吉政治威信的培植，南斯拉夫的宣传机构尽了很大的努力。首先为纳吉恢复党籍和取得政权制造有利的空气，待纳吉上台以后，对纳吉的每一反动步骤都表示积极支持，例如 1956 年 10 月 27 日纳吉改组政府继续排除一部分共产党员，进一步走向公开的反动；28 日南斯拉夫的"战斗报"立即发表评论，加以赞扬。28 日纳吉宣布这次事变不是反革命暴乱而是"民族民主运动"；29 日铁托写信给纳吉表示支持和祝贺。匈牙利工农革命政府成立、反革命大势已去，南斯拉夫却公然把纳吉和他的亲信及家属共几十人收容在南斯拉夫驻匈牙利使馆，并且还为他们的安全和出路同工农革命政府进行了多次的交涉和谈判，为当时的革命政权制造许多困难，甚至在纳吉等人从南斯拉夫使馆出来并且离开匈牙利以后，南方还两次为反革命分子纳吉等人的自由向匈牙利政府提出抗议。

反革命暴乱被武装镇压下去以后，敌人又利用工人委员会作为反革命活动的最后堡垒。当时布达佩斯中央工人委员会（反革命的中心）的会议上是经常可以看到纳吉分子、霍尔蒂分子、西方的间谍和南斯拉夫的官员聚集一堂听取南斯拉夫的"经验"介绍，而且真的企图按照卡德尔的办法成立全国性的中央工人委员会来代替工农革命政府。

卡德尔1956年12月在南斯拉夫联邦议会的演说中讲"工人阶级以工人委员会和工人委员会联合会的形式组织起来，就好像一个国家一样。这种倾向是自发地出现的，它既基于工人的切身利益，又出于以生产资料公有为基础的匈牙利社会的需要。这实际上就是摆脱匈牙利社会内部危机的唯一正确的社会主义出路。"卡德尔在同一报告中又说："匈牙利进步的社会主义力量不必在恢复共产党和别的政党方面枉费心机，实质上在过去革命的日子里应当为直接民主的原则的胜利而战斗，其办法就是建立统一工人委员会和自治公社作为新的社会主义政权的主要基础。"

匈牙利反革命工人委员会遵照卡德尔的这种意见既想代替政府又想代替党，所以它在企业中占居（据）领导地位的一个时期一直抵制建党工作，大批开除党员职工，驱逐共产党员的厂长，不给党办公室，不让党的工作人员进入车间接近工人群众。工厂中的劳动纪律败坏，被认为是剥削工人的生产定额取消了，工厂中的资金被分光或吃光了，偷窃之风盛行，生产天天亏本。而卡德尔却坚持地认为"不管工人委员会变成什么样子，它们总是唯一现实的社会主义力量。"

南共领导集团为竭力推销其自吹为南斯拉夫建设社会主义中的创造性"杰作"——"工人委员会"，还向匈牙利党提过建议。1957年7月匈牙利社会主义工人党全国代表会议曾经就此问题作出决议，认为党中央拒绝了南斯拉夫领导人员所提出的把工人委员会变成政治领导机构的建议是正确的。

当马克思列宁主义政党重新在企业中建立起来并公开在工人群众面前揭露工人委员会的反革命阴谋以后，广大职工很快就从工人委员会的影响之下解放出来，团结在匈牙利工人阶级先锋队——社会主义工人党的周围。南斯拉夫修正主义在匈牙利的实践终于宣告完全破产。

1956年匈牙利事变的整个经过雄辩地说明了修正主义的反动本质和它的危害性。当时匈牙利国内政治思想一度陷于极端混乱，正是修正主义猖狂泛滥的结果。从南斯拉夫推销到匈牙利的修正主义，虽然曾经

胡济邦 (1911—1995)

刮起乌云，掀起风浪，但是在只不过一个短促的时间里它就暴露了本质，遭到匈牙利人民和全世界无产阶级的反对，立即归于失败。必须指出，1956年匈牙利事变在思想战线上是一场马克思列宁主义战胜修正主义的尖锐斗争，在政治上是革命力量战胜反革命力量的激烈斗争。在那次斗争中，历史已经对修正主义再一次作了无情的结论。

匈牙利事变充分证实了在当前条件下修正主义是国际共产主义运动内部最危险的敌人。马克思列宁主义者对于修正主义是丝毫不能有调和的余地的。

（原载《人民日报》1958年6月18日）

评析：

这是一篇极具时代色彩的报道。当时"匈牙利十月事件"后的纳吉·伊姆雷刚刚被判处死刑，国际舆论对此事件出现了争议性的说法。胡济邦作为《人民日报》的一名驻外记者，秉持着高度的新闻敏感和政治责任感，对此事件做出了审时度势的分析和报道。

胡济邦通过在匈牙利的实地走访和事件亲历积累了大量素材。报道论据丰富，逻辑清晰，层层推进，用确凿的事实支持了作者的论点，对纳吉提出的所谓"民族独立""匈苏平等""匈牙利的特殊道路"等口号进行剖析。在苏联和东欧局势发生动荡背景下，胡济邦从事发当地发回的报道和评论，客观地反映了当时匈牙利国内的具体情况，为我国民众及党内外人士认识局势起到了积极作用，为党中央的决策提供了重要的参考资料。

（编撰：吴惠凡）

　　袁勃（1911—1967）报人、诗人、民间文学（特别是云南少数民族民间文学）发掘和研究的重要组织者。七七事变后他投笔从戎，奔向抗日战争前线，在太行山敌后根据地开始新闻报业活动，并创作了许多诗歌。长期担任晋冀鲁豫《人民日报》副总编辑，新中国成立前任北平市委机关报《北平解放报》总编辑。1950年起任《云南日报》社长。后任中共云南省委宣传部长，主持拍摄了以《五朵金花》为代表的一系列反映云南少数民族风情的故事影片，产生重大影响。有《袁勃诗文选》传世。

人物评介

诗情冀燕彩云南

袁勃是在中华民族抗日高潮中涌现的现代诗人和职业报人。早年以诗歌知名，在太行山根据地办报时则以编辑业务能力著称，团结了一大批优秀的新闻记者。在抗日战争和解放战争时期，他长期主持编辑部业务，参与创办了晋冀鲁豫《人民日报》和华北《人民日报》（中共中央机关报《人民日报》的前身）。进入北平后又主持创办了北平市委机关报《北平解放报》。随后带队几千里长征，随军解放西南，创办《云南日报》，并担任社长。

袁勃对民间文学具有浓厚兴趣。在云南工作期间对云南少数民族民间文学和民俗有深入研究。他主持创作、拍摄了反映云南少数民族风情的故事影片《五朵金花》，取得巨大成功，影片的插曲传唱至今。

袁勃在"文化大革命"中受到严酷迫害，英年早逝。

青年诗人，投笔从戎

袁勃，原名何凤文，直隶（今河北省）广宗县刁家营村人。他出身

中·国·名·记·者

于农民家庭，自幼受到良好教育，中学毕业后考入北平的中国大学。

袁勃自幼爱好文学，尤其爱好诗歌，在中学时期就以写作现代诗歌为人所知。九一八事变后，东北沦陷，华北危急，受到强烈思想震撼的袁勃和同伴们一起创办了文艺刊物《紫微星》。1932年冬天，他参加中国诗歌会，联系北平、天津进步的诗歌爱好者筹备成立河北分会，编辑出版诗刊《新诗歌》。1936年夏天，已经就读于北平中国大学的25岁的袁勃出版了第一部诗集《真理的船》（已散佚）。

上大学期间，袁勃结识了著名诗人王亚平，相互切磋，创作颇多，结为终生好友。

1937年七七事变，抗日战争全面爆发，袁勃投笔从戎，积极投身于抗日救亡运动。起初，他参加八路军西北战地服务团任通讯员，后来到武汉、重庆，成为中共党报《新华日报》的助理编辑、记者，于1938年6月加入中国共产党。

1939年，他参加作家战地采访团到山西、河北抗日根据地采访，从此留在太行山根据地，任中共北方局宣传干事，不久后调到《新华日报》（华北版）当编辑。1939年前后任报社第七科——电讯科科长。科里有李庄、邵红叶、吴青、杜宏等优秀记者，主要工作是编发记者和通讯员稿件，再发往延安和华北根据地的其他报纸。另一项工作是校阅、整理延安新华社发来的电稿，包括改编国民党区通讯社发来的新闻稿，供本报刊用。此外还编辑重要参考消息，送总部首长参阅。

袁　勃 (1911—1967)

功底深厚，编辑高手

在长期的新闻工作中，袁勃总是坐镇编辑部，审阅和改定记者们发来的稿件。上太行山办《新华日报》（华北版），再到华北乡村办《人民日报》，中共大型党报已经集中了一批优秀记者如华山、李庄、邵红叶、吴象、陈泽然等，个个才华横溢，而且个性鲜明，然而他们对袁勃修改的文稿都十分服气。袁勃细致精湛沉稳的文字编辑，不仅保证了报纸版面质量，而且对编辑记者的团结发挥了重要作用。

在太行山上办报的岁月里，袁勃在当编辑的同时，还在蕴藏于内心的激情驱动下，写出了许多炽热的诗篇。叙事诗《一支笔的故事》《小号兵》《你永远活在人民的心里——追念左权将军》等，给太行山根据地军民留下了深刻印象。袁勃讷于言辞表述，连形象都质朴似农民，他澎湃的激情和细致入微的情感往往是通过诗歌来表达的。他写过一首诗《诗人是时代的喇叭》，战友们读了私下里开玩笑，就叫他"时代的喇叭"。

在坚持太行山抗战的艰苦岁月里，袁勃出生入死，多次经历与扫荡根据地的日军的残酷战斗，最后都化险为夷。

抗日战争胜利后，袁勃参与调配和组织编辑队伍下太行山进入邯郸，参加晋冀鲁豫《人民日报》的创办，随即任副总编辑。从那时起，直到该报于1948年6月14日终刊，袁勃作为总编辑张磐石的主要助手，始终主持编辑部和夜班业务，以勤奋的工作保证报纸在战争环境中不间断出版。

1948年6月15日，新的华北《人民日报》在河北省平山县里庄创刊，袁勃任副总编辑，继续主持编辑部工作。

进军北平，再征云南

1948年12月，平津战役全面展开。12月下旬，袁勃带领人民日报先遣队北上，于1949年1月进驻北平西山脚下，做好北平和平解放后接收国民党《华北日报》的准备。1月31日，袁勃率领编辑部人员进入北平王府井，接管了《华北日报》，于2月2日创办了《人民日报》（北平版），袁勃任副总编辑，协助总编辑范长江工作。

1949年3月15日，张磐石率领华北《人民日报》的人员进入北平办报，袁勃转而率领成建制的"北平版"人员，创办中共北平市委机关报《北京解放报》，任总编辑。

当年夏天，第二野战军即将进军西南，向中共中央提出报告，要求调给一支新闻队伍，创办《云南日报》。中央决定停办《北平解放报》，确定袁勃为将要创办的《云南日报》负责人，带领成建制的《北平解放报》人员，远征云南办报。

当年8月11日，袁勃率全队118人离开北平，到南京向第二野战军首长报到后编入"西南服务团"，担任云南支队二大队政委。

1950年2月中旬，袁勃带队进入昆明。经过半个月筹备，云南省委机关报《云南日报》于3月4日创刊，袁勃任社长，兼任省人民政府新闻出版处处长，不久兼任中共云南省委宣传部副部长。

"五朵金花"影史流芳

袁 勃（1911—1967）

1955年起，袁勃担任中共云南省委宣传部部长，除分管报业和广播业之外，他的诗人情怀又展现出来，对云南少数民族民间文学的收集和整理倾注了心血。他还以很大的精力，主持创作、拍摄了反映云南少数民族风情的一系列电影故事片。

1958年12月，袁勃和著名电影剧作家、主管电影事务的文化部副部长夏衍商定，创作电影，以大理的苍山洱海、风花雪月为背景，反映白族人民生活。

袁勃选定赵季康和王公蒲夫妇进行剧本创作，几天内完成故事片《十二朵金花》剧本初稿。袁勃审阅后，认为一个电影反映十多个"金花"头绪太多，应予精练以适应电影特点。夏衍完全赞同袁勃的意见，参与修改，最后仍由两位作家修改定稿为《五朵金花》。

有了剧本，袁勃进一步明确，电影反映云南少数民族的生活，主要演员要从云南省挑选。为此，导演王家乙选定了主演"副社长"金花的女演员杨丽坤和主要男演员莫梓江。结果，他们表演得非常成功，电影《五朵金花》成为表现少数民族生活的经典影片，影片插曲传唱至今。

除《五朵金花》外，袁勃组织和推动创作的其他反映云南风情的电影还有《山间铃响马帮来》《阿诗玛》等。袁勃组织了对云南少数民族民间文学的发掘和整理，他本人撰写了这方面的理论文章。

1966年夏，"文化大革命"开始，卧病中的袁勃遭受残酷迫害，导致病情加重，于1967年6月6日辞世。"文化大革命"后，袁勃得到平反昭雪。他的同事和部下收集袁勃诗文140篇左右，集为《袁勃诗文选》出版。

几点经验与认识

本报从去年五月十五日创刊，到现在已是整整一年了。一年来，它在中央局直接领导下，在全区党、政、军、民及广大读者的爱护与帮助下，逐步克服了创刊初期的各种困难（如人手少印刷材料缺等），就其人力、物力的条件和经验来讲，可以说都已打下了大步向前发展的基础。回顾一年来本报的建设过程，曾经经历了一些曲折的道路，使我们学得了不少经验和教训。下面的几点意见，有的是一年来遇到的新问题，有的则虽然久已为大家所熟知，但在实际工作中，往往易被忽视，或不易弄清，因之也不怕重复的提出来谈谈，以便于我们今后工作上的改进。

第一是立足于哪里、面向哪里的问题。《人民日报》是晋冀鲁豫全区的报纸，它应当是反映全区的情况并指导全区。但正由于此，在创刊

《几点经验与认识》原载报样

袁 勃 (1911—1967)

当时，我们限于通讯工作的条件，对于全区情况缺乏全面了解，对各个区来说，似有架在空中之感，显得指导无力。后来我们因战争关系转移到太行，依靠太行区具体情况，再就太岳、冀南、冀鲁豫各个区当中的一些典型县份和典型的事例连续指导，便对全区的面貌，能逐渐有了一般的介绍；而依靠一个地区和一些典型事例的具体的报导，经过几次之后，逐渐又可以成为全区性的指导。这是我们学习一般与个别结合的具体例证。

另外，在本报创刊当时，由于我们离开乡村住在一个新收复的中等城市，当时全国正在闹和平，因之我们的报导，有短短一个时期曾迷恋于城市和平建设和对外宣传作用。当然，我们现在有了城市，我们解放区对全国又有很大影响，我们注意了如上报导，并不算错，今后我们还要收复更多的城市，还须要更好的用解放区的事迹来推动全国进步，将来还须更好的注意城市报导和对外宣传是没有问题的。我们当时的错误，在于注意了城市，便不大注意广大的农村基本阵地，注意了对外宣传便又不大注意地方工作了。更不妥的是我们当时只注意了一些"表面建设"，而不论城市与农村中，广大群众的反奸复仇土地改革等生动的运动，却报导不足。这样可以断定对外宣传也是无力的。后来我们面向广大农村，并结合一、二典型城市，特别是抓住我们解放区的中心工作做典型报导，我们便很快的和广大群众（连城市在内）有了联系。关于对地方和对全国的宣传，我们觉得在宣传方法上，是有某些区别的。但作为一个地方报纸来讲，地方性越强，指导性就越强，同时倘能把本地方最好的事情，适当做对外宣传，它的对外宣传作用也越大。这是我们对于内外宣传区别中的统一的体会，也是我们的地方新闻工作主要应从那里出发与主要应面向在那里的问题。

第二，采用通讯社电讯及与广大通讯员保持密切联系的问题。抗日战争中，我区新闻事业得到了广大军民及其干部的支持，奠定了群众性的基础，其标志之一，即是农村通讯网的普遍开展。本区通讯社工作也是依靠于这些通讯网建立起来的。本报创刊当时，由于尚未建立报纸的通讯网，便完全依靠新华总分社与各分社供给本报以大量的新闻与通讯。从新闻时间性的迅速上及新闻来源之广泛上（就地区上说）来看，报纸依靠通讯社的电讯是完全必要的，世界各国的报纸都是如此，这是因为通讯社有一套通讯工具（如电台等），更便于专门组织新闻。但一年来的经验又证明：一个地方报纸，只靠通讯社的电讯供给是不够的，必须认真建立与报纸有直接联系的广大农村通讯网（中、小城市在内），和广大通讯员时时刻刻保持密切的联系。正因为通讯社是通过电台寄递消息和通讯，便不得不力求文字简短，结果有时把实际运动的过程说得不够详尽，而地方通讯员的来稿的好处，不但能把事实的生动过程原原本本的说出来，而且能经常通信商谈问题，并供给一些参考材料，如工作报告及总结性的小册子等，这对于报纸编辑了解实际情况上，帮助很大。重视这一工作，则会使报纸编辑的主动增强，贯彻编辑方针更为有力。

第三，认真贯彻党的方针政策与联系实际联系群众问题。报纸指导性的强弱，是以贯彻党的方针政策以及与联系实际的程度来决定的。每个新闻工作者必须认真研究党的方针，才能清醒头脑，辨别是非，分别轻重。经验证明：一旦掌握了党的方针，便会随时注意结合实际情况进行调查研究，发掘新的问题。综合客观现实发展中的大量材料，提高工作中的创造与经验，再依据党的方针，掌握运动的主要关节，便可有力的推动运动的发展。

不注意研究党的方针政策，采取客观态度不花脑筋，有闻必录，甚至不把新闻工作提高到政治原则性上来，而局限于技术观点，斤斤计较排版形式等，是不对的；或者把党的方针抽象化、教条化，不去注意联系实际做具体生动的报导，在力量使用上，不派遣得力记者深入实际去发现问题，即所谓重内勤轻外勤，只在文字上兜圈子，也是不对的；另外片面强调联系实际、联系群众，把联系实际和党的方针对立起来，认为党的方针只是党委机关几个负责同志的意见，不如直接去联系实际更适合于群众要求……，于是把党的方针放在一边，无边际的去搜罗现象，表面上看，这似乎是从实际出发的精神和群众观点很强，实际上是一种片面的群众观点，他所能了解的实际，只是一些片面的现象，他不了解党的方针正是从广泛的群众中与大量的实际中集中起来的。经验中又证明：不重视党的方针或不联系实际来深刻研究党的方针，是办不好报纸的主要症结，而在这一方面，我们今天却表现了一些弱点，只有真正注意党的方针，才能很好的即全面的联系实际，把党的方针政策具体的实现并贯彻到群众中去。

袁 勃 (1911—1967)

第四，提高新闻干部的政治认识，并改造新闻工作者的思想方法，在贯彻党的方针上，乃是基本的决定因素之一。因为不论党的方针如何正确，总是要新闻工作者来实现的。在我们的实际工作中，曾经有过若干长期纠葛不清的论争，有的便陷于无原则的纠纷与诡辩中了。实际上每一个论争，都贯彻着一个立场观点方法的问题，由于新闻工作者中间的立场观点方法有了偏差，即使是注意研究党的方针，也还是各有各的不同理解，很难集中的全面的贯彻党的方针，因之，在新闻机关中加强党的教育，注意从政治上、思想上把新闻工作者不断的加以提高，乃是十分重要的。

第五，把新闻机关视为一个整体的机构，不能轻视经理部门工作。毫无疑问的，掌握与体现党的方针，首先是通过编辑部门来执行；但不论编辑的如何好，如果印刷和发行工作做不好，同样是会削弱报纸的政治作用，即使是生活供给有一点搞不好，也会影响到编辑工作。工作中证明：轻视经理部门的工作或者只把它看成技术性的事务工作，这不仅不能使党的新闻工作者的任务全部完成（只能说是做好了一部门），而且经常影响着编辑部门与经理部门的团结，这里存在着一个对经理部门的认识问题必须加以解决。

（原载晋冀鲁豫《人民日报》1947 年 5 月 15 日；选自《晋冀鲁豫
人民日报纪实》，人民日报出版社 2008 年版）

评析：

作为红色报人，袁勃的典型特点是长期坐镇编辑部，在编辑生涯中乐为他人作嫁衣，因此他本人的新闻著述很少。其实在编辑之余，他也写文章，也许是因为要换一换脑筋，他在编辑部之外写的文稿，几乎都是诗歌和文艺论著。

由于他在"文化大革命"中遭迫害遽然辞世，著作散失，后来部下收集诗作和文稿出版，只发现了一篇新闻论述，就是这篇《几点经验与认识》，是为晋冀鲁豫《人民日报》创刊一周年而写的工作总结。

袁勃写诗充满激情，写文艺论述引经据典，但编写新闻却完全是另一种风格，就是倚重于白描手法，朴实而清晰。这篇总结文稿充分说明了这一点，说明作者的逻辑功力是相当强的，依次递进，层层深入，将新的《人民日报》创刊一年来的主要经验分为五条，一条条地阐述清楚了。如果说有不足的话，就是全文中没有引用事例来加深读者的印象，更加有力地说明这些经验来之不易。

由于这是袁勃仅存的新闻论文，引录于此，已弥足珍贵。

（编撰：钱江）

中·国·名·记·者

石果
（1911—2003）

石果（1911—2003） 1940年到《新华日报》任记者，开始了新闻工作的历程。1946年起，先后任中共吉林市委机关报《人民日报》总编辑、《吉林日报》总编辑。新中国成立后，任吉林日报社社长兼总编辑。在《吉林日报》工作期间，正逢中国关键性大变革时期，他领导报社克服了难以想象的困难，出色完成了党报在解放战争、建立新中国和抗美援朝等重要历史阶段的宣传报道使命。1950年，由他撰写的通讯《在"群众号"列车上》，被编入全国中学生语文教材。

长白山麓办报人

　　石果，原名娄昭辰，1911 年出生，黑龙江海龙人。1937 年在北平参加中华民族解放先锋队，同年在山西太原参加八路军，后赴延安，1938 年参加中国共产党。1940 年被派到《新华日报》（华北版）任记者；1941 年到太岳区，在《新华日报》（太岳版）任记者、编辑，撰写的通讯《沁源人民在搏斗中》在延安《解放日报》发表；1945 年被派到《东北日报》任记者，最先报道了当时规模最大的对敌伪控诉大会。石果在新闻战线奋斗了一生，无论是早期在《新华日报》《东北日报》担任记者，还是新中国成立前后在《吉林日报》担任社长、总编辑等领导职务，都以写出好的新闻报道为己任，全身心地投入到崇高的新闻事业中。

艰难的办报经历

　　1946 年 2 月，在《人民日报》（《吉林日报》前身）创刊的第 5 个月，石果被任命为该报第二任总编辑。一接到中共中央东北局的调令，石果和另一位干部林树东立刻从海龙镇（东北日报社临时社址）乘马车赶到磐石镇（吉林省民主政府临时所在地），见到省主席周保中，之后辗转来到了吉林市南马路偏南的三阳旅馆东边人民日报社办公室。

报社是一座临街的二层小楼，办公室和印刷厂在一楼，编辑部办公室是一个大通屋子，二三十平方米，中间放两排桌子；外出采访全部靠步行。国内外新闻由王世民、徐秉洁等组成的通讯社供给，抄收电稿开始就靠一部旧收音机。加上延安广播电台的功率小、距离远，收电稿费劲，错字、漏字还很多……办报条件实在太差了。当时吉林市敌特分子活动猖獗，工作环境十分险恶，但在这座小楼里，《人民日报》的11位编辑记者在石果的领导下，无畏无惧，克服了许多难以想象的困难，除了播发新华社电稿，还积极宣传苏军战绩，大量报道广大群众关心战局、支援前线、保卫长春以及解放后的喜悦，昼夜奋战在新闻第一线。

撤退中的硝烟烽火

1946 年 5 月 26 日，《人民日报》接到从吉林市撤退到延吉市的命令。在报社职工大会上，石果对大家说：战争形势，撤退是暂时的，最后胜利属于我们；愿意走的都跟着单位走，不愿意走的也不勉强，不过，吉林市我们是一定要回来的。第二天开始搬家，大家从早晨一直忙到深夜，总算一马车一马车地把报纸、图书、资料、字模、铅字和各种必需品全都搬到火车上。原来通知这列火车半夜 12 点从吉林市发车，但还没到 12 点，车站的水塔便被特务给炸了。车站没水，火车开不出去，所以大家又赶紧下了火车。字模、铅字不能带了，报纸、图书也全扔了，大家就带了一马车急需的东西，匆匆忙忙地直奔江南水泥大桥，因为这座大桥预定在 28 日早 6 点炸掉。还好，这次总算挺顺利，大伙儿平平安安地过了大桥。

夜深了，大家顺着江边往东赶，一口气走了几十里路。先是在一个小城边吃了顿早饭，然后在三十里堡碰上省委那列从吉林开出的火

石 果 (1911—2003)

车，还没等大家上火车，敌机尖叫着追踪飞来，又是一顿狂轰滥炸。由于大伙儿及时就地隐蔽，并没有造成人员伤亡。火车停停走走、走走停停地到了蛟河，这里离敌人也只有一江之隔，并不适合办报；之后又到了敦化筹备出报，但终因条件不具备，最后放弃了。6月初，报社随省委机关撤退到延吉市，开始筹备《人民日报》的复刊工作。7月，《人民日报》正式复刊。9月1日，《人民日报》与延边地委机关报《吉东日报》合并，出版了新版《人民日报》。1947年3月1日，《人民日报》正式更名为《吉林日报》。

面对敌人的炮火、艰苦的环境，《人民日报》不仅一直坚持出报，而且愈发壮大。这阶段的《人民日报》，对蒋介石撕毁停战协定，不断向解放区发动大规模武装进攻和解放区军民奋起反抗的局势及时报道，很好地宣传了我军在前线取得的辉煌战果和广大群众积极支援前线的感人事迹。石果和编辑记者们以顽强的革命精神，克服各种艰辛困苦，愈战愈勇。

在新中国诞生前后

《吉林日报》于1948年3月迁回刚刚解放的吉林市。1949年6月1日，《吉林日报》《农民报》《工人报》三报合并为《吉林工农报》出版。1950年2月，《吉林工农报》恢复为《吉林日报》，5月3日毛泽东主席为《吉林日报》第一次题写的报头字和读者见面。

1949年3月，石果被任命为继李之白、余平若和萧林之后的《吉林日报》第四任社长。在他担任社长的两年里，正是中国关键性的大变革时期：解放战争在全国取得胜利；建立中华人民共和国，成立中央人民政府；完成土地改革；获得抗美援朝的胜利；捍卫新生的人民政权。伴随着新中国的诞生和成长，石果领导的吉林日报社也从草创走向第一个辉煌时期。

1949 年 10 月 1 日，新中国宣告成立，《吉林日报》（当时名为《吉林工农报》）浓墨重彩地宣传报道了开国大典的盛况。从 1949 年 9 月 22 日到 10 月 6 日，分两个阶段报道了新中国成立的筹备情况和开国大典当日的盛况。主题鲜明、形式多样的大量新闻报道和文学作品，紧密地契合了新中国的时代脉搏，反映了人民群众的关心和关切，记录了新中国诞生这一伟大的历史进程，具有重大新闻和历史文献价值。

中华人民共和国成立后，国内还残存着一部分反革命分子和封建势力，他们妄图破坏新生的中华人民共和国政权；国外，美国发动侵朝战争以后，错误地估计了形势，伺机对新中国破坏和捣乱。吉林省委根据中共中央的精神，于 1951 年初决定在全省城乡展开大张旗鼓的镇压反革命运动。同时，对干部贪污腐化问题开展的"三反"运动和对不法资本家猖狂进攻的"五反"斗争也相继展开。从 1951 年初到 1953 年，《吉林日报》积极配合省委进行了集中突出、有起有伏的宣传报道，有力地打击了反动势力和不良思潮，捍卫了新生的人民政权。

艰险环境下的抗美援朝报道

1950 年 6 月 25 日，韩国李承晚集团的军队越过三八线，悍然向朝鲜发动大规模武装进攻。8 月，美国飞机一天几次侵犯中国领空，辽宁省的安东（今丹东）、宽甸和吉林省的辑安（今集安）、临江等边境城镇接连惨遭敌机扫射、轰炸。9 月 16 日，美军从仁川登陆，并向我国边境地带推进。在这严峻的形势下，吉林省委书记刘锡五把石果叫到办公室，研究在新形势下如何保证报纸出版的问题。经仔细研究决定，由报社在吉林市郊选一个安全地方建办公室、工厂和宿舍。之后，石果和金树然花了十来天时间，察看了龙潭山、炮台山、北山和小白山，比较后选定在小白山建办公室和宿舍，在其半山腰凿山洞建印刷厂。方案通过后，又经过大约 3 个月的紧张施工，平整了山坡，建起 6 栋简易平房，

石 果 (1911—2003)

并在半山腰挖了个大山洞，安装了一台印报机。这样，一旦市内无法生产，这里即可担负起印报任务。随着战争的升级，中国人民志愿军于1950年10月25日跨过鸭绿江，敌机对中国边境城镇的狂轰滥炸延伸到对中国内地的袭击。为了安全，报社大部分人马在11月份陆续搬到小白山继续出报。那年冬天奇冷，在6栋靠火墙取暖的简易房里，就着简单的伙食，大家坚守岗位，圆满地完成了报纸的编辑出版任务。

1953年7月，中美在板门店签署停战协议，中国军民赢得了抗美援朝、保家卫国之战的胜利。在为期三年的抗美援朝宣传报道中，《吉林日报》有计划、有组织地以突出的版面、翔实的内容和不同的新闻体裁对抗美援朝之战进行了系统的宣传报道，为保卫新中国凝聚了人心，为赢得最后胜利做了出色的宣传鼓动和后方保障工作。

石果从吉林日报社社长岗位离任后，先后担任中共吉林省委办公室主任、《东北日报》总编辑室主任、《辽宁日报》副总编辑等职务。1959年调辽宁人民出版社工作。1978年任《理论与实践》杂志社总编辑。曾任辽宁省新闻工作者协会副主席、辽宁省新闻学会副会长。1983年2月离休。

作品选编

在"群众号"列车上

四月二十一日，在沈阳东站，我上了开往吉林的群众号火车。

在三等和二等车的中间，有一节既不是三等也不是二等的车厢。里面设有软席（有弹簧的座位）和卧铺。铺上躺着的是怀孕的妇人，和

二、三个月的婴儿；坐着的有中年和青年母亲，在逗着孩子们玩。她们像坐在家里一样轻松。这是为母亲和孩子特设的"母子车"。

在二等车里，有随车书库。书箱上放着论人民民主专政等理论书；也有高干大、鼓风炉旁四十年等文艺作品。

每个车厢都设有广播机，随时播送着车长的通告。当火车要到抚顺站时，车长提前广播通告："本列车下一站是抚顺，停车十分钟。请要下车的旅客们准备好自己的东西。"

火车在急行着，车轮闷声闷气的哼着，旅客都有倦意。这时广播机又放出声音："向诸位报告一个新闻：我军胜利登陆海南岛。"这胜利消息振奋了车厢里所有的旅客，他们一齐的欢呼。

火车在祖国大地上奔驶着，祖国春天的景象，展开在眼前，树枝挂绿，小草新生，自由的农民在农田里工作。车内广播机奏起"祖国进行曲"。听着这个热爱祖国，歌颂自由和幸福的歌声，愈使人感到亲切。我们的人民也满怀着希望和信心，为祖国的自由和幸福而努力建设。

石
果
(1911—2003)

火车上的种种新印象，使我联想起十三年以前苦难中的旧中国的火车。那时，一个人出门走路，无论在那条铁路的火车上，都会感到一种不安和紧张：怕上错车，怕坐过站，怕丢东西，怕触犯了火车上的路警，怕得罪了车队长。在南满路一个车站上，我看见过日本帝国主义指挥的铁路人员。他们在买票人的背上用粉笔划上号数，按号买票，使人感到愤怒和耻辱。在平汉路的火车上，我看到国民党的铁路人员，毒打丢了东西的旅客。在正太路上，我看见阎锡山的铁路人员，把病人推下火车。

现在我所坐的"群众号"列车却与人民有着这样深厚的友谊。

去年五月二十三日，群众号列车到达抚顺站。因前边发生"脱线"（火车出辙）事故，群众号必须在抚顺站停留一夜。当时车上设备不完全。没有餐车，车内小贩已把食物、茶水卖完，摆在旅客面前的是饥、渴。摆在车长面前的是：脱离群众呢？服务群众呢？人民铁路的车长，采取了服务群众的办法。他与抚顺站长商妥，动员了站上的员工家属，给旅客做了大米粥，准备了咸菜和开水，解除了旅客的困难。开车有希

《在"群众号"列车上》

望了，可是新的问题又来了，在梅河口换车的旅客，都会错过换车的时间。准备换车的旅客都在着急。车长十分注意这件事。他用电话与梅河调度员商量办法，请示主管的路局。问题解决了，旅客都喜欢。群众号列车到梅河口时，换车旅客顺利上了另一列火车。他们站在车门上，靠在车窗前，看着徐徐开行的群众号欢呼："群众号！再见！车长！再见！"

在去年六月三十日，群众号列车走到清源——英额门间。车内有一孕妇，就要生产。这是个生死问题，车内马上紧张起来。车长用广播机征求医生，一位热心的助产士出来。一位老太太自愿帮忙，把临产的人扶到另一车中，妇人得以顺利的生产。车长给她准备了开水，买了鸡蛋。到沈阳时，车长写一封信，托一位在东关住的旅客把产妇送到家里。产妇的丈夫深受感动，他跑到车站找群众号车长，见面就说："天下工人（他是冶炼工人）是一家这句话，我今天更明白了，我在工厂里要更加劲生产，来报答你们的友谊，为了不忘记人民铁路的好处，我决定要给这个孩子起名叫'车生'"。

去年十月十八日，群众号行驶在沈吉线上。在三等车内，有婆媳二人带着一个小孩，因媳妇初次坐火车，不知道车内规矩，叫小孩子在痰盂里大便。婆婆骇（害）怕受罚，跟儿媳吵起来。车长来了。他耐心讲解了车上卫生事情，叫列车员把痰盂洗刷了。旅客们都说：这个问题，车长解决的很好。

群众号包车组能有现在的成绩，是因为他们已取得了一些成功的经验，其中一些经验，则表现在下述一些制度上：

固定同班制：由列车、检车、执法、贩卖、餐车等固定工作人员联合同班工作，互相配合，互相帮助。在开车前后，都开一次小组会，讨论工作任务，检查工作情况。有时机务乘车员、转运车长也参加这种会议。

安全小组制：把同班乘务各方面的工作人员，联合分成三个安全小组，分段负责。同时互相密切联系，照顾旅客的安全，保障车上设备不受损坏，防止偷窃等事故发生。

集体劳动制：同班乘务员，在不妨碍本部门工作的条件下，互相帮

石 果 (1911—2003)

助。如检车员帮助执法队检查，贩卖帮助列车员清扫，行李员帮助供应社装卸货物等。

三检制：防止补票发生错误，车长办完补票手续后，自己先检查一次，再与列车员互检一次，到达后再检查一次。车内补票没有发生过错误。现在三检制已推行到全段各包乘组。

三签制：汇报签：由车长把同班各方面工作人员在车上的工作情形，写在签上，寄给各部门工作人员的上级。传达签：由各车长把本列车工作情形和经验，写在传达签上，在会车（错车）时，彼此交流工作经验。试问签：各包乘组互相提问题，互相解答问题。

群众号的原来的基础并不好的。

在一九四九年"五一"前，东北铁路总局整顿客车，责成各管理局修好一列客车。吉林机务段全体员工一致努力，把一列破旧的客车，修成一列装备完全的客车。在"五一"命名为群众号，由李静华包车组负责。当初车体装备很差，车窗大部分钉着木板，车内只剩三个灯能亮，检票都得带着瓦斯灯。痰盂也只剩下三个。脸盆、便所都没有水。没有二等车，没有卧车，没有餐车。暖气也不好使，有的车热的穿不住棉衣，有的车冻的直跺脚。座位是木板钉的，经常有钉子出来挂（剐）衣服。更重要的问题是车轴常发热。路线不好，各部门工作配合不好，影响正点运行（不能按时到站）。由沈阳到吉林需走三十个钟头（现走十四小时三十九分钟）。

随着人民铁路事业的发展，经过艰苦的改进工作，现在群众号已拥有十个车厢：七个三等车，一个母子车，一个二等、餐车共用车，一个自用车。车上装有无线电收音机和车内广播机，新设备了巡回书库、救急箱。成为"吉铁"客运列车的旗帜。

在群众号列车上，我会见车长李静华，他二十七岁，吉林市人。对人谦虚、和蔼。乘务员都是青年，表现出活泼和愉快。在包乘组中有个青年列车员，叫孙宝生，过去好冒险而顽皮。他喜欢在火车开的很快时跳上车，喜欢在路线枕上伏下，让列车由上边通过。由于他的顽皮和冒险，各车长都不愿跟他在一起工作。他调到群众号列车上工作时，别的车长都为李静华担心，怕因为有了他而影响全组工作。李静华有信心帮助孙宝生。经过李静华的耐心教育，孙宝生已成为积极的青年团员。

李静华自己常说：我当了八年车长，前六年是糊里糊涂的混过了，后两年才知道为人民服务。是的，正是李静华知道了为人民服务，人民也知道了李静华。多少乘客，写了一百零八封信表扬他。

群众号列车和李静华包乘组创造了光辉的为人民服务的典型事迹，推动了吉林列车段全段的车长工作，使吉林列车段的客运工作提高了一步。吉林铁路管理局给李静华记大功一次，给全组记小功两次，并给奖两次。在三月九日，批准李静华包乘组为基干铁牛包车组。在三月十五日，东北铁路总局召开首届通告竞赛大会，李静华获得第一。

由一九四九年二月五日至一九五零年三月十五日，李静华包乘组走行了九万公里，车内补票进款三亿二千万元。

群众号列车不断的前进着。下一站就是吉林，我结束了十四个钟头又三十九分钟的旅途生活。我受到了很多的教育。列车进站了，我告别群众号列车，告别了车长李静华，我看着女列车员帮助母亲和孩子们下车，我随着有秩序下车的旅客走出了车站。

一九五〇年四月二十五日

（原载《人民日报》1950 年 5 月 16 日）

石　果 (1911—2003)

评析：

1950 年，身为吉林日报社社长的石果以记者身份对"群众号"列车进行了体验和采访，之后写了一篇《在"群众号"列车上》的 3000 字通讯，于 5 月 16 日发表在《人民日报》上。

《在"群众号"列车上》整体分为两部分。第一部分是乘车体验以及新近发生在列车上的几件事，通过情、景、事的描述，通过新中国成立前后新旧社会的对比，表现了乘坐新中国"群众号"列车的舒适和愉快。第二部分是写东北铁路总局和李静华包乘组如何努力改善列车环境、如何更好地为群众服务的先进事迹，通过建立规章制度和全体乘务员的辛勤劳动，"群众号"列车井然有序、一路向前。

作者以细腻的笔触，记述了新中国"群众号"列车新的气象，讴歌了李静华包乘组全心全意为人民服务的动人事迹。这篇通讯朴实无华，但处处表现了作者对人民的感情和对新中国新气象的欣喜。由于文章生动、传神，发表不久即被编入全国中学生语文教材。

东北第三造纸厂前年进行基本建设时
盲目施工造成巨大损失

国营东北第三造纸厂，在一九四九年大规模的修建中，由于对于若干工程没有周密设计即盲目施工，使工程发生重大的挫折。既严重地浪费了国家建设资金，又延误了急要的生产任务。其中最严重最突出的例子，即是安装木釜（蒸煮原料的椭圆形大铁罐）工程的错误。木釜是造纸厂的最主要工程之一，该厂木釜每个体重一百二十吨，体高十二米，共有五个。一九四九年十月该厂木釜基础工程已经完成，一九五〇年四月该厂设计建筑厂房时，才发现了两个严重问题：第一，木釜已经安起来了，但木釜的基础只有二米六十五糎，而实际上要六至七米；但该处地层在三米之后就是砂石层，根本不能作地基；第二，在这样的砂石层上根本不能建筑为木釜用的大厂房，因该厂厂房须高达二十七米（六层），需要很牢固的地基，必须有强有力的支柱，但该厂事先完全没有考虑到这些问题。结果，只有更换厂址，另起炉灶。这样，原来希望很快安装起来生产的木釜，现在仍然放在那里日晒雨淋。

像木釜这样的例子在一九四九年该厂的建设工程中还有不少，有的工程只画了平面图就开工了。因此，在动工之后，有的工程改变了计划，有的工程返工。如麻处理室（调解室）的工程，原计划建筑两层，以后因为事先没计算到缺乏两种设备，动工后不得不改变计划又建筑两

作品原载报样

石　果

(1911—2003)

层。又如打浆室的原料储存池的工程，开工半月之后，发现基础耐压力不够，又重新构造基础，并把已砌上的砖都取出来。

此外，该厂在施工中的问题，也是很严重的，亦应引起警惕。如有的工程迁就了地势，所以有的建筑物的基础有深有浅，在建筑起厂房之后，墙上有裂缝，缩短了建筑物的寿命。在建筑工程中，曾发生了山墙倒塌的事故。由于材料使用计算不准确及供应不及时，等工待料现象很多。该厂全年建筑工程需用铁筋一千吨，开工时仅有二百吨。有时因等材料影响工程的进度。开工后有的工程因材料不齐全，有时就使用不合标准的材料，如安装通水管，标准是十二寸的管子，因为没有十二寸的，就用十寸的来代替，以后还要撤掉重换，这种浪费是无法计算的。

当然，该厂在一九五〇年的工程中已吸取了一九四九年的教训有所改进，但对于全国来说，这个教训，在今天仍有极端重要的意义。

103

评析：

　　新中国成立后百废待兴，东北作为重工业基地，开始了大规模的基础建设。然而，由于经验不足和粗制滥造，一大批工程建设质量不高，有的还有严重的隐患。为此，吉林日报社社长石果亲自深入基层，了解情况，于1951年6月16日在《人民日报》上发了消息《东北第三造纸厂前年进行基本建设时盲目施工造成巨大损失》。

　　这篇消息文字简短，内容翔实，所提出的问题是十分严重的，对东北以至全国都有很好的警示作用。基建施工，千头万绪，精细的组织和科学的安排对当时的大规模建设意义重大，对今天中国在转型布局中如何杜绝浪费和盲目施工也有重要意义。

（编撰：汪洁）

党报旗手 铁骨『杂家』邓 拓 （1912—1966）

邓拓（1912—1966） 著名报刊政论家、革命家。18岁加入中国共产党，开始在上海从事革命活动，大学毕业时写了《中国救荒史》。他总编《晋察冀日报》，一手拿笔，一手拿枪，"八头骡子办报"，创造了中外新闻史的奇迹。他从事报刊活动 30 年，撰写过大量社论和杂文，并从实践和学习中总结发展了新闻学理论。他是有丰富经验的报刊总编辑、深有造诣的历史学家，还是有才华的作家、诗人、书法家、文物鉴赏家。具有高尚的文格和人格，最终保持了铁骨铮铮、义不受辱的崇高风范。

党报旗手 铁骨"杂家"

邓拓，乳名旭初，原名邓子健、邓云特，祖籍福建闽侯。1930年加入中国共产党。1934年毕业于河南大学，写了《中国救荒史》。1937年赴晋察冀边区任《抗敌报》（后改名为《晋察冀日报》）社长兼总编辑，后兼任新华通讯社晋察冀总分社社长等职。1945年主持编印《毛泽东选集》。新中国成立后，任《人民日报》总编辑，1955年当选为中科院哲学社会科学部委员，1958年调任北京市委文教书记，1960年兼任华北局书记处候补书记，兼理论刊物《前线》杂志主编、中华全国新闻工作者协会主席。1961年3月，开始以"马南邨"为笔名在北京晚报副刊《五色土》开设《燕山夜话》专栏，后与吴晗、廖沫沙合写杂文《三家村札记》在《前线》刊登。1966年4月"三家村"被打成"反党集团"，5月18日，邓拓含冤而死。

主编党报党刊开创新局面

邓拓的新闻生涯开始于为《新世纪》《中山文化教育馆季刊》等报

刊写文章，之后先后主编党刊《战线》，任《晋察冀日报》（前身为《抗敌报》）社长和总编辑、《人民日报》总编辑，主编《前线》杂志。

总编《晋察冀日报》，创中外新闻史的奇迹。在敌后抗日根据地中，《晋察冀日报》是办报时间最长、影响最大、条件最为艰苦的一份报纸。该报从发行几千份到几万份，编辑部从十几人到百余人，竟然连一个固定的"家"也没有，全部设备用八匹骡子拉走，一手拿笔，一手拿枪，打着游击办报。1941年日寇对晋察冀边区实行"铁壁合围"，"梳篦扫荡"，报社"七进七出铧子尖"，受敌不断围剿25天，出版和发行23期铅印报纸。报社在1939年春至秋，1943年2月至8月，1943年10月至1945年8月，1946年10月至1948年5月曾四出四进马兰村。马兰村19位村民为保卫报社牺牲。《晋察冀日报》创建了优秀栏目，刊载了大量优秀作品，管理方面也称一流。它的存在是新闻史上的一个奇迹，书写了中国革命史上的光辉灿烂的篇章。

总编《人民日报》，开创党报新局面。1949年9月，邓拓任中共中央机关报《人民日报》总编辑。他首先加大评论、社论的分量；其次，主持制定了编辑、记者等一系列的管理制度；再次，推动了1956年《人民日报》改版。7月1日，《人民日报》改版后，报纸面貌焕然一新。头版头条以经济新闻为主，反映了经济建设的特点；真实客观报道国际共产主义运动，变"结论式"报道为"进程式"报道；把对经济建设时期党如何改变领导方式，如何主导、引导社会的思考引向深入；加强与读者的互动；尽可能地尊重一般群众的表达权，履行监督社会的职能；新闻报道范围扩大，有了很多贴近人民群众生活的报道；言论方面，批评性文章增多，特别是关于百家争鸣的讨论。1956年《人民日报》改版，是中国新闻事业发展史上一次承上启下的伟大尝试，体现了以邓拓为代表的党报工作者顺应时代变化、人民要求和新闻规律的呼唤，尝试着探索一条党报变革的新途径。

主编《前线》，秉笔直书。1958年，邓拓调离《人民日报》社，9月出任中共北京市委书记处书记，主管文教工作，负责主编北京市委的理论刊物《前线》。邓拓定期召集编委开会，主要是讨论当前形势和党的

邓 拓 (1912—1966)

《前线》

方针、政策。大家畅所欲言，最后确定一些题目，请编委们撰写。三年困难时期，邓拓认为应该在干部和民众中提倡读书，使人们振奋精神，增强战胜困难的决心。本着这一思想，他和吴晗、廖沫沙合作，在《前线》杂志上开辟《三家村札记》杂文专栏，札记由吴晗、邓拓、廖沫沙轮流撰稿，统一署"吴南星"的笔名。札记一共发表了60篇文章，结合实际，内容丰富，妙趣横生，受到读者的广泛欢迎。"文化大革命"爆发，《三家村札记》的编撰者变成了"三家村反党集团"，邓拓与吴晗夫妇含冤去世，廖沫沙长期关押狱中。时空的流转，使我们看清了历史，《三家村札记》熠熠生辉，邓拓、吴晗、廖沫沙永载史册。

从实践中总结发展新闻学理论

邓拓是个勤于学习善于思考的新闻领导者，从实践和学习中总结发展了新闻学理论。严格地说邓拓没有新闻理论的专论，他的文章是新闻规律的总结。他先后发表了《论党报和党的工作》《战时鼓动工作》《改造我们的通讯工作和报道方法》《怎样改进报纸工作》《关于报纸的社论》《马克思主义哲学和新闻工作》等。在这些理论文章和有关业务会议的讲话中，他表述了自己对新闻的思考和认识。邓拓的新闻思想主要表现在以下几个方面：

其一，深入实际，坚持真实的报道准则。邓拓将真实原则提升到党的事业成败的高度上。他说："新闻报道的指导作用，在于它的真实性、典型性和系统性。真实性是新闻最基本的条件，失去了真实性，不仅失去了指导工作的意义，甚至会起着相反的作用。"[①] 新中国成立后，邓拓认为报纸编辑部的工作重点不应在报社之内，而应是"决胜于报社之外"。编辑、记者、通讯员及一切领导干部要深入实际进行系统深刻的调查研究。邓拓身先士卒，走进北京的胡同，写了《访"葡萄常"》；到"钢铁大动脉"宝成铁路建设工地，写了《英雄的路——宝成铁路正式通车有感》《陈仓道上》；深入门头沟煤矿采访，发现了明代煤窑遗址等。

其二，强调思想性、党性和人民性的统一。邓拓指出："把新闻报道工作提高一步，发挥党报集体的宣传者与组织者的作用。"[②] 他认为"报纸是党用来教育和领导广大人民群众进行革命斗争和建设新生活的最有力的武器"，"是党和人民的喉舌和社会舆论的指导者"。[③] 他认为党的报纸又是人民的报纸，两者是统一的。党委要通过各种渠道，包括通过报纸来了解实际和群众，才能很好地领导和教育群众。

其三，开展批评与自我批评，发挥报纸的舆论监督功能。邓拓重视党报的批评性报道，并用辩证法指导党报开展批评：第一，报纸上进

邓　拓 (1912—1966)

行批评要针对不同情况，采取不同方针；第二，报纸上的批评要完全正确，包括批评的事实完全正确，批评时采取的态度观点完全正确，发表的时机也要恰当；第三，报纸上的批评必须对党、对人民、对工作、对被批评者都有帮助；第四，教育报纸工作人员以最严肃慎重的态度进行调查和分析，保证事实和观点的完全正确，同时考虑发表时的正确措辞，在适当时期发表；第五，批评要在党中央规定的原则和党的具体方针下进行；第六，为争取批评的积极效果而斗争，为此，应与党委的纪律检查部门和政府监察部门的工作密切配合。

继承杂文的优良传统

杂文是议论性的散文，在中国古已有之，它是"文明批评"和"社会批评"的产物。从先秦两汉，到明清各朝都有杂文。近代报刊兴起，杂文又成为报纸副刊的一种常见文体。反帝反封的新文化运动，推动了杂文创作风起云涌。邓拓继承了中国杂文的传统，把现代杂文的特色发扬光大。

1961年3月19日邓拓应《北京晚报》之约，以"马南邨"的笔名在晚报副刊《五色土》上开辟杂文专栏《燕山夜话》，至1962年9月，共发稿153篇；在《前线》的"三家村札记"专栏中写了18篇。其特点如下：

其一，在思想、文化的建设上，侧重对社会心理契机和思想文化的剖析。邓拓的杂文既有鲁迅似的投枪匕首，又有李大钊的明快和情感充沛。《燕山夜话》直面人生、针砭时弊、揭露社会问题。《一个鸡蛋的家当》讽刺那种只有一个鸡蛋就妄想发财致富的人；《伟大的空话》讽刺互相推诿、不肯负责做实际的事情而只擅长权力争斗的官僚主义；《陈绛和王耿的案件》，借历史故事来说明事件的"扩大化"与"复杂化"源于"吏治腐败"与行政的"尾大不掉"；《堵塞不如开导》用古代治水分别采取"堵塞"与"开导"的不同办法得到完全不同的结果，来证明社会生活与政治生活堵塞的错误和开导的正确。这一类文章占了《燕山夜话》的大部分，构成了主要风骨，也正是邓拓杂文的历史价值所在。

其二，继承了"闲适派"博学多才、纵横驰骋的文化趣谈之风。杂文需要学养灌注、知识充盈，方能举重若轻、左右逢源。杂文的说理，不是干巴巴地强词夺理，而需要以哲学、史学、文学、法学、政治学、经济学、逻辑学等多方面知识为基础。邓拓的杂文中洋溢着渊博的学识，不仅使文章更具雄辩力量，而且具有丰富的知识性和信息量，给人以智慧的启迪，被誉为一部"小百科全书"。

其三，举重若轻，大手笔写小文章。《燕山夜话》被著名作家老舍称赞是"大手笔写小文章，别开生面，独具一格"④。邓拓有广博的知识素养，精湛的写作技巧和高度的理论修养。他厚积薄发、举重若轻，游刃有余，千字文里见功底。《生命的三分之一》《从三到万》等就是代表。

邓拓的杂文代表了一个时代，他为杂文的发展作出了重要贡献。

邓　拓（1912—1966）

注释：

①《把新闻报道工作提高一步》，1944年9月1日《晋察冀日报》社论。

②《把新闻报道工作提高一步》，1944年9月1日《晋察冀日报》社论。

③ 邓拓：《怎样改进报纸工作》，1954年，在全国报纸工作会议的发言。

④ 顾行、成美：《邓拓传——一个毕生追求真理和光明的人》，山西教育出版社2002年版，第112页。

作品选编

陈仓道上

陈仓古道本崎岖，今日康庄一坦途。
千里秦川春意闹，更沿渭水广膏腴。

秦岭北来尽险峰，深峦时有虎狼踪。
只今铁道冲天至，大散关头土一壅。

这是我旅行于宝鸡（古陈仓）和大散关的时候写的两首小诗。我们祖国河山的新面貌给了我永远不能忘却的印象。看到渭水流域的秦川田野和秦岭北段美丽而雄伟的风姿，觉得这是莫大的幸福。

新建的宝成铁路从宝鸡开始。由此地向南，登上秦岭北段的第一个隘口，就是大散关。这一带地势险峻，古代的军事家都认为这里"进可以攻，退可以守"，因此成为历代作战双方必争之地。

此地又是川陕交通的孔道，从来商旅络绎不绝，依靠着肩挑背负，把货物送到山上，也送下平原。古代的人说"蜀道之难难于上青天"，其实大散关这条路正是古代的人从长安出发入蜀所必经的"难关"，此道之难也不亚于蜀道。只有在我们人民的时代，化天险为康庄的奇迹，才能够在人们的眼前出现。宝成铁路如今已经把这条崎岖险阻的川陕孔道变成了康庄的坦途了。我之所以能有机会到这一带旅行，也就因为有了宝成铁路，否则惟有"梦游"了。

这个地带在历史上占有重要的战略地位，凡是看过三国演义的人大概都会承认这一点。人们会记得，曹操打张鲁，军队由陈仓出散关，展开攻势；诸葛亮攻魏的时期，蜀兵由南而北，则是出散关，直奔陈

中 • 国 • 名 • 记 • 者

112

仓，而展开攻势的。无论自北向南攻，或者自南向北攻，过去的作战计划都不能离开这一条军事要道。现在宝鸡县的益门镇东边有一座"诸葛山"，相传是诸葛亮屯兵之处。宝鸡城内也有三国时代的许多遗迹。比如现在宝鸡市人民委员会的大门楼，据说就是三国时代魏将张郃所建的"望兵楼"遗址。同样，看过秦汉演义的人还记得，汉高祖刘邦曾与楚霸王项羽手下的秦降将章邯在这一带作战，刘邦用了"明修栈道，暗度陈仓"的计策，终于打败了楚兵。正因为历史上经过了无数次的战争，这里人民过去的生活很苦。所谓"秦川沃野"在旧时代实际上是徒负虚名。

宝鸡在解放以前街道狭窄，而且十分肮脏，满目是破烂的窑洞和草棚，劳动人民终年衣不蔽体，有许多姑娘没有裤子穿。住在河滩的群众喝的是苦水，在十里铺一带，过去更是一片荒凉。解放以后，宝鸡的面貌很快改观了。现在这里是一个省属的市，许多现代化的大小型工厂建设起来了，新建的发电厂的发电能力和实际的供电量就比解放以前增加了一倍多。这里又是西北铁路运输的枢纽，新修的电气设备的枢纽车站已有十二股道投入了生产。宝鸡铁路工程机械修配厂的生产量，等于全国铁路机械总产量的一半，这不能不说是很大的成绩。整个宝鸡市目前已经成为一个生产城市了，它逐渐地改变了原来的消费城市的面貌。过去荒凉的十里铺现在已经变成了工业区，从前喝苦水的穷困人家现在的生活也一天天走向幸福了。

现在你只要到宝鸡城外，看看四处的田野，你就会觉得这才是真正的"秦川沃野"了。宝鸡的农民有丰富的农业生产经验。过去他们的聪明智慧无处发挥，好年景只能维持着简单的再生产，遇到灾荒就只有使生产停顿。现在情形大不一样了。你看农民们一个个干劲十足，他们唱起了新的歌儿："学习愚公移山，拼命苦战十年；水足粪饱喂田地，要叫产量翻几番。"

在渭河岸上，到处是灌溉的沟渠，新修的水（渠）浇地都将保证丰产的最高指标。千古长流的渭水，如今也激起了新的生产高潮来了。

今年关中平原的农业生产是有很好条件的，而处于这个平原西头

邓 拓 (1912—1966)

的宝鸡农村的景象更使人充满了信心。与我同行的人，一致地称赞这里的工作紧紧地抓住了生产的关键问题，收到了良好的效果。可惜我们旅行的日程太紧，不能在这里多看，铁路局已经为我们准备了一辆公事车，我们只好离开了宝鸡。

从宝鸡车站出发，火车跨过了渭河铁桥，向南进入益门镇的峪口，这也算是从秦岭北麓开始上山的起点。由此迤南，慢慢地登上险峻的秦岭山区。清姜河奔流在狭长的山谷间，火车沿着河的右岸怒吼前进。这里有一段十分美妙的风景。当河水曲折的地方，火车蜿蜒而进，我们就好像坐在一条青龙的背上，让它翻滚在水里嬉戏。这样前进约四十多里，山势愈来愈陡，终于来到了一个险要的隘口，这就是大散关。由于事先的约定，我们在这里休息，看看风景。

英勇的筑路工人费了千辛万苦的劳动，在这陡立的山崖上打开了一条大道，铺上了铁轨，现在看起来还觉得惊心动魄，这个工程也真不容易。如果没有这么巨大的劳动，我们要爬上这个关口，恐怕是很困难的。据说，按照老办法步行或者骑牲口，单身客人决不敢上来，因为往往会遇到猛虎和豺狼。所以人们必须成群结队才敢上山。原来的山道现在还看得见，那真可以说是羊肠小道啊！写着"大散关"三个大字的古老石碑仍然立在山顶，古代多少英雄豪杰，成功和失败就在这儿。然而，现在因为有了这么宽大的铁路，这里的地势完全改变了。现在的大散关，摆在我们的面前就好像是一堆土丘，看不出它有什么险要的地方。

我望着大散关四周的景物，脑子里想起了许多历史故事，什么蜀魏交兵呀，唐明皇由这里逃进四川呀，这些虽然不值得我们去提起了，连李太白的诗句也没有多少意思；但是，宋朝爱国诗人陆放翁的诗却不能使人忘怀。当他奔波秦蜀之间，感叹"良时恐作他年恨，大散关头又一秋"的时候，他的满腔爱国热情一直激励着广大的人民。他对于大散关的险要地势和山川峻削（峭）之气，十分赞赏，并且借以鼓舞他自己和人民群众热爱祖国的高尚情绪。他有一首诗，题目是《观大散关图有感》，其中写道："大散陈仓间，山川郁盘纡。劲气钟义士，可与共壮图。"

这是对于陈仓古道和大散关形胜的赞颂，也是对于人民爱国热情的激励。我由此更爱陆放翁，也更爱我们伟大祖国的山川。我觉得仅仅就这些思想感情上的收获来看，我这一次到陈仓道上来，也算不虚此行了。

一九五八年七月

　　（原载《旅行家》1958 年第 7 期；选自《邓拓》，人民日报出版社 1996 年版）

评析：

　　邓拓向来要求记者、通讯员要深入到实际工作里去进行采访，不依靠浮光掠影与道听途说，而依靠老老实实地亲自动手去搜集资料，发掘问题。在人民日报社时，他为了认真了解党的政策执行情况，深入京城各处进行调查研究。宝成铁路的通车彻底结束了自古以来"蜀道难，难于上青天"的局面。邓拓决定《人民日报》出专版来宣传这一重大建设成就，同时他不顾战争留下的伤痛，亲赴宝成铁路采风第一线，1958 年 7 月，挥笔写下《陈仓道上》。

　　《陈仓道上》是一篇热情洋溢歌颂宝成铁路通车和祖国大好山川的特写，是富有人情味，陶冶情操，笔法生动的好文章。邓拓是诗人，以两首诗开篇，诗情画意，概括了他对宝成铁路开通的由衷赞叹。之后，是我们跟着一个历史学家、熟知三国典故的人边走边看一路风光。新建成的宝成铁路从宝鸡开始，他写了古今宝鸡及四周的变迁，写了火车从宝鸡出发，沿途变化。火车跨过了渭河铁桥，向南进入益门镇的峪口，由此迤南，慢慢地登上险峻的秦岭山区。清姜河奔流在狭长的山谷间，火车蜿蜒而进，就好像坐在一条青龙的背上，让它翻滚在水里嬉戏。山势愈来愈陡，终于来到了一个险要的隘口，这就是大散关。再写大散关古今变化。他沿途前进，把看到的陈仓道的现实情景与历史的变迁描绘在笔下，视野开阔、气象万千，在向读者展示宝成铁路是党和人民艰苦奋战的伟大成果时，还传播了历史、文化和科学知识，更注重陶冶人们的精神情操，修炼其道德品质。邓拓对祖国和人民的热爱尽在文中。

邓　拓 (1912－1966)

生命的三分之一

一个人的生命究竟有多大意义，这有什么标准可以衡量吗？提出一个绝对的标准当然很困难；但是，大体上看一个人对待生命的态度是否严肃认真，看他对待劳动、工作等等的态度如何，也就不难对这个人的存在意义做出适当的估计了。

古来一切有成就的人，都很严肃地对待自己的生命，当他活着一天，总要尽量多劳动、多工作、多学习，不肯虚度年华，不让时间白白地浪费掉。我国历代的劳动人民以及大政治家、大思想家等等都莫不如此。

班固写的《汉书·食货志》上有下面的记载："冬，民既入；妇人同巷，相从夜绩，女工一月得四十五日。"

这几句读起来很奇怪，怎么一月能有四十五天呢？再看原文底下颜师古做了注解，他说："一月之中，又得夜半为十五日，共四十五日。"

这就很清楚了。原来我国的古人不但比西方各国的人更早地懂得科学地、合理地计算劳动日；而且我们的古人老早就知道对于日班和夜班的计算方法。

一个月本来只有三十天，古人把每个人夜晚的时间算做半日，就多十五天。从这个意义上说来，夜晚的时间实际上不就等于生命的三分之一吗？

对于这三分之一的生命，不但历代的劳动人民如此重视，而且有许多大政治家也十分重视。班固在《汉书·刑法志》里还写道：

"秦始皇躬操文墨，昼断狱，夜理书。"

有的人一听说秦始皇就不喜欢他，其实秦始皇毕竟是中国历史上的一个伟大人物，班固对他也还有一些公平的评价。这里写的是秦始皇在夜间看书学习的情形。

据刘向的《说苑》所载，春秋战国时有许多国君都很注意学习。如：

"晋平公问于师旷曰：吾年七十，欲学恐已暮矣。师旷曰：何不炳烛乎？"

在这里，师旷劝七十岁的晋平公点灯夜读，拼命抢时间，争取这三分之一的生命不至于继续浪费，这种精神多么可贵啊！

《北史·吕思礼传》记述这个北周大政治家生平勤学的情形是：

"虽务兼军国，而手不释卷。昼理政事，夜即读书，令苍头执烛，烛烬夜有数升。"

光是烛灰一夜就有几升之多，可见他夜读何等勤奋了。像这样的例子还有很多。

为什么古人对于夜晚的时间都这样重视，不肯轻轻放过呢？我认为这就是他们对待自己生命的三分之一的严肃认真态度，这正是我们所应该学习的。

我之所以想利用夜晚的时间，向读者同志们做这样的谈话，目的也不过是要引起大家注意珍惜这三分之一的生命，使大家在整天的劳动、工作以后，以轻松的心情，领略一些古今有用的知识而已。

一九六一年三月

（原载《北京晚报》，1961 年 3 月 19 日；选自《邓拓》，人民日报出版社 1996 年版）

邓 拓 (1912—1966)

评析：

1961 年 3 月 19 日，在时任《北京晚报》副总编辑顾行和晚报副刊《五色土》编辑刘孟洪的再三约请下，邓拓同意以"马南邨"为笔名开设专栏《燕山夜话》，第一篇是《生命的三分之一》。这篇杂文中洋溢的渊博学识，不仅使文章更具雄辩力量，而且具有丰富的知识性和信息量，给人以智慧的启迪。这篇杂文可以看作当代的"劝学篇"，作者由《汉书》上所记载的一则史料谈起，在高度评价了我国古代女工善于通过加夜班而让生命多出三分之一的创举以后，又如数家珍般地列举秦始皇、晋平公、吕思礼等大政治家勤奋刻苦、夜读不懈的事例，启示和勉励人们珍惜光阴，坚持业余学习，让"生命的三分之一"产生最大的效益。博学多才的邓拓把热情、沉思的笔触纵横驰骋上千年，延伸到政治思想和社会生活的各个方面。这篇杂文从继承和发扬中华民族优秀传统美德这一角度出发，赞扬我们的祖先历来具有的惜时如金、严肃认真对待自己生命的三分之一的优良传统。它启发鞭策现今的人们在新的时代、新的历史条件下，如何像古人那样，严肃认真对待生命的三分之一，如何努力工作，如何抓紧一切时间去努力学习，开阔知识视野，掌握实际本领，为中华民族伟大复兴作出应有的贡献。时间不能增添一个人的寿命，然而珍惜光阴可使生命变得更有价值。珍惜时间，特别是珍惜晚上的时间，是一个人是否严肃认真地对待生命的一个标准。

"伟大的空话"

有的人擅长于说话，可以在任何场合，嘴里说个不停，真好比悬河之口，滔滔不绝。但是，听完他的说话以后，稍一回想，都不记得他说的是什么了。

这样的例子可以举出不少。如果你随时留心，到处都可以发现。说这种话的人，有的自鸣得意，并且向别人介绍他的经验说："我遵守古人语不惊人死不休的遗训，非用尽人类最伟大的语言不可。"

你听，这是多么大的口气啊！可是，许多人一听他说话，就讥笑他在做"八股"。我却以为把这种话叫做"八股"并不确切，还是叫它做"伟大的空话"更恰当一些。当然，它同八股是有密切关系的，也许只有从八股文中才能找到它的渊源。

举一个典型的例子吧，有一篇八股文写道：

夫天地者，六合宇宙之乾坤，大哉久矣，数千万年而非一日也。

你看，这作为一篇八股文的"破题"，读起来不是也很顺口吗？其中不但有"天地"、"六合"、"宇宙"、"乾坤"等等大字眼，而且音调铿锵，煞是好听。如果用标准的八股调子去念，可以使人摇头摆尾，忘其所以。

但是，可惜得很，这里所用的许多大字眼，都是重复的同义语，因此，说了半天还是不知所云，越解释越糊涂，或者等于没有解释。这就是伟大的空话的特点。

不能否认，这种伟大的空话在某些特殊的场合是不可避免的，因而在一定的意义上有其存在的必要。可是，如果把它普遍化起来，到处搬弄，甚至于以此为专长，那就相当可怕了。假若再把这种说空话的本领教给我们的后代，培养出这么一批专家，那就更糟糕了。因此，遇有这样的事情，就必须加以劝阻。

凑巧得很，我的邻居有个孩子近来常常模仿大诗人的口气，编写了许多"伟大的空话"，形式以新诗为最多，并且他常常写完一首就自己朗诵，十分得意。不久以前，他写了一首《野草颂》，通篇都是空话。他写的是：

邓　拓 (1912—1966)

老天是我们的父亲，

大地是我们的母亲，

太阳是我们的保姆，

东风是我们的恩人，

西风是我们的敌人。

我们是一丛野草，

有人喜欢我们，

有人讨厌我们，

但是不管怎样，

我们还要生长。

你说这叫做什么诗？我真为他担忧，成天写这类东西，将来会变成什么样子！如果不看题目，谁能知道他写的是野草颂呢？但是这个孩子写的诗居然有人予以夸奖，我不了解那是什么用意。

这首诗里尽管也有天地、父母、太阳、保姆、东风、西风、恩人、敌人等等引人注目的字眼，然而这些都被他滥用了，变成了陈词滥调。问他本人，他认为这样写才显得内容新鲜。实际上，他这么搞一点也不新鲜。

任何语言，包括诗的语言在内，都应该力求用最经济的方式，表达最丰富的内容。到了有话非说不可的时候，说出的话才能动人。否则内容空虚，即便用了最伟大的字眼和词汇，也将无济于事，甚至越说得多，反而越糟糕。因此，我想奉劝爱说伟大的空话的朋友，还是多读，多想，少说一些，遇到要说话的时候，就去休息，不要浪费你自己和别人的时间和精力吧！

一九六一年十一月

（原载《前线》1961年第21期；选自《邓拓》，人民日报出版社1996年版）

评析：

1961年10月间，邓拓决定在他主编的《前线》，与吴晗、廖沫沙开设"三家村札记"专栏。从邓拓发表第一篇文章《"伟大的空话"》开始，到1964年7月吴晗发表最后一篇文章《知难而进》结束，近三年的时间里，"三家村札记"共发表文章60多篇，其中邓拓写了18篇。《"伟大的空话"》讽刺那种喜用许多大字眼，"说了半天还是不知所云，越解释越糊涂，或者等于没有解释"的"伟大的空话"，在当时"大跃进"刚过去不久的情况下，文章的针对性是很明显的，其讽刺在今天看来也很尖锐而且有实际意义。对于20世纪60年代头脑清醒而又作为执政党高级干部的知识分子邓拓来说，性格中兼具政治家与文人的两重人格，他既是一位党性原则与政治操守都很坚定，也颇具务实精神的政治家，同时又是一位颇具见识与独立性、不愿随时俯仰的知识分子。前者使他具有强烈的参与现实的精神，像他在《事事关心》中引用的："风声、雨声、读书声，声声入耳；国事、家事、天下事，事事关心"；后者使他在关注社会现实时，不愿只写赞美的颂歌而要以讽喻的态度针砭时弊，以求引起社会改进或注意。这篇文章很多是批评极左的，对弄虚作假，强迫命令，说大话、空话等等"左"倾思想的表现，进行了尖锐的讽刺，对当时不实事求是的作风进行了批评。这种批评明快，情感充沛。不仅直抒内心情感，以情感人，而且直陈事理，迅即对社会现象作出反映，使世界成为人可以用观念和思考来掌握的东西。这篇文章被赋予了许多微言大义，表现了邓拓"莫谓书生空议论，头颅抛处血斑斑"的豪情。

新的"三上文章"

邓 拓（1912—1966）

有两种人时常为文章所苦。一种是工作特别忙的人。他们安排不好时间，有很多思想和意见，也有很多材料和观点，装满在脑海里，就是写不出来，觉得非常苦恼。还有一种人是受邀请或被指定写文章的，时间很紧，材料一大堆，看得脑子发胀（涨），就是憋不出条理来，不知从何写起，深怕交不了卷或者写了根本用不得，更是苦恼。

要想解除这两种苦恼，有什么办法呢？熟识的几个同志常常在一起谈论这问题。办法人人会想，各有巧妙不同，大概都分析了各种人不同的情况、条件和造成苦恼的原因，也都提出了解决问题的一些办法。其中有积极主张采取个人钻研和集体讨论、个人执笔和集体修改的；也有非常消极，简直认为毫无办法，必须从头苦读十年书，把水平提高了再说的。

朋友们征求我的意见。我觉得大家似乎把问题看得太严重了，倒无妨从小的方面着眼，采取比较轻松的办法来解决这个问题。俗话说："提起千斤重，放下二两轻。"有若干问题往往看得太严重了反而无法解决，也许无意中很随便就解决了问题。因此，我愿建议朋友们，首先不要把写文章这件事放在心上，尤其是对"文章"的高深观念要根本改变。与其神气十足地说"写文章"，不如普普通通地说"写话"更好。

在这里，完全不必拿什么科学研究论文或者写大报告来吓人。要知道，越是大文章、长文章越好写。如果你能够把小文章、短文章写好，那末（么），写大文章、长文章就不成什么问题了。而小文章、短文章则是随时随地都可以写的。关键只在于你要把问题想清楚，然后就照说话那样写出来。

为了打破一切对于"写文章"的严重观念，我很赞成宋代大文学家欧阳修的"三上文章"。我想就由我们大家自己动手，来提倡新的"三上文章"又有何妨呢？

据宋代的董荐，在《闲燕常谈》一书中记载："欧阳文忠公谓谢希深曰：吾平生作文章，多在三上——马上、枕上、厕上也。盖唯此可以属思耳。"可见古来有许多伟大的作家，说老实话，他们的"文思"并不像一般人设想的那样，一定要正襟危坐，或者如演戏那样用手指敲着自己的脑门，才挤出来的。恰恰相反，只要有思索的机会，到处都可以运用思考。甚至于在厕所里解手，也是思索的好机会。而且，这么一思索，就连臭味也闻不到了，岂不妙哉！

欧阳修的这个经验谈，十分重要。他道破了做文章的一个秘密，就是在写作之前要"属思"，即运用思考，把文章的中心思想和它的每一个论点与论据，以及表述的方法、层次安排等等都尽量考虑成熟，形成了所谓"腹稿"，这样就可以使写作的时候，减少阻碍，很快能够写成。一篇文章，只要构思好了，那末（么），下笔写的时候，只要照着所想的，慢慢地像说话一样，一句一句说出来，话怎么说，字就照样写，都写完了再修改也不难了。

如果学习欧阳修的办法，我以为大家很容易都可以写文章。因为欧阳修的"三上"，除了马上只适合于骑马的人以外，其余二上人人都能用；而我们即便不能在马上构思，却无妨在路上、车上、船上等空隙中构思。这既能锻炼思维能力，又可以忘掉路途的疲劳，真是一举两得。如果人人都这样做，则人人都可以写出新的"三上文章"。

但是，似乎还有两点应该提起朋友们的注意：一则不可在路上、车上、船上如痴如狂，以致违犯交通规定；二则不可在工作的时候，特别是在机器旁边操作的时候胡思乱想，以免造成事故。可以断定，任何一个思想正确和健康的人，决不会因为想文章而致于误事的！

（原载邓拓：《燕山夜话》；选自《邓拓》，人民日报出版社 1996 年版）

评析：

　　人们认为《燕山夜话》专栏中的文章，具有学者杂文的独特魅力，可以称作知识性杂文；又说读《燕山夜话》，就像是进入了一个广阔的精神世界和知识天地，处处闪烁着智慧的光芒。借助历史谈古论今，在知识的海洋中驰骋，确是《燕山夜话》的重要特色。《新的"三上文章"》，浅显易懂，知识丰富，在议论之间藏情趣，熔典籍于一炉，寓郑重严肃于愉悦，具有极强的教育性和趣味性。写文章在一般人看来实属不易，但是，邓拓在文中建议朋友们，要根本改变对"文章"的高深观念，与其神气十足地说"写文章"，不如普普通通地说"写话"更好；并且告诉我们宋代大文学家欧阳修的"三上文章"，是在马上、枕上、厕上构思而成的。学习欧阳修的办法，大家很容易就可以写文章。欧阳修的"三上"，除了马上只适合于骑马的人以外，其余二上人人都能用，我们无妨在路上、车上、船上等空隙中构思。我们要把问题想清楚，然后就照说话那样写出来就好。如果人人都这样做，则人人都可以写出新的"三上文章"。邓拓旁征博引，而又含蓄委婉，融知识性、趣味性于一炉，循循善诱，议论风生，让人既明白了道理，又获得了丰富的知识。

（编撰：乔云霞）

邓　拓 (1912—1966)

黄薇

（1912—2000）

　　黄薇（1912—2000）　早年留学日本，1937年抗日战争爆发后回到祖国，任新加坡《星洲日报》特派记者，香港《星岛日报》驻武汉、重庆记者。在那动荡的岁月里，黄薇以笔为剑，亲赴抗日前线和根据地采访，撰写了数百篇通讯发往海外。1942年1月，黄薇加入中国共产党，后任菲律宾《华侨导报》总编辑、菲律宾华侨妇女救国会主席、新华社香港分社总编辑。新中国成立后，任中共中央对外联络部处长，全国妇联第二、第三届执委。著有《回到抗战中的祖国》等书。

战地蔷薇

在近代中国兵荒马乱的年代，不乏有巾帼不让须眉的女性，用自己的力量撑起祖国的半片天空。黄薇，这位反抗封建思想束缚的倔强女子，这位胸怀崇高革命精神和新闻理想，穿梭于枪林弹雨的战地蔷薇，这位致力于向海外华侨积极宣传中国抗战而为中国新闻宣传事业作出杰出贡献的华侨女记者，就是其中的一名典范。

抗婚让她获得反抗封建的力量

黄薇，原名黄维英，1912 年 2 月 27 日出生于福建省龙岩县龙门乡（今龙岩市新罗区）。她虽然出身书香门第，曾经"三代五贡举"，但仍难逃脱封建思想对于女性的束缚。两岁丧父后，家道中落。四五岁时，她因媒妁之言被许配给省议长郑丰稔的二公子。7 岁时，她进入龙门小学读书，成为乡里最早上小学的女学生之一。1921 年，考入龙岩县城公民学校高小女生部学习。1924 年，就读于集美女子师范学校。

在学校里，黄薇追求进步，学习成绩优秀，且积极参加课外活动，逐渐成为学校各项活动的领头羊。但是，郑丰稔却写信给黄薇让她尽快回家完婚。刚刚找到天空准备展翅翱翔的她怎么肯就此成为被关在笼子里的金丝雀？她毅然抗婚，说自己短时间内不会回家结婚，希望解除婚约。①

这场抗婚，让人们议论纷纷，郑丰稔失望透顶，恼羞成怒。他不但对黄薇的母亲施加压力，而且要派人将其强行抓回。黄薇不惧强权，在哥哥帮助之下逃离学校。这场抗婚让黄薇成为龙岩最早叛逆封建婚姻的三大女性之一。

1927年，校董拒绝黄薇在学校任教，理由是：解除婚约是对社会的叛逆，没有资格为人师表。这种强词夺理彻底激发起她心中的怒火。她撰写了一篇抨击封建礼教、呼吁妇女站起来争取自由解放的檄文，刊发在《厦门日报》上。②文章发表后，引起社会关注，得到社会有识之士的欣赏与鼓励。黄薇受到极大鼓舞，意识到如果成为一名新闻记者，能够更好地表达自己的意愿，对抗恶势力。这为后来她从事新闻工作埋下伏笔。

抗战让她成长为战地蔷薇

1930年，黄薇母亲病逝后，她随哥哥黄文橙前往南洋发展，先后在棉兰和亚沙汗培善中学附属小学任教。她广泛接触华侨进步人士，了解到日本翻译出版了大量马克思主义著作，遂心驰神往。

1933年，她前往日本留学，从印度尼西亚乘船经香港转上海，抵达东京，进入日语补习学校学习日语。1934年，黄薇顺利考入东京的明治大学政治经济系。她除了学习专业课程外，还旁听新闻学课程。1936年，在中共东京支部领导下，黄薇参加发起"留东妇女会"，加入"社会科学座谈会"等团体。

1937年7月，抗日战争爆发，黄薇和很多留日学生一起回到了战

1938 年 4 月黄薇在徐州抗日前线采访

黄　薇 (1912—2000)

火纷飞的祖国。她参加了范长江、夏衍、胡愈之等爱国人士发起的抗日新闻团体"青记"（中国青年新闻记者协会）。1938 年 4 月，在台儿庄遭受惨败的日军野心不死，调动强大兵力，企图攻占徐州。黄薇作为《星洲日报》特派记者参加了徐州会战战地记者团。刚从新加坡抵达武汉，黄薇就随记者团奔赴前线。团里一共有 25 位新闻记者，黄薇是惟一的女性，她把头发剪短，把衣裙换成军装，混在人群中也像个不起眼的"小兵"，完全看不出她是个女性。③ 在她从前线发回的报道里，她写了残酷的战场，英勇的战士，倔强而苦难的同胞，她的报道激励着远方的人们同仇敌忾。5 月，徐州突围后，她撰写新闻通讯《从火线到后方》，反响强烈。

　　1938 年 6 月下旬，黄薇在武汉八路军办事处的安排下，随世界学联代表团奔赴延安参观访问。她先后参观采访了抗日军政大学、陕北公学、马列学院、鲁迅艺术学院、新中华报社、监狱、被服厂等单位。一天晚上12点，毛泽东在窑洞里亲切地接见她，感慨地说："延安这地方很偏僻，交通不便，加上国民党的阻挠，到这儿来困难很多，新闻记者要来也不容易。你们华侨记者从远隔重洋的新加坡到这里来，更是难能可贵。"④ 她提出希望留在延安学习和工作，毛泽东则说："当记者也是学习，而且是更好的一种学习。作为一个华侨记者，把自己的所见所闻，向海外侨胞作宣传报道，使他们了解祖国的情况，增强抗战必胜的信心，这个工作很有意义。"⑤ 他推荐黄薇参加陕甘宁边区参观团，去看看敌后根据地的工作、斗争情况。毛泽东的话让她受到极大鼓舞。

1938年8月，陕甘宁边区慰问参观团出发。黄薇随团从晋西北、晋东北、冀西到晋东南，三个月时间参观慰问了40多个县，采访了贺龙、萧克、周士第、聂荣臻、舒同、宋劭文、邓拓、白求恩、李达、陈锡联、左权、傅钟、陆定一、康克清等党、政、军各界领导人和英雄模范人物。黄薇将所见所闻撰写成《活跃在华北敌后》《晋察冀边区访问记》等数百篇通讯在《星洲日报》《星州晚报》上发表，歌颂祖国军民英勇抗日的事迹，揭露日寇侵华罪行，造成了巨大反响，激发起爱国华侨的革命热情，纷纷为祖国抗战贡献力量。萧克将军称赞她：以笔为剑，当得三千毛瑟枪。

《华侨导报》让她继续战斗

1938年12月，在八路军总部安排下，黄薇离开山西，路经洛阳、西安，于1938年1月抵达各种政治力量涌动的陪都重庆。在重庆，黄薇成为当时活跃的三位女记者之一。她受到了宋美龄的注意，邀请她到"战时妇女干部训练班"讲课。国民政府主席希望她加入国民党，她说："我是一个新闻记者，最好不参加什么党派。"耿直如她，最终还是惹怒了国民党。在共产党方面的帮助下，黄薇逃离重庆。她说："是中国共产党给了我第二次生命！"

1941年9月，黄薇以《星岛日报》记者身份由香港前往菲律宾工作。12月，太平洋战争爆发，菲律宾和其他东南亚国家相继沦陷。在这种生死转瞬的时候，她毅然加入中国共产党，实现了自己多年的夙愿。

1942年1月，日军攻占马尼拉，残酷屠杀爱国侨胞和华侨领袖，出版以宣传"东亚共荣"为宗旨的华文报刊《马尼拉新闻》。为了揭穿敌奸的阴谋，华侨抗日地下组织"华侨抗日反奸大同盟"（简称"抗反"），在马尼拉创办地下报纸《华侨导报》（简称"导报"）。10月，黄薇化名"南君"奉命负责"导报"编辑工作。

黄 薇（1912—2000）

在黄薇的领导下，编辑部人员化装成平民，利用短波收音机，以及印刷工人自己设计的一套便于拆洗、收藏的印刷工具进行报纸印发。为了不被人怀疑，他们乔装成一个家庭，每个人扮演家庭里的一个角色。白天会像普通人家一样生活生产，晚上就在严密的小屋子里秘密开始工作。在日寇到处寻踪、追查的艰难环境下，黄薇同敌人展开了三年之久的地下斗争，宣传抗战成效显著，华侨深受鼓舞。有读者来信说："最初发现这张油印小报，感到十分诧异和惊叹。因为在那黑暗的沦陷时期，住在马尼拉的人夜里听到日本宪兵的军靴声，就已经在心惊胆跳。但偏偏有那么一群不怕死的海外中华儿女，竟敢向野蛮的日本法西斯挑战……万分敬佩。"⑥

新中国成立后，黄薇在北京任中共中央对外联络部处长，全国妇联第二、第三届执委。"文化大革命"中，黄薇饱受迫害，但她淡然以对，她说"要相信党，相信群众"。⑦1982年7月，她退而不休，撰写出版了《回到抗战中的祖国》，与龚陶怡等合著出版了《菲律宾华侨抗日斗争纪实》《风雨人生》，获得广泛好评。

2000年3月16日，黄薇因病逝世，享年88岁。党组织高度评价她说："黄薇同志在抗日战争和解放战争时期，有时在前线，有时在解放区，有时在蒋管区，有时在敌占区，她把个人的安危置之度外，经受了严峻的考验，为宣传党的主张和在华侨中进行统战工作做出了突出贡献。"⑧

注释：

①②⑦ 朱晴：《记南洋华侨女杰黄薇》,《中华儿女》(海外版),1996 年第 11、12 期。

③ 黄薇：《回到抗战中的祖国》, 新华出版社 1987 年版, 第 229 页。

④⑤⑥ 黄薇、龚陶怡：《风雨人生：黄薇龚陶怡回忆录》, 中国文史出版社 2000 年版, 第 50、51、173 页。

⑧ 龚陶怡编著：《黄薇纪念集》, 中国致公出版社 2004 年版, 第 399 页。

从火线到后方

一、民族的血债

自从五月九日起，徐州是遭遇着空前的浩劫。在敌机的无情轰炸之下，电线打断，铁路破坏，医院、民房炸成平地，繁华的大同街，变成了荒凉的一片焦土，即使是十字架高耸，屋顶铺着法国旗的天主堂也难幸免遭受所谓"皇军"的摧残，日本法西斯强盗的不顾世界公理与正义，已经有铁一般的事实来作有力的证明了。国际友邦到了此时，应该明了（原为"瞭"，本书编辑改）日本法西斯强盗之侵略中国，决不是单纯的中日问题或远东问题，显然地，它已成为一个严重的世界问题了。所以，对于此次中国的民族解放革命斗争，不该只是空洞的同情，而应该是积极而有效的切实办法。

随着时间的进展，徐州的形势愈益恶化了。十四日下午四点多钟，太阳已经慢慢地向西移动，我们这一群在前线工作的记者们，聚集在离城不远的一个郊野上举行临时会议，我们认为徐州的交通已被破坏，新闻记者的工作——发电报及通讯——已经成了问题，此后的新闻工作，当以归德、兰封等地为中心，所以，除了长江君决定在徐州作最后的努力外，其余的，全体撤到归德。同时还讨论了许多到归德后的工作计划。

夜，九点多钟，我们一行十多人，怀着复杂的心情，跳上了一辆大卡车，向着北站前进，在夜色朦胧之中，流离失所的被难同胞，颓墙败垣的惨景，一幕幕像电影般地在我眼前闪过去。车站的附近，已是炸得体无完肤了。墙垣倒塌、连无辜的树木也遭了殃。车站已经负伤，然而仍是巍然屹立着。它似乎在告诉我们："为了中华民族的生存，我将忍受一切的痛苦，奋斗到底。民族的血债，是需要鲜血来偿还的啊！"

二、铁桥炸毁了

失望袭进了每个人的心，西行的火车，已经无法开行了。敌人炸毁了李庄的铁桥，还派坦克车在桥下潜伏监视，以致无法前往修理，敌人是何居心，不难想象而知。但铁桥十二日即已被炸，而我们到今天还不知道，这不能不说是谍报工作做得太不够了。讲起来实在伤心，在我们感觉到谍报不灵，敌情不明的另一方面，却是人民替敌人刺探军情，指示要塞目标，危害国家民族。这在抗战期中是一个非常严重的问题，换句话说，这应该是一个严重的民众运动问题。因为所谓汉奸，除了一些丧心病狂的民族败类之外，多半是为了缺乏民族观念和生活困苦所致。所以，要消灭汉奸，只有从速把民众组织起来，加以训练和教育，使他们明了（原为"瞭"，本书编辑改）抗战的意义，提高群众的民族意识的觉醒，不致为敌人所利用。

火车不能通行了。我们得改变方针。商议的结果是：我和中央摄影社的叶炯君于次日和五十二军关军长同行，其余的全体于即晚动身。但是行李不便携带，大家捡了几件日用品和可能带的东西外，所有的都让它与徐州共存亡了！

黄薇（1912—2000）

三、再会吧！徐州！

第二天早上，东方刚刚发出鱼肚白的时候，我和三位女同志——两位西北青年抗敌协会战地工作团团员和一位十一集团军总政训处服务员——跳上了无蓬（篷）的大卡车。关军长和二十多名卫兵已经在等我们了。

在晨光熹微之中，可以看见许多老百姓，纷纷向外迁移。年青的人，有的挑着行李，有的背着老人；妇女们有的抱着小孩，有的提着包袱，情形极为狼狈。牛、马、小驴子也夹在这条行列之中，它们时而发出哀鸣，好似有无限的伤感！

我们不应当任听这种逃亡继续发展下去，我们应当把当地的民众组织起来，让他们在地理熟悉，关系的各种优良条件之下，尽他们保卫家乡的责任。况且鲁、皖、豫等省民众，素称强悍，而武装亦多，为什么我们只让人民逃亡，不把他们的积极性提高起来，使他们知道与其死于饥饿，不如和敌人拼个你死我活。现在，国家民族的存亡，已到了千钧一发的危急关头，敌人有的是武器，但我们有着优良的条件——不愿做亡国奴的人民——正如苏联红军政治工作目的上所说的，"我们的军事技术赶不上人，可是我们依靠一种元素——依靠人，在这儿，毫无问题的我们占优势。"广大民众的力量，是我们弱小民族争取最后胜利的保证。在我们这没有重工业基础的中国，假若不动员民众，组织民众，训练民众，那么，将要依靠什么来战胜敌人呢？

四、果敢慈祥的军长

"轰轰隆隆！"这是炮声，而且慢慢由远而近了。到了刘庄，只见停着许多从前面开回来的军车，询问之下，知道敌人已逼近十余里的地方，并且还有装甲汽车和坦克车，但详细的情况不明。在这种形势之下，我们究竟应该前进呢？后退呢？实在颇费踌躇。关军长思考了一下，沉着地翻开军用地图加以一番研究，他很果敢坚决的说：我们现在已是处于前后左右四面包围之中，进既不能，退又不得，但在这进退维谷的困境之中，只有冒险前进，突破敌人的包围线，才是我们的生路。军长征求我的意见，我坚决表示愿以大无畏的精神，勇往直前，畏缩、退让决不是我们的希望。于是立刻调整阵容，准备与敌人作一次殊死战。我则临时和武装同志们学习开枪和丢手榴弹。个个人抖擞着精神，抱着冲锋杀敌的雄心，一点儿也没有畏缩的样子。

枪声，炮声，越来越响了。公路已被破坏，我们决定绕着小道走，但是因为地理不熟，深恐误入敌人的阵地，只得让当地老百姓做向导。可是老百姓们听见隆隆的炮声，不愿冒险前往。虽然关军长以非常温和的态度对待他们，并且愿以十块钱作为酬劳，但结果谁都把自己的性命看得比十块钱还要高贵。"他们总是把自己的利益看得高于一切，所谓'军民合作'，实在还差得远哩！"关军长叹了一口气，表示不胜感慨系之！我的内心深深地感觉到对民众动员和宣传的工作做得太不够了。

从中国抗战的性质上说来，军民应该是联合一致的。造成目前的不合作现象，原因自然很多，但主要的是由于军民两方面的政治训练和政治认识不够。更具体一点说，是由于政治上的缺点所形成。不管它是战略战术上的缺点也好，军队组织上的缺点也好，民众组织的缺点也好，其实都是政治上的弱点的反映。因此，只有在各方面克服这些缺点，才能使军民紧密合作，共同为争取最后胜利而努力。

关军长不许士兵用武力强迫老百姓做向导，他要以慈祥而伟大的态度来感化他们，使他们能自愿的来帮忙。但是，足足等了一个半钟头，一点儿希望也没有。每个老百姓跑来接受了一枝（支）香烟后，一听见要引路，诉苦一阵，一溜烟就跑了。这种情形，给予我们的是痛心，但决不是灰心。我们坚持勇敢向前冲的主张。最后决定自己依照着地图前进。正在这个时候，一个中年的老百姓迎面走了过来，自告奋勇地表示愿意替我们引路。我们有如得到救星一般的快乐。兴奋、感激、欢欣、快慰种种复杂的情绪，表现在各人的脸上。我们立刻扶他坐到车上来，向着前面迈进。

黄　薇 (1912—2000)

五、突破了重围

炮声，枪声，依旧在耳鼓里震动着，但我们反而一个个勇气百倍地，准备着冲过敌人的重围。四点半钟左右，车子驶到了敌人的最后包围线，大家在镇定与沉着之中，分别视察着四周的动静。忽然，在远处的麦丛中，几个黑影子在晃着，急速地，向着我们移动来了。心里想："牺牲已到最后关头！"年轻的小妹妹闻女士紧抱着我，苹果似的脸蛋儿，已经罩上了一层恐怖。"我们是五十二军军部。"还是军长眼快，他已看出了跑过来的是他们第二师郑洞国的部队。由此，我们知道已经到了安全地带了。

到唐寨时，太阳放射着温和美丽的光辉，抚慰似的照耀着我们。大家把一颗七上八下的沉重的心，放了下来。一个个活泼泼地跳下了车，如蜜蜂一般地挤到水井旁边，团团围住。虽然明明看见井水里是混杂着许多泥土，但为了饥渴所驱使，有如获得甘露一般的抢着就喝。北方缺乏水量，澄清的水是不容易看见的。

在此地布防的第二师的弟兄们聚拢了来，他们问了一些在路上的情形后，就兴高采烈地抢着告诉我们今天夏庄血战的事情："我们参加台儿庄会战的第二十五师部队，因为由连防山调回××补充，昨晚路过夏庄，敌人不知底细，于今早发动了十多辆坦克车，装甲汽车和三千余部队来进攻。我军得到消息后，就立即起而迎战，一会儿，敌军战车已冲近南门，车上跳下了一个指挥官，正挥动白旗要向部下指挥时，即被我军第一枪打死。敌军受了这个打击，就用坦克车冲过来，我们的弟兄们展开了英勇的雄姿，努力向前冲，结果，被我们击毁了八辆坦克车，数辆装甲汽车，毙敌联队长中队长各一人，并夺获重机关枪和步枪共百数十支，敌人抵抗不住，赶忙抱头鼠窜。这一仗真是打得太痛快了。"他的脸上现出了胜利的微笑。接着，又加强一句："今天要不是这一仗打胜了，你们此时也许早已成为坦克车下鬼了。"语调中带着几分诙谐和骄傲。

六、光荣的战绩

吃完了饭，天还没有黑，我们趁着黄昏到夏庄去视察我军胜利的战绩。到了夏庄，知道交战地点是在附近的王排坊。我们得了关军长的特许，又驱车前进，个个手舞足蹈着，恨不得立刻飞到目的地去。

"呀！死尸！"池女士惊惶的大声叫了起来。我向路旁一望，被蹂躏了的麦田里，狼藉地躺着许多敌人的死尸，有的只剩下一个血的躯体，头部不知飞到那里去了。

我们的大卡车，威风凛凛地在坦克车旁停了下来。我们比躲飞机时还要快地从车子上跳了下来，叶君忙着摄影，我们则忙着看那些战利品。巨型的坦克车，机身全燃，冒着余烟，好像是表现后悔无穷似的。在离坦克车不远的地方，黑压压地围了许多人，进前一望，只见三个敌尸浴于血泊之中，脸部发肿，血肉模糊，耳朵已经被割掉了。衣服脱得精光，一个脚已断了，足袋（日本袜子）丢在一边，一个胸部中弹，露出来的肺脏，已经变成黑色了。看了这种情形，我不禁由愤恨的心情转而为凄凉与怜悯！"日本的民众啊！醒悟起来吧！请问你，究竟为谁而流血？为谁而牺牲？日本法西斯军阀的侵略战争所赐予你们的，除了饥饿与死亡外，还有什么？日本的民众啊！认清你的敌人吧！"

夜幕慢慢向着大地罩下来了。我们为了要赶许多路程，较远的战场来不及去看了。

在归途中，曹同志拿了一把敌人的刺刀给我做纪念，我很高兴的接受了过来；可是，拉开刀鞘一看，赭红的血迹，赫然呈现在我的眼前，无疑地，这是我们英勇抗敌战士的热血，看到了这，我的愤恨之情，禁不住又怒潮一般地汹涌起来！我握紧了刺刀，决心要为我们英勇的战士复仇，我要把残恶的日本强盗杀光。

七、黑夜行军

在夜色茫茫之中，我们回到夏庄，二十五师的部队，已经整装待

黄　薇（1912—2000）

135

发。我们找到了一个向导后继续前进。乌云遮住了月亮，四周漆黑无光。一阵阵的凉风，吹袭得人们全身发抖起来。经过了一天的颠簸，大家感觉到疲惫不堪。此时，除了轧轧的车轮声外，万籁俱寂，车上的人们，一个个走到梦乡里去了。

"站住！不许动！"一声巨大的吆喝，把我们从梦中惊醒了。藉着汽车的灯光，隐约地看见茫茫的麦丛中，站着一个士兵，把枪口向着我们，这个突如其来的事变，使睡意朦胧（蒙眬）的我们，个个怔住了。"我们是五十二军军部。"一个卫兵轻轻地告诉我说，那是我们的步哨兵。立刻，那位荷枪同志向着我们走来了。"让我们走吗？""走！"车子向前走了。但每个人的被激动了的心，一时不容易安定下来。

"火！火！"不知道是那一带的声音。我抬头一望，熊熊的火光，就在我们前面冒起来了。再向四周一看，呀！左边，右边，后面，都是一片红。那是敌人的烽火。我知道我们已是置身于敌人包围之中，但是只有极力保持镇静，立刻指定方向，照旧由每个人负责巡察，注意各方面的动静。

风儿吹动着树叶、麦穗，发出索索的声音，黑暗、寒冷、静寂、恐怖，威胁着每一个人，但大家在提心吊胆之中，都抱着一致的信念："敌人来了，一定和你拼一场！"

远处的左方，又冒起了猛烈的火光。那是碣山县城，我们原来打算在那里过夜的。车子愈走愈近，火势愈厉害，剥剥的爆裂声，清晰可闻，火光延长约二里，无疑的，这又是敌机的疯狂"杰作"，是敌寇用我们同胞的血肉和无数的房屋所造成的！记住吧！残暴的敌人！民族的仇恨，是要用血来洗涤！来报复！

至碣山时，已是子夜时分，城内人民几乎逃光，熊熊的火焰，几乎直入云霄，照得满城通红，一阵风吹来，夹杂着难闻的火药气和血腥味。这简直是人间地狱啊！

八、安乐窝？

车子驶进了离城十余里的一个小村子。在黑暗中，摸索到一间黄土屋内。我借着豆大的灯光，向室内巡视了一遍：一个破土灶和两张铺着破席子和几块破棉絮的木板床，无秩序地排列着，占了全室的三分之二。没有桌子，也没有椅子，地上满堆着许多高粱杆（秆），使我辨别不出这究竟是厨房还是寝室。忽然，一阵臭味扑进我的鼻子里，仔细一看，在黑暗的屋角里站着三头牛，睁着偌大的眼睛望着我们，闪烁着的眼光，表示了对于这些不速之客的惊异的神情。"好吧！牛！今晚就请你做我们的卫兵吧！"

我疲惫得四肢无力，合（和）衣倒下床去就睡，不管它是寝室也好，牛棚也好，无论如何，这在今夜总是难得的安乐窝啊！

北方的同胞们，的确太可怜了。他们生活的简单，痛苦，简直不是南方人所想象得到的。这在抗战期中，是不容忽视的一个问题。一般在饥饿线上挣扎着的人们，再加上缺乏民族意识，是很容易被人收买的。许多事实告诉我们，多少壮丁因为当了兵，一家生活无法维持而逃避兵役，多少人因为无衣无食而违反自己的意志去当汉奸。

斯大林说："战争的最后命运不是由于技术来决定，而是由正确的政策与广大群众的同情与拥护来决定的。"由此可知，广泛地组织和训练民众，对于顺利的进行战斗任务和争取最后胜利，是有着决定的意义的。

九、东洋鬼子怕死

次早，吃了一碗煮白开水的大面后，就重上归途了。一个下半夜的休息，恢复了每个人的精神。武装同志们有的哼着歌曲，有的要求我讲一些关于日本的事情。我把日本军阀如何压迫人民和民众如何反战的事实告诉他们，并且还说明了日本的侵略战争和我国的民族解放自卫抗战根本不同的地方。他们听得兴奋极了，歌声不知什么时候已告消逝，

黄　薇（1912—2000）

二十多对眼睛都集中到我的身上来了。

"妈的，日本鬼子要不是那些武器保护着，一步也不敢上前来！"

"嘿！东洋鬼子上战场还怕死哩！每个人的身上带着一张什么鬼符，但结果还不是一样的做了枪下鬼。哈哈！"小个子喜欢说笑话的一个士兵说着，接着是一阵大笑。

"台儿庄的胜利，大家都感觉到非常的兴奋，它不仅加强了我们必胜的信念，而且在国际舆论方面，也获得了不少的同情与赞美。对于诸位英勇杀敌的精神，我们是应该表示万分的敬意的。"想起昨天在夏庄打胜仗的这些第二十五师的弟兄们，在台儿庄之役，是建立过丰功伟绩的，不禁从衷心发出了敬慕之意。

军队的生活是痛苦的，在这几天之中，我已亲自体验到了。但是他们为了中华民族的解放，为了世界的正义与和平，不惜牺牲一切甚至他们的血和肉，去和敌人拼命。这种伟大的牺牲精神，决不是敌人的任何新式武器所能消灭的。我们知道军队的物质武装固然重要，其精神武器尤其重要。我们是弱小民族的抗战，武器恶劣是势所必然的。假如能使每一个士兵都了解抗战的意义，充分自信抗战到底必然获得胜利的条件，以及跟着胜利而来的，是自由幸福的生活，必然可以增强士兵作战的勇气。我们曾经看到淞沪战争中伟大的战绩，不论敌人的飞机大炮怎样厉害，而将士仍能在泥水混在一起的战沟里与敌人肉搏到底，支持到好几个月。我们又看到西线的第八路军的屡次以劣势武器战胜优势武器的敌人部队。这是充分地证明了受过革命政治教育的军队，才能在抗战中获得光荣的成绩。只有对各部队加以政治工作上的新改造，才能获得伟大抗战之最后胜利。

十、"遍体鳞伤"的郑州

十九日夜的天气特别晴和。因为关军长有要事，我们在一天之中从归德赶到开封，又趁着朦胧的月夜，一直赶到郑州。到了郑州，知道下半夜有特别快车开往武汉。军长立刻派代表曹同志护送我上车，我便与果敢而慈祥的关军长别离了。

郑州被黑暗包围着，街灯路灯都在死亡状态之中。借着车站的灯光，附近的颓墙败垣，历历可见。一个苦力告诉我，这里几乎天天被轰炸，郑州已经是遍体鳞伤了！他的眼睛里发生了愤怒的光芒！

三点钟，汽笛响了。火车如长蛇般地向着武汉移动，我和曹同志行了一个别离的军礼。回顾着这愈离愈远的郑州，坠入了长期的沉默之中。

（原载《徐州突围》，生活书店 1938 年 7 月版）

评析：

《从火线到后方》是黄薇以《星洲日报》特派记者身份参加徐州会战战地记者团奔赴战地前线采访而发表的一篇新闻通讯。但不知何故，编辑出版的作品集《回到抗战中的祖国》和《黄薇纪念集》，均没有收入。因此，该篇文章是新发现史料，具有重要历史价值。

1938 年 5 月 18 日，在 30 万日军疯狂地进攻徐州之下，黄薇参加的徐州会战战地记者团随大部队撤出徐州，一路艰辛突围，5 月底抵达武汉。为"记录抗战进步的历史"和"指出徐州会战急待改正的缺点"，范长江和陆诒等新闻记者组成 11 人编委会，编辑出版《徐州突围》。黄薇受邀撰写的新闻通讯《从火线到后方》，被编委会放置为该书首篇文章，可见其受推崇的程度。《徐州突围》是抗日战争时期一次会战的史实纪录，具有重要的历史价值。这也是黄薇新闻通讯《从火线到后方》的价值所在。

黄薇的新闻通讯《从火线到后方》叙述了自己从徐州突围后经过江苏、安徽、河南等省的经历和回到后方武汉的观感，以亲身的所见所闻记载了日军飞机轰炸之后的凄惨情景。文章充满对日本军国主义的控诉，洋溢着爱国主义热情，反映出中国抗战的真实面貌，宣扬了抗战必胜的坚定信念，为向海外宣传中国抗战发挥了积极作用。

黄 薇（1912—2000）

通过敌人封锁线

抗敌剧社在洪子店公演之后，决定到慈峪一带去宣传、慰劳。

我原想到冀中区和北平附近去采访，但因日来前线战事紧张，没有部队护送，军区当局不放心让我单独通过平汉路，以致不能成行。

此时，适逢八路军总部的一位谭主任因事到军区来，事情办妥了后，日内即将通过正太路，回到晋东南去，我决定与之同行。因为我感到来到敌人后方已经三四个月，虽然不能说收获很大，但是也很不小。如果能够到晋东南去参观访问，然后把自己在敌人后方的所见所闻，向海外侨胞宣传、报告，当有很大的意义。实际上，不要说什么别的收获，单以一个女记者能够在敌人后方奔走三四个月而安全回到后方这一事实，就已经够得使人兴奋，已经足以推翻敌人的无耻宣传了。

同行的有来自冀中区拟往延安投考抗大的学生二百余人，再加上一个护送的连队，形成了一支三百余人的浩浩荡荡的队伍。

十月廿二日上午七点钟，我们决定离开洪子店。

六点多钟，我们正在吃饭的时候，大炮声和机关枪声接连不断地响起来了，通讯员飞也似地跑来报告，敌人由温唐分数路向洪子店进攻了。但是确实情况不明。据第七大队队长和严政委的分析，洪子店经过敌人的三次烧掠后，已经成为一个废墟，他此次的目标也许是小觉、柏岭一带。情况虽然不明，勤务员们已忙着把首长的行李收拾起来，然后又赶快把自己的东西捆起，背在背上。一会儿工夫，无论公私的东西都已整理完毕，放在骡子上或挑在肩上了，大家排列在门外，待命出发。行动之敏捷、迅速，实在令人佩服！

冀中学生队和护送我们的部队，在距离我们五里之外的地方宿营。当这意外的情况发生，打电话去通知他们慢一点出发时，所得的答复是"早已动身走了"。在这种情形之下，我心里非常焦急，决定要冒险赶上去，但是大队长和严政委都认为此行太危险，不让我走。我被陷入了渺茫苦闷的深渊中。

大炮声、机关枪声愈来愈密了，然而我对这毫不在意。我所焦急的是如何冲过这危险的界线，赶上我们的队伍。正在这个时候，谭主任突然出现在我的眼前，他是刚从柏岭赶来的，我好像得到救星一般的快慰。在他的招呼之下，我不顾一切劝阻和危险，骑上了马，飞也似地跟着奔驰而去。就这样，我同战斗中的洪子店和许多朋友们一步步地远离了。

沿途看见许多老百姓挑着一些日常用品，向着各自认为安全的地方逃去。他们虽然知道危难就在眼前，但并不惊慌、忙乱，甚至还很镇定。他们在战斗环境中生长，他们已在炮火与热血之中锻炼成为坚强的战士了。

黄　薇 (1912—2000)

前头的部队已经脱离了危险的境界。村子里的老百姓们不断地为我们传来消息说，前面的队伍在一个村庄里等待着我们。

枪声渐渐地听不见了，洪子店究竟怎样呢？我们都在悬念着。

十二点多钟，到了一座大山底下，这座山高而且陡。山顶直入云霄，仰望山巅，自己显得异常的渺小。为了避免危险，大家下马步行，沿着狭小的石子路，蜿蜒而上。走了一点多钟才到山顶，几乎是下气不接上气了。正感疲乏口渴的时候，发现前面有两间茅屋。一个老人提着一壶开水迎上前来，他告诉我们说，半点钟以前，有三百多人的队伍从这里经过，喝茶休息后就走了。他的开水有如甘露，它减少了我们的疲劳，也提高了我们的精神，我不知将如何表达我心里的谢意。

翻过了大山后，摆在面前的是一片荒凉的土地，数里不见人烟。与滹沱河两岸的肥美景象相比较，真有天壤之别！由此可见滹沱河灌溉之利，对老百姓的帮助确实很大。

二时许，才在一个小村子的草地上遇到我们的前头部队，他们正在休息喝水。一路上，我们不断地受到老百姓的慰劳、招待。虽是一滴清水，但它给予我们的安慰可真不小！

途中，遇着几个老百姓抬着两个伤兵迎面而来，探问的结果，知道是第八大队因破坏铁路被敌人发觉，打了一仗，以致三四个人受了伤的。

五点多钟到新庄，这里是距离正太路四十里的地方。我们在此地宿营，为了要在晚间通过封锁线，一直到次日午后二时才继续向前进。

出发之前，潘部长对大家说："通过正太路比通过同蒲路艰难得多，敌人就在娘子关上，而我们经过的地方距离娘子关只有五里路，而且正太路旁边有一条宽大的河流，没有桥，没有船，必须涉水而过。这条封锁线很长，要三四天才能走完。这就是说，三四天所走的都是危险的路程，而最苦的是要翻越两天两夜的高山。如果掉了队，走错了路，便有被俘虏的可能。"潘部长的这段话，使我们对于艰险的前途，具着相当大的警戒心。

离开新庄后，走的多半是山路，翻过一座山，到了驴桥镇。这是山顶上的一个平原，虽然是寥寥的几户人家，也一样的给我们预备了茶水。一个六十岁左右的老人，矫健地提着一壶水和几个碗跑来跑去送给我们喝，这使得我们这些年轻人感动得连呼"不敢当"。这里是山顶，而且地质也不好，住在此地的同胞们的生活困苦，是不难想象得到的。

翻过了山，就在山沟里走，山沟里尽是小石子，非常难走。马蹄滑来滑去，随时有摔倒之虞。步行的人，脚底长起了一个个的泡，但大家都忍受着痛苦前进。

为了怕给敌人发现目标，我们避开平坦的大道而走狭窄难行的山路。一共翻了三座山，太阳已经下山了，在昏暗之中，沿着山沟约莫走了半个钟头，到了一个小村子。这里已经是靠近封锁线，大家停下来作短暂的休息，准备以最大的努力冲过正太路。

一棵大树底下，隐约地可以看见三个人在那里谈话，那是谭主任、陈营长和"白皮红心"（两面政权）的村长。

"刚才看见我们三个弟兄到这里来吗？"陈营长低声地问。

"已经来了，中午还在这里吃饭。我们没有什么好东西招待，一碗米汤总是有办法的。"诚恳，热情，表现在他的语言与态度之中。

"没有什么问题吗？"谭主任的声音。

"一切都已准备妥当，请你们安心就是了。"接着是长时间紧紧的握手。真挚的爱与伟大的力在交流着，这使人感觉到是人类间最伟大最可贵的一幕情景。

喝了开水，吃了一个干馍馍（馒头），继续前进。天上几颗稀疏的小星在闪烁着，路还可以模糊看得见。山沟里的石子，无情地扎着我的脚，大块的石头也时常绊住我。走了七八里高低不平的小路，经过了两个小村子，狗儿的狂吠声，使得人们的心怂不安地跳动着。

紧张的时刻到了。在路旁的一位武装同志，低声而又急促地提醒着每一个人，"快跟上去！拉好自己的牲口！"空气立刻紧张了起来。在这时候，陈营长派了一位战士来照顾我的马。这样，我一个人空手跑起来，果然轻快得多了。

大家屏息着气，飞也似地跨过了正太铁路，在一个交叉口，一位老乡伸着右手指示着，"向这边走！"他是防备我们走错路发生危险的。当时来不及向这位可怜的有苦无处说的敌区同胞致谢，甚至连他的面目也没有看清楚就走过去了。

三百余人依照次序，用轻快的脚步跑着，穿过了几条小巷，到了一块空地就是河边。河水奔流的声音告诉我们河面很宽、水流很急。可是跑到河边一看，摆在我们面前的是一座宽大的木桥，上面铺着草和泥土。这样，人行声和马蹄声都听不见了。据说这是"白皮红心"的村长专为便利我们通行，在短时间内组织群众搭起来的，等我们走过了后，就要立即拆掉。

过了河，情况更紧张。村长为了应付日本鬼子，在我们通过之后的一两小时内，照例必须去报告。而且前面还有一条公路未过，要是敌人得了报告，追上前来可了不得，于是大家更是没命的跑，这比运动场上决赛的情形还要紧张得多。

大家一步也不停地跑了五六里路，到了一个半山上，陈营长叫大家休息一下。此时忽然出现了几个老百姓，他们有的拉着骡子要给我们换，有的用驴子载着面粉（共一百六十斤），准备送给我们做面条吃。他们凄切地说，"可怜我们是当亡国奴了！"说时声泪俱下。我极力克

黄 薇（1912—2000）

143

制着悲痛的感情，安慰他们说，"日本鬼子一定可以打出去的，希望大家共同努力！"我们一定要为那些在敌人铁蹄下挣扎的同胞们夺回自由和幸福。他们虽然是在敌人的严密监视之下，仍能冒险替我们放哨、搭桥、指路、载行李，他们关心我们的安全，关心我们的饥饿问题，这种伟大的精神，这种热烈而真挚的感情，是在对敌斗争中产生出来的。日本鬼子的侵略，已使我全国民众不分男女，不分南北，亲密地团结起来了。

由靳庄替我们赶驴子的老乡，换了班后又要重新通过正太路回去了，我们感激他们的辛劳跋涉，送给每人一块钱，他们坚辞不受。后来逼得没有办法接受下来，但又把钱交给了陈营长，要陈营长送还给我们。对于这些热心爱国、不愿做奴隶的沦陷区的同胞们，我将永远记忆着。他们的形象，时常在我的脑海里浮沉着。我们只有以打倒日本强盗来报答他们。

休息了一会儿，很快的就又离开此地。一连翻了好几座山，到了核桃关，时间已经是下半夜两点多钟。远离了敌区，人困马乏，准备在此休息，煮面充饥，等到天明才再赶路。我们数十人到一间破庙里去休息，因为太疲乏，躺在一个土炕上和衣而睡。陈营长忙着跑来跑去，徐连长送来了许多油炸麻花给我吃，又叫勤务员送开水给我喝。他们虽在危急的时候，也忘不了照顾我，关心着我的一切。他们待人的恳切，非常使我感动！

正在睡意朦胧（蒙眬）之中，徐连长来报告，原来驻在这附近的游击队，因为进攻靳北庄的敌人和破坏铁路，已经转移到别的地方去了，我们在这里没有保障，必须赶快离开。这消息打破了我们的安眠，但情况如此，又不能不硬着头皮爬起来。

外面很冷，四肢冰冻，为了温暖身体，决意步行。出了核桃关，向着井平公路（由井陉到平定的公路）直进，通过公路本来是一个难关，但这里的敌人已于最近被我击退，所以可以自由行动。不过，这条公路已被我们的同胞破坏得相当厉害，有的地方还用大石头和大树木堆积着，我们不得不走许多小路。无疑地，这给日本鬼子的威胁是相当大的。

走了十四里的公路到新关，但见颓垣败瓦，情景异常凄凉。据说新关在过去，是一个颇繁荣的镇子，有一百八十余户人家。现在被敌寇摧毁的在一半以上，十室九空，真令人痛心！

村公所的负责人从睡梦中醒来，提着灯笼，在寒夜中到处奔跑，替我们调动了二十余匹骡子。骡夫们用布巾包裹着头，亲切地替我们绑行李，当我们向他们致谢时，他们说，"这是我们应尽的责任"！

从正太路来的敌区同胞牵着他们的骡子回去了。"亲爱的同胞们，我将永远忘不了你们！让我们在不久的将来，在红旗飘扬之下再见吧！"我注视着他们的背影，眼眶里情不自禁地充满着感激的热泪。

没有人掉队，大家都机警地赶上来了。等到大家到齐了后，离开新关继续向着马路前进。不久，绕进了一条小路，接着又翻了一个不小的山。到了梁家瑙时，细雨在下着，幸得这里有我们坚强的游击队，我们就决定在这里宿营。时间已经是将近黎明的五点钟了！

（选自《黄薇纪念集》，中国致公出版社 2004 年版）

黄　薇 (1912—2000)

评析：

《通过敌人封锁线》是黄薇众多敌后通讯中的代表作《活跃在敌人后方》的一部分，真实记录了她参加陕甘宁边区参观团前往晋察冀边区访问途中在敌后抗日根据地的亲身经历。该文在《星洲日报》发表后，向海外华侨报道了中共抗日根据地的真实情况，为宣传中国抗战发挥了积极作用。

首先全文采用的是平铺直叙的叙事手法，按照时间顺序，将自己每天所经历的事件记录下来。从决定前往晋东南到遭遇敌人偷袭，从艰难翻山到紧张渡河，从白天到夜晚，通过她的笔，让读者具有身临其境之感。其次，文章在叙事的过程中进行适当的评论与抒情，夹叙夹议。清人刘熙载说的"叙事有寓理"，在叙述之后添加议论和抒情，能够充分地抒发作者的真情实感，而且能直接揭示出作者的写作意图。文章的第三个特点是感人至深的事件选取与细节描写。这篇通讯中有很多感人的小片段，而对大场

145

面的描写都是一笔带过，对战场的描写几乎没有，作者着重描写的是被战火折磨的普通老百姓们以及残忍战争中军民一心的温情片段。这些温情的片段，相较于流血牺牲的壮烈，和气势高昂的呐喊更加能够唤起中华儿女的爱国热情，达到宣传和鼓动海外华侨参加抗战的目的。

（编撰：邓绍根　毛玮婷）

　　沙飞（1912—1950）中国新闻摄影的先驱，革命新闻摄影的开拓者，新闻记者。沙飞受过良好的教育，有一份稳定的工作，但他却放弃这一切，走上革命新闻摄影之路。他站在反法西斯战争和解放战争的最前沿，在整整12年中，穿过枪林弹雨，用镜头聚焦了历史瞬间，成为革命新闻摄影队伍的第一人。他用崇高的献身精神、卓越的组织才能、娴熟的摄影技术和天才艺术家的感悟为中国革命新闻摄影事业培养和造就了成百上千的专业人才。

革命新闻摄影开拓者

沙飞的一生充满了悲剧性的传奇色彩，奇迹般地创造了难以枚举的"第一"的中国革命新闻摄影"第一人"。

用相机记录历史

沙飞，原名司徒传，又名司徒怀、司徒振华，沙飞是投稿时所用笔名，意为"我要像一粒小小的沙子，在祖国的天空中自由飞翔"。① 他祖籍广东开平县书楼村，1912 年 5 月 5 日生于广州潮音街。司徒家族是一个革命家族，司徒美堂追随孙中山为革命奔波奋斗，沙飞听着这样的故事长大。② 他 1926 年从无线电学校毕业后，在陆军军官学校看见"升官发财请往他处""贪生怕死勿入斯门""革命者来"的对联，心灵受到震撼，随后决定从军北伐，做电台报务员。1931 年他到汕头电台当特级报务员，月薪 150 块大洋。1933 年他与同事王辉登记结婚，蜜月旅行时买了相机，随之沙飞对照相产生了浓厚兴趣。1936 年 8 月，沙飞不顾王辉和家人激烈反对，要去上海做摄影记者。他因一时未能找到摄影记者的工作，考进上海美术专门学校西画系，求学深造。

1936 年 10 月 2 日，第二届全国木刻流动展览在上海八仙桥青年会举办。10 月 8 日，鲁迅抱病出席了展览会闭幕式，沙飞从多角度迅速抓拍了《鲁迅与青年木刻家》，并连续抓拍了 9 幅作品。10 月 19 日鲁迅逝世，沙飞立即赶到鲁迅家里，拍摄了传世的惟一鲁迅遗容照片。此后，他又拍下了上海各界向鲁迅遗体告别、千万人殡仪馆送葬、致悼词和墓前演讲等历史性的悲壮场面。他第一次以"沙飞"之名，在《良友》《时代》等几个报刊发表作品。沙飞一举成名，引起了社会的广泛瞩目，却被当局下令通缉，就读的上海美术专门学校被迫勒令他退学。这时从苏联回到上海的国际社会活动家陈依范选了一部分沙飞的照片到苏联去发表，并鼓励他继续努力，有更多作品参加 1938 年元旦在莫斯科举行的中国艺展，同时希望沙飞回华南去收集一些艺术作品送往苏联展览。

沙飞回广州举行个人摄影展，展出了鲁迅生前死后照片 20 余张，国防前线南澳岛的形势及人民生活照片 20 张，大众生活照片 50 张。影展记录了那个时代的社会风貌，是十分珍贵的历史写真。影展很成功，却是借钱举办的。这时生活的压迫，妻子的威胁，商人的利诱和自己矢志不渝的愿望，发生了极大的矛盾，沙飞动摇过，痛哭过甚至企图自杀，但仍决定"誓不屈服牺牲到底"。他因不接受商人劝诱，给了那商人一耳光，反被商人威胁说：展览鲁迅照片是反动分子，要去告发。沙飞怕连累家人去了桂林，此后，他抛家舍业以照相机为武器献身革命斗争。

在桂林沙飞幸得进步青年及教授千家驹、尚仲衣等的援助，影展顺利地举行。七七事变爆发后，沙飞决定去华北战场收集材料。千家驹、尚仲衣等慨然捐助他路费和材料费，还写了许多介绍信希望各处友人给沙飞以援助。从此，沙飞站到了反法西斯战争的最前沿，在整整 12 年中，穿过枪林弹雨，用镜头聚焦了历史瞬间，完成了一次对中华民族独特而层次丰富的"显影"，使全世界再度被这片古老而充满活力的土地所震撼。

沙 飞 (1912—1950)

创办画报进行抗战宣传

1937年9月，沙飞在李公朴创办的全民通讯社担任摄影记者。26日，平型关大捷消息传到太原，沙飞成为第一个到八路军115师采访的记者。这也是沙飞第一次以记者身份进行采访。他受到115师师长林彪和政治委员聂荣臻的欢迎，采访不受限制。两星期后他赶回太原，向各报发稿，宣传八路军出师后的第一个大胜利。10月26日，娘子关失守，国民党军主力南撤，但八路军留下了少数游击部队，在五台山打游击，并创建抗日根据地。沙飞到五台山，聂荣臻介绍他到杨成武支队去收集材料，该支队还把打仗时缴获的一部莱卡照相机送给沙飞用。

1937年12月，沙飞加入八路军，成为人民军队第一个专职新闻摄影记者。晋察冀军区成立新闻摄影科后，沙飞担任科长。1939年元旦，《华北敌后抗日根据地——晋察冀摄影展览》正式展出。八路军官兵和周围数十里村庄的百姓前来争相观看，受到极大震撼。影展后，聂荣臻还特意派人将照片送到延安和重庆，寄到国外反响很大。以后，重要活动都请摄影记者参加，每年都要对外发照片，搞展览人员不足，沙飞开始手把手培训摄影记者，办摄影训练班。后来，沙飞提出了创办画报的设想，在聂荣臻的大力支持下，克服种种困难于1942年3月20日出版了《时事专刊》。同年5月1日，晋察冀画报社成立，沙飞担任主任，7月7日五色套版精印的《晋察冀画报》创刊，图文并茂，共发表新闻照片150幅，有沙飞82幅。《晋察冀画报》打着游击办刊，通过各种方式和渠道，发送到重庆、延安以及其他抗日革命根据地和苏联、美国、英国、菲律宾、新加坡、越南等国家，引起了国内国际的强烈反响，创造了中国乃至世界出版史上"惊人的奇迹"。截至1948年，画报社共出版《晋察冀画报》13期，还出版了《解放画刊》《时事专刊》等17种画报。此外，沙飞还先后派人协助各抗日革命根据地创办了《冀热辽画报》《冀中画报》《人民画报》《山东画报》等。这些画报和读物的出版发行，对

《晋察冀画报》创刊号

鼓舞抗日军民斗志，分化瓦解敌军，争取国际支援，发挥了重要作用。1948 年 5 月 25 日，晋察冀画报社、人民画报社、冀中画报社三社合一，成立华北画报社，沙飞担任主任。

革命摄影理论与实践的奠基人

  沙飞是革命摄影实践的奠基人。中国以前的摄影多以风景、静物为主题，缺乏积极的社会意义。沙飞在广州和桂林的影展，在中国第一次把关注社会、关注劳苦大众作为摄影的主要内容，一改前人视摄影为一种消遣品、一种娱乐形式的观念，彰显了其以摄影"入世"的现实主义"左翼"文艺精神。1987 年出版的《中国摄影史 1840—1937》一书的第四章专门谈及"描写大众生活的沙飞摄影展览"。沙飞以非凡视角，瞬间的记录，深化了人类的记忆、认识、情感、渴求及其表达。抗战时期那些著名的照片都与沙飞的名字连在一起：《战斗在古长城》《八路军战士与日寇肉搏》《白求恩在山西五台松岩口模范医院做手术》《查路条》《送公粮》《聂荣臻将军与日本小姑娘》……沙飞不仅用影像记录历史，而且还特别注重对摄影底片的保存。

沙飞是革命摄影理论的奠基人。他的摄影理论阐释，体现在他的广州展览前言中及对训练班的讲话中。沙飞《写在展出之前》，作为展览的重要组成部分，表明了自己从事摄影的观念："我觉得摄影是暴露现实的一种最有力的武器，我总想利用它来做描写现实诸象的工具。""现实世界中，多数人正给疯狂的侵略主义者所淫杀、践踏、奴役！这个不合理的社会，是人类最大的耻辱，而艺术的任务，就是要帮助人类去理解自己，改造社会，恢复自由。"[3]

抓住稍纵即逝的瞬间，也是沙飞所强调的。"决定性瞬间"曾是摄影史上影响最大的美学主张和创作原则，它强调任何事物都有本质呈现的片刻，摄影者的任务就是通过镜头抓住这奇妙的一瞬。他的许多照片都是历史瞬间的留影。

在自己的作品中光辉永存

长期的战地奔波劳累，损害了沙飞的健康和精神。1948年12月，沙飞到石家庄和平医院住院治疗。主要负责沙飞医治工作的是日籍主任医师津泽胜。使沙飞大起疑心的是，津泽胜在给病人切脉时，那食指和中指轻按在病人脉上的手势同他在电报局里发电报的手势神似。沙飞断定这个表面温文尔雅、时时浮现谦和笑容的津泽胜是一个潜伏下来的日本特务。1949年12月15日，沙飞将出院时，喊来了津泽胜，他突然从裤袋里掏出手枪连开两枪，津泽胜额头和左臂中枪倒地，两天后死亡。1950年2月27日，沙飞被判处死刑，并于3月4日执行。

1986年5月19日，北京军区军事法院经数年调查，复审证实，沙飞枪杀津泽胜是在患有恐惧型、进攻型精神病的情况下作案，其行为不能自控，从而做出了新的判决，"撤消原判，给沙飞恢复军籍"。6月11日，中共北京军区纪律检查委员会做出"恢复沙飞同志党籍"的决定。之后，《沙飞摄影集》《沙飞传——中国革命新闻摄影第一人》出版。1995年，《沙飞、石少华摄影作品展》在广州、深圳、汕头巡回展出；2002年9月，平遥国际摄影大展展出沙飞摄影作品。沙飞与他的作品一起光辉永存。

注释：

① 王达理：《我军第一个战地摄影记者——怀念我的父亲沙飞》，http：//www.jm-news.com.cn 2004-9-158：04 江门日报。

② 蔡子谔：《关于摄影家沙飞的几个疑难问题》，《粤海风》2002年第5期。

③ 王雁主编：《沙飞纪念集》，海天出版社、山西人民出版社1996年版，第119页。

沙 飞 (1912—1950)

作品选编

《鲁迅与青年木刻家》（1936年10月8日）

评析:

　　1936 年 10 月 2 日,第二届全国木刻流动展览在上海八仙桥青年会举办。10 月 8 日,新木刻倡导人鲁迅抱病出席了展览会闭幕式。沙飞早就来到会场等候,当鲁迅与青年木刻家黄新波、曹白、白危、陈烟桥坐在一起亲切交谈时,沙飞从多角度迅速抓拍了这一难忘的场景,为中国摄影史留下了一张经典摄影作品——《鲁迅与青年木刻家》。这张照片无论从新闻摄影的构图看,还是从信息含量和纪念鲁迅的角度看,都是精品。照片中鲁迅清瘦,棱角分明,坚定从容,对青年的关爱之情无声流淌;四个青年身体前倾,专注聆听。照片把鲁迅对青年的关爱定格在历史中。

《杨成武部队占领河北涞源插箭岭长城烽火台》(1937 年 10 月)

评析：

　　卢沟桥事变后，沙飞的作品多数聚焦于中国军民反抗日本侵略者的战争场面，包括贯穿其中的政治活动、群众动员、战斗过程和生活情景。1937年10月26日，娘子关失守，太原危急，国民党军主力南撤了，但八路军留下少数游击部队，在五台山打游击，并创建抗日根据地。沙飞在五台山找到了聂荣臻司令员采访，被介绍到杨成武支队去收集材料。那时杨成武独立团已由出征时的1700人发展到7000多人，扩编为独立师。独立师的八路军将士舍生忘死、奋勇杀敌的英雄壮举，深深教育和感染了沙飞。他随军行动，抓拍到杨成武部队占领河北涞源插箭岭长城烽火台的壮举。烽火台上有哨兵站岗，烽火台下有戴草帽的老乡助威，持枪荷弹的军队正向前奋进。这张照片朴实生动，兼有一种壮美的诗意，已成为中国革命摄影史上的经典，永存人们记忆。

沙　飞（1912—1950）

《战斗在古长城上》（1938年8月）

评析：

　　摄影技术的诞生使人类拥有了前所未有的"眼睛"及视野，从此，人类凭借这一独具魅力的"目光"，保存了无数转瞬即逝的情景，在见证时代的同时诠释生活，在再现事物的同时描述世界，在捕捉影像的同时感动自己。沙飞的摄影作品具有非凡视角，深化了人类的记忆、认识、情感、渴求及其表达。摄入他镜头的《战斗在古长城上》的画面，便是完成了一次对中华民族独特而层次丰富的"显影"。看到长城，人们自然会想到同仇敌忾、抵御外辱的中华民族不屈不挠的精神，这些战斗在长城上的将士正是抗战中的中华民族的钢铁长城，这会使全世界再度被这片古老而充满活力的土地所震撼。

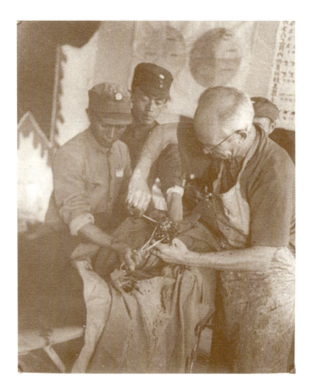

《白求恩在山西五台松岩口模范医院做手术》（1938 年）

评析：

　　沙飞对场景有一种颖悟性，他把握住了焦点及其所处的环境。他的照片是标志性或具有象征意义的，即图像学理论所指"拥有具体内容而又超越其具体知识性"的图像，拍摄这样的照片要求作者既依赖知识又必须具有借助于心灵"洞察"历史的能力。摄影珍品无不反映对时间和历史演进的"综合直觉性"，具有历史象征性的影像既包含"肖像学分析"所指知识内容，又体现出超越其具体性的思想。照片里是加拿大著名的胸外科专家白求恩在抗战时期来到中国，在几名八路军医生的协助下正在用手术钳为伤员治疗时的情景。作为著名历史人物白求恩的肖像，这幅照片无疑独具魅力。

沙　飞 (1912—1950)

《聂荣臻将军与日本小姑娘》(1940 年 8 月)

评析：

　　沙飞是有预见性的战地记者，可以敏锐抓拍有历史意义的照片。1940年8月，威震中外的百团大战打响。21日，部队在攻打日军占据的河北井陉煤矿的战斗中，八路军战士杨仲山等人抢救出来两名日本孤女——美穗子和美子。她们的母亲加藤麻津死于炮火中，父亲加藤清利是河北井陉煤矿火车站站长助理，被八路军从烈火中救出后不久，因伤势严重抢救无效死亡。美穗子姐妹俩很快被送到了前线司令部，聂荣臻司令员闻讯后亲临看望，并马上安排一名战士给五岁的美穗子做"保姆"，给不满周岁的美子找了奶娘。沙飞刚刚回到司令部，就亲眼目睹了聂荣臻照顾美穗子姐妹的情景，他敏锐地拍摄了20多张珍贵照片，留下了不朽的名作《聂荣臻将军与日本小姑娘》。沙飞认为：我们的战士在与敌人作战时是多么英勇，可是对敌人丢掉的一个小孩却是宽大为怀。这是一件大事，从这里可以具体地说明我们人民军队从战士到首长都明确俘虏政策，具有革命的仁慈，也说明了我们军队愈战愈强具有最后胜利的充分信心。他认为这些照片几十年后发到日本，可能会发生作用。历史见证了沙飞的预见。1980年5月29日，《解放军报》《人民日报》《光明日报》等刊登《日本小姑娘，你在哪里？》和沙飞当年拍摄的《聂荣臻将军与日本小姑娘》一组图片，将这段往事公之于众。在中日两国人民和新闻界热心帮助下，找到了美穗子。她立即给聂荣臻写了信，感谢当年救命之恩，并希望能早日到中国，当面向聂元帅致谢。这件事已成为中日友好的佳话而被传颂。2003年11月14日美穗子长女专程到石家庄井陉县洪河漕村——当年聂荣臻将军照顾美穗子的地方，为"聂荣臻将军与日本小女孩"雕像揭幕。这则因照片引起的故事，将永远成为中日人民友好的历史见证。

（编撰：乔云霞）

新中国『新闻大管家』 **胡乔木** （1912—1992）

胡乔木（1912—1992）无产阶级革命家，杰出的马克思主义理论家、政论家和社会科学家，中国共产党思想理论文化宣传战线的卓越领导人。他也是新中国新闻事业的开拓者，历任新华通讯社总编辑、社长，中宣部副部长，人民日报社社长，中央人民政府新闻总署署长等职，为《人民日报》和新华社撰写过许多重要社论和新闻，为新闻出版队伍的建设作出了重要贡献。

新中国"新闻大管家"

胡乔木是中国共产党党内重要的马克思主义理论家，他一生的革命活动涉及政治、党史、新闻、出版、文化教育、文学艺术、哲学、社会科学等诸多领域。他曾长期担任毛泽东秘书，协助毛泽东编辑了《六大以来》《六大以前》和《两条路线》等重要历史文献，为延安《解放日报》和新华社撰写了大量社论、评论，被誉为"中共中央一支笔"。在解放战争时期至新中国成立后，他曾先后担任新华社总编辑、社长，中宣部副部长，人民日报社社长，中央人民政府新闻总署署长等职，为党和国家的新闻事业作出了重要贡献。

不可多得的写作人才

胡乔木1912年6月1日出生于江苏省盐城鞍湖乡，原名胡鼎新。在扬州中学读书时，他就开始与共产党人有了接触。1930年他在北平清华大学读书时加入中国共产主义青年团，曾任北平团市委委员、宣传部长。1932年加入中国共产党，并在党的领导下在江苏、上海、浙江等地从事宣传组织活动，曾任左翼文化总同盟书记、中共江苏省委临时委员会宣传部长，主编《海霞》等进步文艺刊物。1937年7月到达延安。在抗日战争初期，先后在中共中央宣传部、战时青年训练班和中央青委工作，任青训班负责人、中共中央青委委员、毛泽东青年干部学校教务长，主编中央青委机关刊物《中国青年》。从1941年2月起，任毛泽东秘书、中共中央政治局秘书。

胡乔木出身书香门第，又先后就学于清华大学和浙江大学，且有多年从事宣传组织工作的经验，他的文化底蕴和逻辑思维能力都很强，当时许多中共领导人对胡乔木的文章倍加赞赏，连毛泽东也称胡乔木是不可多得的、可塑性极高的人才。

1941年5月，中共中央机关报《解放日报》在延安创刊，社长博古常约请许多中央负责人为报纸撰写社论，胡乔木也是约稿对象之一。有时博古请毛泽东写的社论，毛泽东也嘱咐胡乔木来写。这以后，胡乔木逐渐成为党报社论的重要撰稿者之一。他撰写的社论，既有阐述中共中央政策的，也有关于边区政治的，还有抨击国民党、蒋介石的，以及阐述国际形势的。这些文章，有的是毛泽东授意写的，有的是他根据毛泽东在内部会议上的讲话精神写的，有的是他写好后经毛泽东修改、审定发表的。他后来回忆说："毫无疑问，就我个人来说，没有毛泽东同志的指导教诲，我就很难写出这些文章……"①

胡乔木（1912—1992）

1946年5月，中共中央提出了"全党办通讯社"的号召，以这一精神为指导，解放日报社和新华社进行了机构改组，新华社的力量大大加强，逐渐成为中国共产党向国内外传递政策、主张的最主要舆论宣传工具。

1947年3月，国民党向陕甘宁解放区大举进攻，中共中央决定撤离延安。此后一年间，胡乔木跟随毛泽东和党中央转战陕北。在异常艰险的环境中，他为新华社撰写了《祝蒙阴大捷》《哀号无济于事》《孙科原形毕露》《总动员和总崩溃》等一系列社论、评论、时评和新闻。胡乔木所写的文章，有的是经周恩来和任弼时审阅，毛泽东亲笔修改的，在中国革命的紧要关头，及时传递了中共中央的信息，在舆论上给敌人以强有力的抨击，给解放区军民和敌后人民以极大的鼓舞和信心。这一时期，除胡乔木外，经常起草新华社社论或评论的，还有陆定一。毛泽东后来曾讲："中央留在陕北靠文武两条线指挥全国的革命斗争，武的一条线是通过电台指挥打仗，文的一条线是通过新华社指导舆论。"②

为新中国新闻事业奠基

1948年5月，胡乔木随毛泽东来到西柏坡。此时，他已在毛泽东身边工作了七年。这年6月，周恩来在新华社会议上宣布中央决定：胡乔木兼任新华社总编辑，今后新华社的重要稿件，由胡乔木负责审阅。同时还决定抽调新华社一部分业务骨干组成一个精干的编辑班子，住在西柏坡，在胡乔木领导下编写和处理重要稿件。

由胡乔木领导的这个编辑部也称新华社总编室，俗称"小编辑部"，就设在刘少奇住处的前院，离毛泽东、周恩来的住处也很近。"小编辑部"很快成为这一时期新华社编发稿件的核心机构，当时新华社文字广播、口语广播和英语广播的主要稿件，都在这里编发。范长江、石西民、梅益、吴冷西、朱穆之、黄操良、廖盖隆、刘祖春、陈克寒等二十多人都曾经参加过这个"小编辑部"的工作。

胡乔木对稿件的政治性、政策性都非常注意，他审改稿件时，不是一般地看看就发，而是非常认真负责地作大量的删改。不少稿件他提出意见后，要重新改写，有的稿件要经过三四次返工才能通过。他修改后，经常把写稿人找来，当面讲明为什么要这样修改，提醒对方今后写稿时注意什么问题。他还将每天改过的稿件，毛泽东、刘少奇、周恩来审阅过的重要稿件播发后，贴在堂屋中间的墙上，让大家仔细阅读这些稿件是怎样批改的，这对提高大家的写作水平和改稿能力，具有极大的帮助。

每天晚上九点左右，胡乔木就会主持召开编辑会议，主要做三件事：一、传达毛泽东、刘少奇、周恩来等中央领导同志的指示和中央最新精神，传阅他们审批修改或亲自撰写的稿件；二、分析战局和政局形势，例如三大战役最新的发展情况，北平和谈的进展情况等；三、对当天的发稿清样作评论，把两尺多长的粗麻纸印成的竖排清样在菜油灯下摊开，从头到尾，对哪条稿子写得好，好在哪里，哪条稿子有缺点，缺点在哪里，一一评判，有时也谈些写稿应注意的原则和方法问题。

西柏坡"小编辑部"在中共中央直接领导下，工作了半年多时间。这个编辑部实际上成为一个高效的新闻培训班，为即将诞生的新中国新闻事业培育了一批高级人才。在这个编辑部工作过的同志，新中国成立后大部分都成为中央各新闻单位的重要负责人。

在此期间，胡乔木还为中共中央起草了很多重要文件，并为新华社撰写了《人民解放战争两周年总结和第三年的任务》《庆祝济南解放的伟大胜利》《屠夫、奴才和白痴》《假和平与真战争》等社论和评论。

胡乔木（1912—1992）

1949年3月，中共中央在西柏坡举行七届二中全会，胡乔木作为正式列席代表，在会上作了关于党的新闻工作的发言。会后，新华社播发了胡乔木起草、毛泽东修改审定的新闻《中共召开七届二中全会》。

新中国新闻事业的"大管家"

新中国成立后，中央成立了负责领导全国新闻事业、管理国家新闻机构的新闻总署，胡乔木被任命为署长。在此之前他担任中宣部副部长，新华社和人民日报社社长；后来他又先后担任中宣部常务副部长、中共中央秘书长以及中共中央书记处候补书记等。

胡乔木统管宣传文化领域的工作，在他的领导下，全国新闻、出版工作方面的新秩序迅速建立起来。1950年3月，胡乔木在全国新闻工作会议上就改进报纸工作问题、新华社机构和工作的统一问题做了长篇报告，对新中国新闻事业如何因应新的形势、担负新的任务、实现新的发展提出了诸多具体要求。

新中国成立初期，毛泽东关于新闻宣传工作的很多指示和精神仍是通过胡乔木来落实的，他常致函胡乔木就宣传工作中的任务和问题提出具体要求。作为负责全国新闻宣传工作的领导，胡乔木经常找人民日报社、新华社、广播事业局的负责人谈话，或给他们打电话、写信，对新闻报道工作提出许多中肯的批评和建议，从宣传方针到新闻业务，甚至一条新闻的导语，一篇文章的结构安排、遣词造句，他都严格要求，具体指导。尽管工作异常繁忙，胡乔木仍为《人民日报》写下了大量社论。

1961年，因劳累过度，胡乔木病倒了，毛泽东批准他长期休养。在"文化大革命"中，胡乔木受到"四人帮"的迫害。在逆境中他仍孜孜不倦地阅读大量马列主义著作，对党的历史进行反思。粉碎"四人帮"后，在邓小平的指导下，他负责《建国以来党的若干历史问题的决议》的起草工作，为拨乱反正作出了重大贡献。

1978年中共十一届三中全会后，他先后担任中央委员会委员、中央副秘书长、中央书记处书记、中央政治局委员等，继续负责中央重要文件的起草和对理论工作的指导。他还历任毛泽东著作编委会办公室主任、中共中央文献研究室主任、中共中央党史研究室主任、中国社会科学院院长等。重新走上中央领导岗位后，他仍关心新闻工作，曾写信给新华社社长穆青，对新华社报道工作提出意见和建议，提出"新闻要新、短、多、广"，时效性要强等等。

1992年9月28日，胡乔木在北京逝世，享年81岁。他去世后不久新华社播发的《胡乔木同志生平》，概述了胡乔木一生的重要贡献，其中指出："他是新中国新闻事业的开拓者。"回顾新中国新闻事业发展的历史进程，可以看出，胡乔木是在关键阶段作出突出贡献，并且具有重要影响的一代领导者。

注释：

①《胡乔木文集》第一卷，人民出版社 2012 年版，第 2 页。

②《胡乔木回忆毛泽东》，人民出版社 2003 年版，第 477 页。

作品选编

胡乔木 (1912—1992)

庆祝济南解放的伟大胜利

人民解放军于九月十六日起开始向山东省会济南发起攻势。到二十四日，仅仅八天时间，就解放了敌人强固设防和重兵守御的济南市，全歼守敌十万余人，并争取吴化文军长率部起义。这个伟大的胜利，不但使国民党反动派及其美国主人目瞪口呆，甚至全国的人民也因为它的意外的迅速而惊异。

济南的解放，对于整个战局的重大意义是很明显的。蒋介石在发动全面内战以后的一年多中间，始终是把华东战场当作他的军事重点，他曾经使用八十几个整编旅的兵力在这个方向，妄图在这里决定战争的胜负。当华东人民解放军的主力在苏中、苏北、鲁南、鲁中各战场光辉地完成了大量歼灭敌军的任务，而于去年七月转入外线作战的时候，敌人曾经一度在山东大肆骚扰，并曾经竭力吹嘘他们的所谓"战略胜利"。敌人曾经打通过胶济路，打通过济南以南的津浦路，在这个基础上，敌人甚至还梦想过打通津浦全线，借以沟通他们的华中和华北。但是就在那时，我们就指出过这并不是什么攻势的胜利，而只是攻势的失败，是敌人由全面攻势降为局部攻势，又由局部攻势转入全面守势的时候，敌人的战略企图是不可能实现的。果然，人民解放军在其他战场转入进攻以后，在华东也无例外地反守为攻。曾经丧失过几乎全部县城的华东人民解放军，经过去年十月胶河的胜利，十一月胶济东段的胜利，十二月莱阳的胜利，今年三月胶济西段的胜利，四月胶济中段的胜利，五月至七月津浦沿线的胜利，直到这次济南的胜利，在不满一年中间，就造成了整个山东战局的彻底转变。现在山东除青岛、烟台、菏泽等少数据点外是被全部解放了，敌人在山东的战争计划是被摧毁了。济南这个敌人在山东最强大据点的攻克，使华东人民解放军获得了比以往任何时候更大的自由。在这个情况之下，不但山东的残敌岌岌可危，而且整个华东和中原的敌人也将遭受更加沉重的打击；华东和中原的全部解放，已经更加迫近；而中外反动派在长时期内关于所谓"巩固华北、确保华中"，乃至所谓在几个月以内"肃清黄河以南"的喧嚷，已经成为普遍的笑柄了。

济南是国民党长期困守的孤立据点之一。与济南处于同样情形的，仅就目前而论，就还有长春、沈阳、锦州、承德、保定、太原、安阳、南阳、榆林等城市。这些城市中的人民和国民党军队，从济南的解放中，应该得到一些什么教训呢？虽然济南有十万国民党守军，虽然他们有美国的装备，有永久性的层层工事构筑，有准备长期固守的物资，有美国所供给的空军的接济和配合，又有蒋介石所允许的大量援军集结在徐州附近，还有国民党的有名将领王耀武指挥，但是在人民解放军的进攻之下，只在八天里面就全军覆没。这是证明人民解放军强大的攻击能力，已经是国民党军队无法抵御的了，任何一个国民党城市都无法抵御人民解放军的攻击了。那么，国民党今天不顾人民的死活，硬要困守许多孤城，究竟是为着什么？难道不是等候灭亡吗？当国民党守城的时候，他们强迫市民忍受种种勒索，担负种种苦役，甚至强迫他们大批地饿死冻死；到了国民党失败了，却又马上对市民滥施轰炸，难道这不是故意拿老百姓当仇人吗？而国民党军队的广大官兵，也只能是做着莫名其妙的牺牲品。既然明明守不住，为什么又一定要下令死守呢？既然明明没有援兵出动，为什么又一定要下令死守待援呢？难道不是故意骗人送死吗？守济南的国民党军队有一部分是明白了这一点，这就是吴化文军长和他的部下，他们避免了无谓牺牲的命运，并且得到了人民的谅解和欢迎，得到了在今后能够为人民服务的机会。但另一部分就没有想明白这一点，而他们或者是做了俘虏，或者是白白地丧失了他们的生命。这是两条相反的道路，两种相反的结果。这是值得国民党军队的广大官兵加以思索和选择的。济南的战斗是过去了，其他被围城市的战斗正在接踵而来。在这里，我们愿意正告这些城市中国民党军队的一切开明人士们：你们不应当白白送死！你们更加不应当强迫许多无辜的同胞跟你们一起白白送死！你们应当走的道路就是辽南潘朔端师长、营口王家善师长和济南吴化文军长们的道路。这样，不但可以使我们的祖国和同胞少受一些损失，使人民解放战争早日在全国胜利，而且你们自己也得到一个将功折罪、重新改造自己和为人民服务的机会。

（新华社陕北 1948 年 9 月 30 日电；选自
《胡乔木文集》，人民出版社 2012 年版）

胡乔木（1912—1992）

评析：

　　1948 年秋，人民解放战争进入了夺取全国胜利的决定性阶段。而济南战役是中国人民解放军攻克敌人重点设防的大城市的开始，由此揭开了战略决战的序幕，因而意义非常重大。济南战役前后，新华社播发了大量稿件报道战斗的进展情况，其中以济南解放之后播发的这篇新华社社论影响最大。

　　这篇社论由胡乔木撰写，经毛泽东修改审定。文章首先报告了济南战役的战果，并指出这是一场"伟大的胜利"，"不但使国民党反动派及其美国主人目瞪口呆，甚至全国的人民也因为它的意外的迅速而惊异"。接着，笔者结合解放战争发展的形势概述了济南解放对于整个战局的重大意义，"济南这个敌人在山东最强大据点的攻克，使华东人民解放军获得了比以往任何时候更大的自由"。笔者继而分析了敌人仍在困守的长春、沈阳、锦州等与济南处于同样情形的城市所面临的形势，并且正告这些城市的国民党军队的一切开明人士们"不应当白白送死"，而应争取"将功折罪、重新改造自己和为人民服务的机会","使人民解放战争早日在全国胜利"。

这篇社论高瞻远瞩，放眼全局，逻辑清晰，大气磅礴，体现了中共中央对于济南解放及其战略意义的思考。

中共召开七届二中全会

中国共产党第七届第二次中央委员会全体会议，在石家庄附近举行，会议经过八天，现已完满结束。全会到中央委员三十四人，候补中央委员十九人。中央委员及候补中央委员因工作关系缺席者二十人。毛泽东主席向全会作了工作报告。全会批准了一九四五年六月一中全会以来中央政治局的工作，认为中央的领导是正确的。全会批准了由中国共产党发起，并协同各民主党派、人民团体及民主人士，召开没有反动分子参加的新的政治协商会议及成立民主联合政府的建议。全会并批准一九四九年一月十四日毛泽东主席的声明及其所提八项条件以为与南京国民党反动政府及其他任何国民党地方政府与军事集团举行和平谈判的基础。

中共七届二中全会着重地讨论了在现在形势下党的工作重心由乡村移到城市的问题。全会指出：从一九二七年中国大革命失败到现在，由于敌我力量的悬殊，中国人民革命斗争的重点是在乡村，在乡村聚集力量，用乡村包围城市，然后夺取城市。党在毛泽东同志的领导下团结了广大的劳动人民，执行了这个用乡村包围城市的方针；历史已经证明这个方针是完全必要，完全正确，并且是完全成功的。但是，采取这样一种工作方式的时期现在已经完结。从现在起，重新开始了由城市到乡村、由城市领导乡村的时期。毫无疑问，城乡必须兼顾，必须使城市和乡村、工人和农民、工业和农业密切地联结起来。决不可以丢掉乡村，仅顾城市，如果这样想，那是完全错误的。但是党的工作重心必须放在城市。全会指出：我党必须用极大的努力去学会领导城市人民进行胜利的斗争，学会管理城市和建设城市。在领导城市人民的斗争时，党必须依靠工人阶级，团结其他劳动群众，争取知识分子、争取尽可能多的能够和共产党合作的小资产阶级、自由资产阶级及其代表人物站在一条战线上，以便向帝国主义者、国民党反动派和官僚资产阶级作坚决的斗争，一步一步地去战胜这些敌人。全会认为：管理和建设城市的中心关键是恢复和发展工业生产，第一是公营企业的生产，第二是私营企业的生产，第三是手工业生产。城市中的其他工作，例如党的组织工作，政权机关的建设工作，工会工作和各种民众团体的工作，治安工作，文化教育工作等，都应当为恢复和发展工业生产这一个中心工作而服务。全会号召全党同志用全力学习工业生产的技术和管理方法，学习和生产有密切联系的商业工作、银行工作和其他工作。并且发出警告说：如果我党在生产工作上无知，不能很快地学会生产工作，不能使生产事业尽可能迅速地恢复和发展，获得确实的成绩，首先使工人生活有所改善，并使一般人民的生活有所改善，那么，党和人民就将不能维持政权，就会站不住脚，就会要失败。

中共七届二中全会指出：无产阶级领导的以工农联盟为基础的人民民主专政，要求中国共产党认真地团结全体工人阶级，全体农民阶级和广大的革命知识分子，作为这个专政的领导力量和基础力量；同时，也要求中国共产党团结尽可能多的能够与共产党合作的小资产阶级和自由资产阶级的代表人物，它们的知识分子和政治派别，以便共同打倒国内的反革命势力和帝国主义势力，迅速地恢复和发展生产，从而创造条件使中国有可能稳步地由农业国转变为工业国，由新民主主义国家转变为社会主义国家。二中全会号召全党在思想上和工作上确立与党外民主人士长期合作的政策。在这个问题上，既要反对无原则的迁就主义的态度，又要反对妨碍党与党外民主人士团结的关门主义或敷衍主义的态度。

鉴于具有伟大国际意义的中国革命的全国胜利，不久就要到来，中共七届二中全会特别警戒（诫）全党同志不要骄傲自满，不要被人们的无原则的捧场所软化。全会指出：中国的革命是伟大的，但是夺

胡乔木（1912—1992）

169

取全国革命的胜利只是工作的第一步，革命以后的路程更长，工作更伟大，更艰苦。全会号召全党同志继续保持谦虚、谨慎、不骄、不躁和艰苦奋斗的作风，以便在打倒反革命势力之后，用更大的努力来建设一个新中国。全会认为：中国的经济遗产虽然是落后的，但是中国人民是勇敢而勤劳的，中国人民民主革命的胜利和人民民主共和国的建立，中国共产党的领导权，加上以苏联为首的强大的全世界反帝国主义阵线的援助，中国经济建设的速度，将不是很慢而可能是相当地快的，中国的兴盛是可以计日程功的。对于中国经济复兴的悲观论点，没有任何的根据。

（新华社石家庄 1949 年 3 月 23 日电；选自
《胡乔木文集》，人民出版社 2012 年版）

评析：
....

　　这是新华社播发的一篇新闻稿，概述了 1949 年 3 月中共七届二中全会召开的消息。该稿由胡乔木起草，毛泽东修改审定。

　　中共七届二中全会主要是确定组建新中国的有关事项，着重讨论了中国共产党的工作重点的战略转移，即工作重心由乡村转移到城市的问题，同时研究了经济政策以及加强党的思想建设的问题。会议作出的各项政策规定，不仅对迎接中国革命在全国的胜利，而且对新中国的建设事业，都具有巨大的指导作用。全会的这些主要精神在新闻稿中都有充分阐述和体现。在中国革命的重要关头，这篇新闻稿的播发，无疑大大增强了全党和全国人民迎接革命胜利、建设新中国的信心。

　　毛泽东指示中共召开七届二中全会的新闻稿由胡乔木起草，并且亲自修改审定，充分说明了这条消息的重要性。通过这篇新闻稿，中国共产党向全世界郑重宣布：在夺取全国胜利的同时，自己也有能力以更大的努力来建设一个新中国。

中华人民共和国万岁！

前程无限光辉的中华人民共和国已经诞生，四万万七千五百万中国人民开始自己当权管理国家，我们这个古老的东方民族揭开了历史的新的巨册。

中国人民政治协商会议，代表全国人民，执行全国人民代表大会的职权，在今天已经闭幕。这个会议的主要工作有三类：一是通过了人民政协组织法、中央人民政府组织法和人民政协共同纲领；二是选举了中央人民政府委员会的主席、副主席和委员，选举了人民政协全国委员会；三是决定了国都、国歌和纪年方法，制定了国旗。这个会议的伟大成就，会上各位代表的发言中已经说得很多。这里我们对会议所通过的三个文件说一些意见。

胡乔木 (1912—1992)

中国人民政治协商会议所通过的共同纲领，是全国人民意志和利益的集中表现，是革命斗争经验的总结，也是中华人民共和国在相当长的时期内的施政准则。这个共同纲领规定我们中华人民共和国是新民主主义即人民民主主义的国家；政权是中国工人阶级、农民阶级、小资产阶级、民族资产阶级及其他爱国民主分子的人民民主统一战线政权，而以工农联盟为基础，以工人阶级为领导；目标是反对帝国主义、封建主义和官僚资本主义，为中国的独立、民主、和平、统一和富强而奋斗。它给我们新生的中国，订定了政权机构、军事制度以及文化教育政策、民族政策、外交政策的总原则。它保障了全中国人民广大范围的民主权利，也规定了人人必须遵守的若干义务。这原本是中国共产党的最低纲领，即新民主主义纲领，现在已被各民主党派、各人民团体、各民主阶级、各少数民族、海外华侨及其他爱国民主分子所一致接受，成为新中国的建设蓝图。这个蓝图，完全切合中国的国情和人民的理想。事实上它已经不只是一个理想，因为中国人民很久以来，特别是从抗日战争以来，就已在按照它的基本轮廓动手从事建筑，而且已经获得胜利的成果和丰富的经验了。有了这个历史的基础，有了全国各级人民政府的统一领导，有了全国各民主党派各人民团体的一致支持，和强大的人民解放军的忠贞保障，我们相信这个纲领一定能在最近数年内完满地实现。

中华人民共和国中央政府组织法，其基本特点是规定："中华人民共和国是工人阶级领导的，以工农联盟为基础的，团结各民主阶级及中国境内各民族的人民民主专政的国家。""中华人民共和国政府是基于民主集中原则的人民代表大会制的政府。"（见该法总纲第一、二两章）这是新民主主义的政权。它不同于资产阶级的旧民主主义政权。因为旧民主主义政权是资产阶级一个阶级的专政，是压迫广大人民的工具。资产阶级的议会制度和三权分立办法，其目的只是为了便利于统治阶级内部不同的派别之间争权夺利、分赃肥私；同时也是为了便利于统治阶级玩弄政治手腕，欺骗和压榨劳动人民。我们的新民主主义政权也不完全相同于苏联的社会主义政权和东欧各国的人民民主政权。苏联是一个已经消灭了阶级的社会主义国家，它的政权是工人、农民和知识分子的联盟。东欧各国正在实现社会主义。而中国的新民主主义政权则有工人阶级、农民阶级、小资产阶级和民族资产阶级四个阶级参加。但是，在属于世界反帝国主义阵营，以工人阶级的革命政党为领导力量和实行民主集中制这几点上，中国现在的新民主主义政权，却是与苏联的社会主义政权和东欧各国人民民主政权相同的。在中国新民主主义的民主集中制中，"人民行使国家政权的机关为各级人民代表大会和各级人民政府。各级人民代表大会由人民用普选方法产生之。各级人民代表大会选举各级人民政府。各级人民代表大会闭会期间，各级人民政府为行使各级政权的机关。国家最高政权机关为全国人民代表大会。全国人民代表大会闭会期间，中央人民政府为行使国家政权的最高权力机关。""人民代表大会向人民负责并报告工作。人民政府委员会向人民代表大会负责并报告工作。在人民代表大会和人民政府委员会内，实行少数服从多数的制度。各下级人民政府均由上级人民政府加委并服从上级人民政府。全国各级人民政府均服从中央政府。"（见共同纲领第十二条和第十五条）这是高度民主基础上的高度集中，是真正的人民民主，是资产阶级虚伪的民主所绝对不可比拟的。

中国人民政治协商会议组织法的通过，标志着中国人民民主统一战线在组织上的完成。这个统一战线具有广大的代表性，其组织成分包括工人阶级、农民阶级、革命军人、知识分子、小资产阶级、民族资产阶级、少数民族、国外华侨及其他爱国民主分子的代表；但又具有高度的严肃性，一切反动分子不被允许参加。结成这个统一战线的宗旨，已在该法的总则表明，就是经过各民主党派和人民团体的团结去团结全中国各民主阶级，各民族，共同努力，实行人民政协的共同纲领。这个统一战线内部实行高度民主，凡参加单位对中国人民政协全体会议及全国委员会所通过的决议，如有不同意见，得保留至下届会议提出讨论，而对重要决议根本不同意时，且有声请退出的自由；但另一方面，又具有严格纪律，凡参加单位及代表对中国人民政协全体会议及全国委员会所通过的决议，均有信守及实行的义务，如有违反中国人民政协组织法、共同纲领或重要决议而情节严重者，得分别予以处分。这个中国人民民主统一战线组织——中国人民政治协商会议，在普选的全国人民代表大会召开以前，代行了全国人民代表大会的职权，而在人民代表大会召开以后，仍将长期地存在，成为各民主党派，各人民团体团结的形式和协商的机关。它将由全体会议产生全国委员会，并在中心城市、重要地区及省会，设立地方委员会，继续进行活动。中国共产党和中国人民二十八年来一向主张建立民族统一战线。第一次大革命时，中国共产党即曾与孙中山先生建立这种合作关系，因而能够推动中国人民革命，并在此基础上举行胜利的北伐战争。在蒋介石叛变以后，中国共产党仍然坚持革命统一战线的方针。经过土地革命战争时期和抗日战争时期的曲折发展，现在才在新的形势下，结成新的空前强大的人民民主统一战线。这个新的统一战线，有着中国共产党的被众所公认的领导地位，有中国人民的空前的觉悟程度和组织力量的监督，而又有共同纲领和人民政协的组织法作为共同信守遵行的章则，这就足以充分地保证它的巩固

胡乔木 (1912—1992)

173

和健全了。

中国人民政治协商会议已经完成了很好的工作。它为全国人民制定了国家的根本大法，选举了以毛泽东主席为首的中央人民政府。现在，放在我们全国人民面前的任务是什么呢？是在中国共产党领导之下，紧紧地团结在中央人民政府周围，不折不扣地执行共同纲领和大会其他决议，使它们变成群众的实际行动。是监督各级人民政府和一切民主党派、人民团体忠实地履行这些国家的根本大法，使人民的意志得以迅速地而又有步骤地成为国家的现实。是协助政府，把革命进行到底，肃清公开的和隐藏的反革命残余力量，治愈战争的创伤，恢复和发展人民的经济事业和文化教育事业，巩固国防，使我们新中国富强起来。是爱护我们新生的祖国，加强人民民主政府的力量，和以苏联为首的爱好和平民主的国家和人民团结在一起，以保障中国人民革命胜利的果实，并促进世界的和平与自由。中华人民共和国万岁！

（原载《人民日报》1949 年 10 月 1 日；选自《胡乔木文集》，人民出版社 2012 年版）

评析：

这是一篇《人民日报》社论，发表于中国人民政治协商会议第一届全体会议闭幕之际。与此相对应的是 1949 年 9 月 22 日在政协会议开幕当天发表的《人民日报》社论《旧中国灭亡了，新中国诞生了！》。这两篇社论都由胡乔木撰稿。

中国人民政治协商会议第一届全体会议的召开对于新中国的诞生具有重要意义，胡乔木为此作出了重要贡献。他直接参与了新政协重要文件的起草工作，对于有关政策、法令、纲领等内容都相当熟悉和了解，加之他熟谙党史、革命史以及国内外形势和中央精神，又身兼新闻宣传部门的负责人，因而由他执笔撰写这两篇重要社论也是众望所归、水到渠成之事。

在《中华人民共和国万岁！》这篇社论中，笔者主要阐述了新政协通过的三个重要文件《中国人民政治协商会议共同纲领》《中华人民共和国中央人民政府组织法》《中国人民政治协商会议组织法》的内容和意义。社论不仅在论述上思路清晰，逻辑严谨，而且字里行间充盈着迎接新中国诞生的激动和喜悦之情，增强了人们对新中国未来发展的信心。

（编撰：万京华）

胡乔木（1912—1992）

七七事变现场报道第一人 **方大曾** （1912—1937）

方大曾（1912—1937） 中国战地记者的先驱，杰出的摄影家，七七事变现场报道第一人，被后辈称为"中国的罗伯特·卡帕"。17岁时组织成立中国北方第一个少年摄影社团，1935年中法大学经济系毕业后，与吴寄寒、周勉之等人在天津发起成立了中外新闻学社。当时，他是报道救亡爱国事迹的名记者，与范长江等人同负盛名。1937年9月18日，从河北蠡县向《大公报》寄出通讯《平汉线北段的变化》后失踪，时年25岁。

七七事变现场报道第一人

方大曾 (1912—1937)

　　方大曾，原名方德曾，笔名小方，祖籍江苏无锡。自他失踪后，所有信息均终止于 1937 年 9 月，八十年来，除了家人的思念，他几乎被沉入了历史的忘川，直到 2014 年 10 月，经过多年的研究考证，《方大曾：消失与重现》一书出版，小方的生命轮廓重新回归当代人的视野，中国新闻史学界泰斗方汉奇先生评价："这部专著把湮没了八十多年的一位杰出的新闻工作者和摄影记者方大曾推到了历史的前台，让他的名字开始为公众所知晓，这是对中国新闻事业史人物研究和中国战地新闻摄影史研究的一大贡献。"多年来，也正是由于范长江、陆诒、吴群、陈申等专家学者及方大曾亲属们的薪火相传，才能够使他的事迹历尽曲折浮出水面。

热爱摄影的阳光少年

　　方大曾，1912 年 7 月 13 日生于北京东单协和胡同，从小喜爱摄影艺术。早在 1929 年 8 月，还在北平市立第一中学念书时，他就倡议组织我国北方第一个少年摄影社团，在北平《世界画报》上发表《爱好摄影的小朋友们注意——少年影社征求社员宣言》，提出组织少年摄影团体的必要及成立少年影社的倡议。同年9月，"北平第一次公开摄影展览会"在中山公园和青年会相继展出，方德曾作为青少年摄影的积极分子，亦选送多幅作品应征参展，受到社会的青睐和同业的好评。摄影家荫铁阁曾撰文评价说："方德曾之《寒夜》亦具西风，所取色调，尤能增其冷静。"接着，他拍的《寒夜》《青年会童子团野外庆祝会》《北郊之大钟寺》等作品，在《世界画报》陆续发表，使他在北方摄影艺术园地中崭露头角。

爱国救亡事迹的传播者

1930年，方大曾考入北平中法大学经济系，这时他的反帝爱国觉悟日益提高，抵抗日寇入侵的意志更强烈了。他投身抗日救亡的学生运动中，同时用摄影来记录爱国行动。他加入中共地下党的两个外围组织——"反帝大联盟"和"少年先锋队"，根据组织需要积极开展工作，通过实际锻炼，提高自己的政治素质和创作能力。1932年，他任北平少年队的机关报《少年先锋》周刊编辑。他的战友方殷回忆说："小方是一个英俊的青年，人品纯正，热情，精力充沛。在我的印象里，他好像总是在走路，奔忙，不知疲倦。刊物，只有我们俩人搞，从编稿、写稿到印刷，校对，一直到发行，都由我们俩操办。"

1935年，小方大学毕业后应聘到天津基督教青年会当职员。不久，中共地下党员组建的"中外新闻学社"在津成立，小方开始担任该社摄影记者。至此，他的活动区域不再限于平津一带，还遍及冀、晋、察、绥等地。1936年他转到北平基督教青年会工作。1936年和1937年，是他采访报道最出色，摄影创作最旺盛的时期。把写通信报告和拍新闻照片有机地联系起来，把艺术摄影和报道摄影统一地协调起来，到现实生活中去，到火热斗争中去，力求新颖、生动、明快，是小方辛勤采访、写作、拍照的特色。其间，上海《生活星期刊》及《世界知识》聘请他任特约记者，他写的通讯和拍摄的照片，为各报刊竞相采用。如邹韬奋1936年6、7月在香港主编的《生活日报》，就连载了小方写的长篇通讯《张垣一瞥》《从张垣到大同》《晋北煤业现状》等文；上海出版的《生活星期刊》，又刊出他的旅行通讯《从大同到绥远》、特约通讯《北平学生的灾区服务》。这些通讯报道，观察深刻、文笔流畅，往往配有形象纪实的照片做插图，因此为广大读者喜闻乐见。方殷回忆说，这时的"方德曾已成了驰骋长城内外，报道救亡爱国事迹的名记者了，他与当时也常写报道文章的长江、徐盈同负盛名"。

接近生活的报道特色与创作实践

方大曾（1912—1937）

　　小方的作品展现了时代风貌，富有战斗气息，为国内外舆论界所看重，被国内报刊及美国的《时代》、英国的《伦敦图画新闻》等刊载。小方的摄影报道主题鲜明、取材多样，突出表现在以下三方面。

　　一是关怀劳动人疾苦，热忱为工农兵写照。如在《生活星期刊》1卷19期刊出的《黄河上的船夫——中国劳工的一个模型》组照，在天津《玫瑰画报》74期发表的《缝穷者》组照等，均为这一类型。

　　二是揭露敌人侵略意图，报道民众处境危急。如在《申报》周刊2卷刊出的《天津海河浮尸之谜》《毒祸》组照，在《良友》画报128期刊出的《私货滚滚来》《如此丰台》组照，在《生活星期刊》1卷19号上发表的《冀东伪自治区写真》组照，在上海《国民》周刊第3期发表的《敌人威胁下的天津》组照，等等，均是引人注目的纪实摄影报道。

　　三是反映察绥形势险恶，表现军民奋起抗击。如在《美术生活》画报第35、36、38期刊出的《绥东前线》《集宁防空演习》《绥远阅兵及公祭抗战阵亡将士》组照，在《申报》周刊2卷4期、20期刊出的《战氛笼罩下之兴和》《雄视察北的大碉堡》《张家口之现状》三组照片，在《良友》画报124期刊出的《战事沉寂中绥边所见》以及在《生活星期刊》发表的《平绥路沿线》等组照，都是这方面的代表作。

小方在积极从事报道摄影工作时，仍不放松艺术摄影创作实践，还抓紧时机举办个人摄影作品展览和参与联合摄影艺术展览会。1936年10月，方大曾和许智方联合，两人自行挑选佳作各三四十幅，在天津东马路青年会举行个人摄影艺术联展。

1937年6月24—30日，在北平东城青年会二楼，举办了《北平第一届摄影联合展览会》。参加这届影展的有我国南、北方的著名摄影家郎静山、叶浅予等26人，共展出作品178幅。小方也是这一联展的热心参加者，他挑选了新作15幅参加展览，其中，《联合战线》是他的代表作，被选印在《北平第一届摄影联合展览会特刊》的显著位置。

七七事变现场报道第一人

1937年7月7日，抗日战争全面爆发。7月10日晨，方大曾背起照相机，通过丰台岔道日军哨卡的盘查，奔赴宛平城、长辛店战地，最先报道了震惊中外的"卢沟桥事件"的真相，写了长篇报道《卢沟桥抗战记》，摄取了"保卫卢沟桥之我二十九军战士"的英姿，及"日寇炮轰卢沟桥"等照片。接着，以《我们为自卫而抗战》《日军炮火下之宛平》《抗战图存》《为国捐躯》《民众慰劳》《卢沟桥事件发生后之北平》《被日军占领前的天津》《敌机轰炸我保定车站》等为题发表摄影报道，被国内外各大报刊广泛采用。小方当时所拍的一些重要照片，有些来不及制版付印，就在战区炮火中毁之一炬。

1937年7月下旬，上海《新闻报》记者陆诒去卢沟桥前线采访，在战地和中外新闻学社的摄影记者小方配合采访，"相互交流情况"。陆诒追忆说：7月27日晚，"得到我军全线应战的消息"，28日上午就同小方一起出发，登平汉路客车北上，"车抵良乡，小方即和我匆匆告别，跳上铁路线上的铁甲车，要驰赴前线，摄取我军反攻的镜头"。

1937年8月中旬，在范长江的举荐下，方大曾成为上海《大公报》战地特派员，负责平汉线的工作。随着平汉北段战局的变化，小方的采访西移，转到正太路和同蒲路沿线去了，这时他单独流动遇到了困难危险，行踪不定，9月18日，他自河北蠡县寄出写于保定的《平汉线北段的变化》一文后，音讯中断，报社及亲友们都不知道他在哪里，从此失踪，年仅25岁。

据周勉之等人回忆："原中外新闻学社社员方大曾，当时在同蒲路沿线活动，不久即和方失去联系，以后再也听不到关于他的情况，最有可能是在抗战前线牺牲了。"

方汉奇先生评价：方大曾有关卢沟桥事变和抗日军事活动的一大批新闻照片，是对伟大的全民抗战的忠实记录。它体现了抗日军民抵御外侮忾敌同仇的民族精神，鼓舞了士气和斗志，也保存了许多拍自第一现场的珍贵画面，具有重要的历史文献价值。我们为历史上有过如此杰出的新闻摄影记者感到骄傲。他将永远活在我们的心里。

2000年11月8日，新中国首个记者节，中央电视台播出纪录片《寻找方大曾》。2014年10月，《方大曾：消失与重现》出版，新华社、中新社为此发布消息称"《方大曾：消失与重现》出版，七七事变报道第一人浮出水面"。2015年7月7日，方大曾纪念室在保定光园落成。

方大曾（1912—1937）

卢沟桥抗战记

卢沟桥事件，很简单地说，就是一个小规模的中日战争，这事件发生于一九三七年七月七日的夜午，截至记者写稿时——七月二十三日，双方已有"停战"协定，但日军仍由山海关继续向平津增兵，进攻卢沟桥的部队，似乎也在扩大动，兹将此次事件之经过，略记于后：

保卫北平的二十九军

许多人对于华北的情形以及二十九军发生猜疑，这不只是一个大大的错误，而且是神经过敏。两年来二十九军在艰难中支持了这危急的局面，不知费了多少苦心，这一点已经得到华北民众的深切同情与了解。又有人说，冀察当局与中央有矛盾，这种说法正是日本当局的了解，而不是我们中国民族所当有的错误观念。卢沟桥事件发生的时候，谣言很大，但是事件的发展，就证实了冀察当局与中央之一致。总括地说，卢沟桥战役在军事上，中国军队实保持了百分之百的胜利，虽然在后来的撤兵交涉条件上，这一切又当别论。然而，假使我们真的就把这次事件"和平"解决了，而并未能借着这个机会发动了全部的抗战，甚或容忍日本大量的增兵华北，这却又相反的会造成一个极大的危机。总之，大局尚在摇摆不定，现在的一切推测，都是没有任何把握的。

卢沟桥事件的发动，在日本方面早有详密的计划。自从六月下旬起，北平市内即已络（陆）续发现许多"怪事"，于是驻在城外的二十九军就一点一点的往城里开。这种军事的调动，都在夜间，一般市

《卢沟桥抗战记》原载版面

民很少理会。

七月五日起，北平即已无形戒严，但人心则始终安定，市长秦德纯早就对新闻记者表示说：北平将有扰乱，但平市治安则绝对无虞。的确，自一九三五年夏季，日本嗾使汉奸白坚武，自丰台以铁甲车炮击北平的事变之后，北平市政当局即已重视城防问题，关于如何保卫北平，如何防备市内的扰乱，以及如何进行有计划的巷战，早在两年前即已准备妥了。无论有什么紧急事变，在十分钟之内，全市警察均可布置完毕。有了这样的把握，所以在卢沟桥事件发生后，北平的当局与市民均甚镇定，这实在是一个最可贵的现象。

卢沟桥事件的发动

日本的华北驻屯军鉴于我国和平统一以后，华北的一切"中日合作"事业，均无若何进展，就异想天开，打算造成一个军事行动，这企图终于在卢沟桥爆发了。本来驻丰台的日军，就常常在卢沟桥演习，并以宛平县城为假想攻占的目标。七月七日的夜里，这家常便饭的演习又在进行着，八日零时，冀察政委会接到日军驻平特务机关长松井的电话，说日军在卢沟桥演习之部队，在收操时短少一兵，要求入宛平县城搜寻，我方因时值深夜，乃加以拒绝。

以当时的局势估计，日军有把握能在三小时之内将宛平县城占领。于是敌方立将军事布妥，企图令我军作城下盟。严重的情形开展了。深夜中冀察政委会派专员及日籍顾问樱井等驰赴宛平县，会同日军副佐寺平同商解决办法。这时天色方始黎明，日方则坚持必须入城，双方在城内谈判了好久，毫无结果，寺平即返回日军阵地而指挥攻城。当日并有日军兵车一列由山海关抵丰台，卢沟桥事件并非突发，而处于对方之有计划的预谋，已极明显。

寺平走后，即留樱井与我方专员谈判，彼此当电话中传达谈判情形时候，日军突以"一面交涉一面武力"的策略向我县城猛攻，英勇的二十九军随即沉着应战。下午六时一刻，一个大炮弹落在县政府的会客厅中，幸而恰在前五分钟，客厅里谈判的双方代表，迫于炮火的集中县府，已移到对门的宪兵队去了。接着有一百个以上的炮弹落在这只有一方里的小县城中，守城的营长坚决反对退出县城，他对于正在进行中的交涉感觉前途暗淡，同时日军已将平汉路铁桥占领，企图渡永定河以袭我后方。营长见战局危在千钧一发，乃命一连人用绳梯爬出城外；出了城的人，一部经卢沟桥绕至河西，一部则偷行至铁桥东端，这样两头夹攻，把敌人打退。士气之壮，真是闻所未闻。但这与绥远战争又有两点不同：第一，绥战之对方以伪匪为主，此则以日军为直接对象。第二，二十九军兵士两年来多方的忍辱，以及受到绥战的激动，都是以使他们发出不可抑制的兴奋，更何况他们还有喜峰口战役时所得来的"抗日传统！"那正是晚十一时，在夜色朦胧中，大刀队发挥了无上的威力，使日军"三小时占领宛平"的豪语，未能实现。日军满想应用去年占领丰台的公式来解决卢沟桥，但他万没有想到会遇着二十九军这样强硬的态度，使他们遭逢一个当头打击。

这一个败仗打下来，事实上日方不能不接受我们的和平条件，于是当夜即约定双方同时撤兵。九日晨，日兵虽声言撤退，但仍不断向我挑衅，在城内负责谈判的樱井顾问，只得出城与日军当面接洽，劝其遵守约言。我方守城兵士听说有什么"和平"条件，那简直不是他们所能同意的了，但是为了顾全大局，亦只得退出宛平县而驻守桥西。城内另调石友三部的冀北保安队接防，并限制为一百五十人，且不能带机关枪及重兵器。

实际上，我方虽已打了一个胜仗，但在事件的解决上已是大大让步；按理说，事态当可不致扩大，所以十日的早晨，一般均认为"和平"是不成问题了。

战地踏察

十日清晨，战争既停，记者乃骑着自行车赴卢沟桥视察。由广安门通卢沟桥的大道，已于去年此时修成了很好的汽车路。路之两旁尽为农田。时已仲夏，田野亦显得特别美丽，经柳行村，小井村，大井村，市集都相当热闹，战事似已完全成为过去了。路上遇到了一部军用汽车，里面还载着一具尸体和三个伤兵，他们属于冀北保安队，昨晚接防宛平县城后，日军又行背约攻击，那（哪）知我们的保安队，是与二十九军一样的英勇，这种无信义的行为，并未收效，不过保安队却也牺牲了几名英勇的兄弟了。

日军虽云撤退，但是仍在平汉路丰台的岔道的沙岗底下搭着四五座帐篷到卢沟桥的公路，须经过这条岔道的一个涵洞，有两个日军在涵洞口上放哨。我经过这里的时候，被日军截住。日本话我不懂，但是我了解他是问我的名字，我就给他一个名片，随着我就被引入他们的营地。

在我身旁，最引起注意的是我的照相机。一刻钟之后，找来了一个会说中国话的兵士，开始了对我谈话。因为知道我是欧洲报纸的记

方大曾 (1912—1937)

185

者，所以对我非常客气。他们先疑我为中国军的高等侦探，理由就是新闻记者没有勇气到日军方面来；然而由于我的态度自若，这个猜疑也就消除了。

一会儿，见他们又紧张起来了，并且来了一部载重汽车，随着几个兵士忙着架设电话线，非但无撤兵的行动，反而又如临大敌的样子了。

一小时后，我被放行，穿过涵洞再行了一里许到宛平城下。这一带寂静无人，正是战场地带，伤亡的兵士想必都已由双方运回了，只剩下一匹死去的骡子，肚肠还流露在腹外。城角上飘着一面停战的白旗，城上有几个保安警察在放哨。

宛平县只有东西两个城门，东门是紧闭着，要从北边绕过西门才能进去。城门开了一半，警察领我到警察局，蒙一位于巡官陪同到各处拍摄战迹照片，并以事变之详细经过见告。时间已是正午，记者正在警察局，忽然听到了两个消息，都是前方哨探用电话报告来的：第一是日军四五百人又从丰台出动，向卢沟桥进行中；第二是大井村又被日军占领，我方派往修理电话线的工人被阻回，局势转紧。日军吃了这次的大亏之后，是不甘心的，而且对于他们原来进占卢沟桥的计划是相背（悖）的，所以暂时的议和，只是缓兵之计，现在援兵已到，又来准备报复了。

卢沟桥的形势

关于卢沟桥的记载，七月十八日大公报的"星期论文"中有一节说得很详细，兹引于下："卢沟桥在北平西南，距前门十五公里，属宛平县。民国十七年划北平为特别市，宛平县治移设于此。石桥起于金代金史河渠志称大定二十七年（即宋孝宗淳熙十四年，西元一一八七年）建石桥，明昌三年（即宋光宗绍熙元年，西元一一九〇年）成，赐名广利。桥当南北道路，行人使客，往来络绎。马可波罗游记，盛称此桥之宏大，可容十骑并列（引者按：欧美人名此桥曰马可波罗桥），桥两旁石栏石柱，所铸石狮，雕刻极精。近人游记多详载之……因水溢桥圯，明清二代屡加重修，又以密迩燕京，置城防守（引者按：今之宛平县城，原名为肥城）。石桥长六十六丈，为虹十有一孔，新建之铁路大桥在石桥之北，相距约半里，长度九四〇公尺。"

打开北平地图一看，丰台通县南口卢沟桥分据北平西面，东、南两面的通县丰台，已成为日本的军事根据地；北面的南口，为平绥路的咽喉，事实上这地方已属于冀东伪组织之昌平县，日军可以随时由古北口进军而扰乱平绥交通。这样看去，北平已入于三面包围的形势，只剩下西面的卢沟桥算是平汉路交通的要道。如果说，我们要开展一个收复失地的战争之时，无疑的平汉路将成为主要的军运路线。平汉路在抗战中重要，不止（只）是军略上的，而且还相关着中国西北的一大部分的抗日生力军，这一部分的力量要向抗战前线上调动时，自当借重于平汉路。而日本急于伸展其势力于平汉路上者，其目的之一，自然也是想以先发制胜的方法，对这"危险的将来"下一个准备工夫。

方大曾（1912—1937）

日军看中了卢沟桥这地方，原非自今日始。从去年的"秋季大演习"以来，驻在丰台的日军，即以把卢沟桥造成"丰台第二"为中心的任务；无奈强硬的二十九军，永远是毫不让步。日军演习部队为了要到永定河西岸去，曾和二十九军发生过无数次的争执，但终于还是没有允许他们越过卢沟桥。绥远战争后，日本企图从侧面入手，积极鼓吹沧石路之兴建，沧石路果能成功，则卢沟桥的重要性自当降至于零了。然而这个企图并没有若何成果，于是以武力夺取卢沟桥的准备即入于必行的阶段了。自然，卢沟桥事件之爆发，亦不免含有某种人事方面的错综成分（如公敢先生在二卷廿八期申报周刊上的通信中所分析的），但更重要的，还是应当从侵略者之整个进取步骤中去求得了解。

卢沟桥之所以比丰台重要，是由于它不只为交通要道，而且还是一个从历史上就早为兵家必争之地的好战场。假设一个全面的抗战发动起来，我们的战略一定相当复杂。但仅就保卫北平这一点说，卢沟桥将成为我们进军的要路，永定河把这里划好了一条防线，它的东岸包括着宽广的平原，正是日本认为最理想的地方；他们若是得了这块地带，真是进可攻，退可守；正惟其如此，所以我们必需固守卢沟桥，为我北平的生存留着这条唯一的气管。

长辛店巡礼

记者在宛平县工作毕，即登卢沟桥西行，我军此时已在桥之西端，桥头满堆沙袋。守军盘问我，我说是从北平来的，他们很兴奋。又问我：日本兵撤退了没有？我即据实告以并未撤退，且正在增援中。听了这消息之后，兵士们都感觉极愤恨。

我站在卢沟桥上浏览过一幅开朗的美景，令人恋恋：北面正浮起一片辽阔的白云，衬托着永定河岸的原野；伟大的卢沟桥也许将成为伟大的民族解放战争的发祥地了！

从卢沟桥到长辛店只有五里，该地为平汉路北段的要站，机厂、材料厂都在这里，居民有七千户，百分之七十都是平汉路上的职工，因之，同时也是个工人区。

在一条街的尽头上，排列着阵亡的兵士的尸体，正在一个个的拍照抬埋。说也很巧，事变发生的那天，北平某木厂有一批订货由铁路运来，计木板四十吨。此项木板因战争阻于此，于是恰好就被军队出价买来，赶制了棺材。中国人对于保全尸体是很重视的，这次为国牺牲的健儿们，可瞑目于九泉了。军队中以四毛钱一天的工资招募了本地的老百姓作抬埋工作，老百姓都很勇于服务，军民间的感情非常融洽。休息的时候，兵士还把自己的香烟分给他们共享。

围着尸体看热闹的人中，有一个就说："直奉战时，在长辛店打了三天三夜，也没有死这样多的人啊！"又一个说："死的那个连长他太太才十八岁，就住在这个街上，昨天看着棺材埋了之后，就坐火车回娘家去了，大概许是保定府的人。"

街头扶轮小学的童子军，打着一面小旗向各商户宣传募捐；商会特做了十几担绿豆汤，备了好些烟卷糖果，由一大排人抬着往卢沟桥去劳军。长辛店的民众都活跃起来了！

南下、北上的列车全止于此，所以长辛店反而更热闹。一列伤兵专车正要开往保定，列车的最后一辆车，躺着守卫宛平县城的营长金振中，他的腿部被炮弹炸伤了。长辛店的"员工慰劳团"带来大批慰劳品，挨车分送给各伤兵，金营长得的东西最多，但随后又命令他的传令兵把这许多东西转送给各车里的许多同难者。

　　卢沟桥事件发生后，新闻界之到长辛店来者，尚以记者为第一人，故很快的这个消息就传遍全站了，因之在工作上得到各方面许多的帮助。

　　下午四时，赴驻军团部去访吉星文团长，他是这次战役的直接指挥官，我们会面时，他手里正拿着一个电报，同时很匆忙地对我说："前方很紧，日本兵恐怕又有新的动作！你从北平来吗？不要回去了。"

　　记者辞出后再回到街上时，消息越发紧张了。一座高坡上，机关枪架在那里，路上的人多往家里跑。车站东边的商店，因为临近河边，所以也纷纷上了门。无疑的，卢沟桥又在对抗了。记者以发稿关系，又必须当日返平，但战争既有复起，卢沟桥自然不能通过，不得已乃沿永定河西岸绕道门头沟路线返平。

方大曾 (1912—1937)

　　这条路正是我军沿河的一道防线，所以要经过好多次守军的盘问，但每次留难之后又必很客气地说几句道歉话，表示"对不起，耽误了你的时间"。这条路很少有人走，所以我这不速之客颇易引起他们的误会；我又曾遇到一个兵，从侧面五十米远的高粮（梁）田里跑出来，并立刻作卧倒的姿势，用枪口瞄准我，喊一声"站住！"我停住，告诉他我的来历和去向，他才叫我离他很远的走过去，但是他仍用枪口向着我，直到我的背影在前途中消逝之后。我感觉二十九军的兵士每一个都很可爱，他们平均年龄都很小，二十岁左右的青年，正充满了天真活泼和英勇热烈的心，又何况他们都受过铁的训练，与强烈的民族意识的浇灌呢。

　　离长辛店十二里，至卢井村，正是下午六时，隆隆的炮声从卢沟桥方向送来，激烈的战争又在进行着了。所谓"和平"，只是对方的缓兵计，虽然我军为和平起见，已自动退至卢沟桥西岸，但是我好像有一个很坦然的心，相信二十九军绝对不会失掉自己的阵地。炮声一直把我送进了城，天色已黑，城门正要关闭了。

日总动员以后

随着日本的全国总动员之后，华北局势突转严重，平津一带已无形中成了战场。宋哲元返津后，和平空气虽然很浓厚，但是真正的局面还是外弛而内紧。及至宋自津返平后，卢沟桥及北平四郊又发了数度更激烈的战争。这些都是以证明，卢沟桥事件不是那样简单就可解决的。

十日下午开始的二次总攻，日军仍未能得逞，反而遭了比第一次战役的更大的损失，计两次战役死伤达二百三十名之多，而我军伤亡则为一百五十余人。

二十九军在这次抗敌战争中，其悲壮热烈，实非笔墨所能形容。记得在日军二次进攻的夜里，我军有一排人守铁桥，结果全部牺牲，亦未退却一步。及后援军赶到，始将铁桥再行夺回。一个伤兵告诉我：他在那天参加夺桥的战役，他冲到日军的战壕里，把一个敌人用刺刀扎死，没有急把刺刀拔出来的时间，旁边的一个敌人把他左背刺伤；他就放弃了枪，右手从背上拔出大刀，立刻把刺他的那个敌人斩去半个头，并且接连着还杀伤两个敌人。这时他腹部又受了另外一刺刀；他觉得够本了，就跳出敌人的战壕跑回来。他还说：弟兄们将敌军打败后，还拼命的追杀过去，集合号也不能把他们集合回来，结果还是官长们亲自把他们叫回来的。因为我们有命令：只死守，不进攻。但这种情形好像猎犬追赶兔子一样，是一件无法抑止（制）的行为！伤兵们每人都有两处以上的伤，可是他们都很满足自己已经够本了。

刚愎自用的日本少壮军人对于这两度战役的败死，自然是绝不甘休。"倾巢来犯"的形势由此造成了。于是北平的西南郊已完全布满了日军，野蛮的暴戾行为发作起来。关外调来的军队，对于怎样向中国大众施逞其淫威，经验当然丰富。农民们被强迫着割平自己的庄田；不止此也，割完之后，还被活活的埋在地上，只留一个头在外边，等他们慢慢死去。至于妇女们所遭遇的命运，更不忍想像（象）了！为什么我们不立刻动员，把这些惨无人道的野兽赶出境外呢！

经过了这样一个残酷的"和平"阶段，从十九日夜间，日军又向卢沟桥作第三次的进攻。虽然这次战役，日军多了八辆坦克车和四辆铁甲车助战，但是结果都与前两次相同，只不过是战况较前更剧烈而已。二十日的早晨，北平有个谣言，说日方提出最后条件，限宋哲元正午答复；但是当日下午二时半起，日军又向卢沟桥施行第四次的炮轰。前三次的战争，都是在夜间，独此次是在白天。迄下午五时，炮火暂停，但七时许又开始，直轰到天黑才止。七百多个炮弹落在宛平县城内，一切房屋全部被毁，居民死伤遍地，长辛店方面也落下炮弹九个，战况之烈，可以想像（象）。但是我军阵地仍然毫无变化，当时北平曾盛传卢沟桥已失落日军手中，但我确信卢沟桥绝不能失守，理由就是二十九军绝不会败于日本，昨日如是，今日如是，明天当仍然如是。

战争空气由于这次的炮火变得突然紧张，大概全国的民众都确信一个全面抗战将要开始了吧，美国几家著名电影公司的新闻摄影员，中央电影场的技师以及国内的几位著名记者都纷纷赶到北方来，然而局势反而趋沉寂下去。现在，平汉路的客车已经通到北平来，据说一切均已和平解决，双方同时将军队撤回至相当地点了，今晨——廿三日，我军已有三列兵车自北平开往涿县，而日军则只将占据铁道之军队撤退一里许，并且山海关方面还有无数日兵继续的开往天津，不知所谓"和平"之内幕究竟如何？

也许这篇通信（讯）到读者目中时，更严重的局势又已经展开着了，因为我实在没有法子相信；同时全中国的民众也都没有法子相信：这次事件又和过去一样造成万分耻辱的结果。假若忠勇抗战的二十九军从北平撤退了，而这样大量的日军被容许长驻在华北，那么华北不是就等于伪满和冀东一样了吗？

（原载《世界知识》第 6 卷第 10 号，1937 年 8 月 1 日）

方大曾（1912—1937）

191

《卢沟桥抗战记》是方大曾最具代表性的通讯作品。卢沟桥事变爆发后,方大曾第一时间赶往前线进行采访,了解战况、访问官兵、巡视阵地,在这篇亲历记式的报道中,他详述了战事的过程及发端,以所见所闻及细节描写,生动的笔调拉近了读者与前沿的距离,通过细致的背景介绍、实地踏察、事件分析,使战争的惨烈直刺心脾。文章中小方预言:"伟大的卢沟桥也许将成为伟大的民族解放战争的发祥地了!"《卢沟桥抗战记》发表后被中外媒体大量援引,鼓舞了士气,振奋了民族精神,成为外界了解卢沟桥事变的第一手信息,因此也成为抗战初期新闻报道的不朽名篇。

方大曾摄影作品选摘

《联合阵线》

《黄河上的纤夫》

《绥远前线》

《码头工人》

《战地集结》

评析：

　　方大曾的摄影作品大多以纪实的方式完成，内容取材于朴素的生活，冷静、简单、略带隐忧，看似不经意的画面，又像是经历深思熟虑的结果。他的作品构思新颖、风格独具、寓意深长、扣人心弦。秋尘曾撰文评论方大曾的作品："多取材大众生活，热烈情绪，跃然纸上，而技术则无所轩轾，具臻上乘。"如《联合阵线》，这幅作品取材现实生活，画面简洁鲜明生动，构图用光恰到好处，它告诉人们坚持团结联合行动，组成强有力的统一阵线，才能同舟共济，战胜惊涛骇浪，争取最后胜利。把写通讯报道和拍新闻照片有机地联系起来，把艺术摄影和报道摄影统一地协调起来，到现实生活中，到火热斗争中去，力求新颖、生动、明快，是小方采访、写作、拍照的特色。因此，他也被后辈们誉为"中国的罗伯特·卡帕"。

（编撰：冯雪松）

石西民（1912—1987）著名报刊活动家，党的新闻事业的重要开拓者之一。抗战时期，他以敏锐的观察、犀利的笔触采写的大量新闻通讯，在读者中产生了震撼人心的力量。尤其是长达九年的新华生涯，披肝沥胆，抒写了绚丽的报人篇章，达到了其新闻人生的顶峰。新中国成立后，他继续在党的新闻和文化战线上努力工作，并致力于我国近代新闻史的研究，为建设和发展无产阶级新闻理论作出重要贡献。

"新华" 主将

石西民，原名石士耕，笔名栖明、史名操、怀南、何引流、明石。浙江浦江人。早年时不愿安守祖业，立志做一名新闻记者。从 1930 年 3 月任《红旗日报》沪东区特约通讯员始，到 1949 年 4 月南京《新华日报》创刊、新华社南京分社成立、南京人民广播电台建立，近二十年间，石西民一直从事新闻工作。新中国成立以后，长期担任党的宣传部门和国家文化部门的领导工作，先后任国家出版事业管理局局长、中国社会科学院副秘书长、中国社科院新闻研究所名誉所长等职务。他把一生献给了我国新闻事业。

石西民 (1912—1987)

放弃祖业　结缘新闻业

石西民于 1912 年 11 月 4 日出生于浙江省浦江县壶源乡石宅村的一个地主家庭。父辈寄希望于他成为一个读书人，日后光宗耀祖，继承家业，可他不愿安守祖业，而是自己选择应走的道路。

1928 年初秋，石西民由老家来到上海，入群治大学高中部读书。

从这时起，他在课余大量阅读进步书籍，开始认识社会。创造社、太阳社出版的诗歌、小说，郭沫若的《女神》中那种如熔岩奔腾的革命激情，使他热血沸腾，豁然开朗。这时，他开始养成每天翻阅大量报纸的习惯，立志做一名新闻记者。1929年9月，石西民加入中国共产党。入党后，他积极参加党支部组织的写标语、发油印传单、示威集会等活动，积极投身到党领导的革命文化运动中。

1930年3月，石西民担任了中共上海沪东区委宣传部干事，同时兼任党中央机关报《红旗日报》沪东区特约通讯员，从此结缘新闻工作。1934年1月，石西民在上海参加了由钱俊瑞、薛暮桥等人发起组织的"中国农村经济研究会"和"中国经济情报社"，潜心研究经济问题，在上海《中华日报》上发表他最早的经济方面的评论文章：《亢旱后的浦江农民生活》。1935年，石西民在日本当时颇有名望的刊物《中央公论》上发表经济评论文章，用"石西民"为笔名，此后正式名字也改为"石西民"。

1936年1月，石西民在上海《申报》担任《申报周刊》编辑，自此正式踏入新闻界。他在这份刊物上用"栖明"的笔名写了许多短评，尽可能利用刊物做些进步宣传。他除了撰写经济评论外，还写了一批有影响的国际评论，如《日本往哪里去》《论贸易出超》《民国二十五年的国家总预算》《我国田赋的积弊与整理》《"开发华北"问题的检讨》等9篇文章。在《申报周刊》的这段经历，使石西民受到了全面正规的新闻业务锻炼，奠定了以后从事新闻工作的基础。《申报周刊》的总编辑俞颂华先生私下曾对家人说："在我编辑部的同仁中，将来最有前途的是石西民。"①

1937年，七七事变爆发后，石西民由《申报》派往华北战地采访，这是他第一次当战地记者。7月31日午夜，他从上海乘车北上，经郑州、石家庄抵保定。在保定采访了国民党华北军政要人孙连仲、撤至保定的宛平县县长王冷斋等，后几经交涉获准至琉璃河站最前线采访，在《申报》上发表多篇战地通讯。他在《北行途次》中描写日军入侵以来国民"行李萧条南度日，伤心北望已无家"的凄凉景象；在《国防线上的石家庄》

198

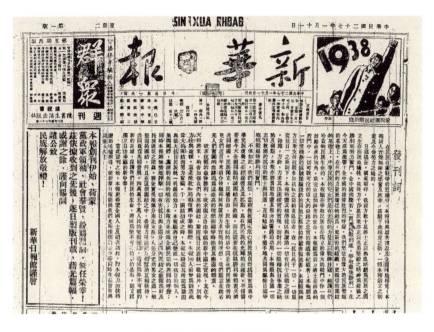

武汉《新华日报》创刊号

石西民 (1912—1987)

中为石家庄驻军精神饱满、纪律严明而欣慰，为潜伏汉奸猖獗而痛恨；在《平津失守与平汉前线》中颂扬二十九军的英勇及艰苦，指出平津战事的失利，决不是战斗的失败，而只能归罪于战略上指挥上的错误。石西民通过理性分析，指出抗战胜利还要军民打成一片，可以说抓住了当时时局的关键。

九年新华生涯　抒写报人篇章

1937 年 12 月，石西民奉命离开《申报》，参加武汉《新华日报》筹备工作，开始了长达九年的党中央机关报工作时期。1938 年 1 月 11 日，《新华日报》正式创刊，石西民任第二版编辑。创刊之初石西民不断总结经验教训，探索办报规律，做了大量开创性工作。

1938 年 6 月，石西民等人受到王明的排挤而离开了编辑岗位，去前方当战地记者。"我被派往江西，这是第二次当战地记者了。当时由于抗战初期，民气昂扬，我盼望能够到前线去，真正成为'前方将士在浴血的苦斗中，一切可歌可泣的伟大的史迹之忠实的报道者记载者'，现在终于有了这样一个机会。"② 石西民先到南昌，采写了《江西省的动员民众办法》的通讯。接着在赣北战场，采写了《记九江姑塘战事》《战地访问李汉魂将军》《赣北战地见闻》《大战火烧山》《金轮峰歼敌计》等战地通讯。这些脍炙人口的报道，对抗战初期的国民党军队，有表扬有鼓励，也有善意的批评，给读者留下深刻印象，他也因之成为读者瞩目的名记者。

1938 年 10 月底武汉失守，《新华日报》移至重庆，石西民奉命前往皖南新四军军部作战地采访。他采写了《活跃在京芜的新四军》《江南游击横断面》《在新四军与四个俘虏的谈话》等通讯，这是抗战以来第一次关于新四军的系列报道。1939 年春，他前往新四军一支队采访，在一支队司令部访问了陈毅，在《新华日报》上发表了《陈毅将军访问记》，使大后方民众第一次知晓陈毅这位富有传奇色彩的抗战名将。

在胡世合惨案、国共重庆谈判、拒检运动、较场口事件和二二二血案等重大历史事件中，石西民作为《新华日报》的采访主任、编辑主任，依据事实主动营造并引导舆论，发动国统区乃至全国新闻界力量抵制国民党的歪曲报道和不合理的新闻检查制度。他以违检和越检的方式，使毛泽东的"人不犯我，我不犯人；人若犯我，我必犯人"的严正态度和周恩来的"为江南死国难者志哀"、"千古奇冤，江南一叶；同室操戈，相煎何急！"③ 的著名题词公开见报；以不送检的方式使黄炎培的《延安归来》出版发行，领导了全国各地文化、新闻、出版界一场"拒检运动"，④ 显示了党领导的国统区舆论统一战线的宏大阵势和力量。

1946 年 10 月，石西民担任新华社总社和延安解放日报社社委兼副总编辑。1947 年春，《解放日报》和新华社总社陆续疏散和撤退，石西民留在延安清凉山主持《解放日报》的编辑工作，是最后离开的一个。1948 年 4 月 16 日，新华社总社派石西民、徐迈进等人组成先遣工作队，与范长江等共同筹备总社迁移事宜。1949 年 4 月，南京解放的第二天，周恩来代表党中央派遣石西民负责接管国民党中央新闻机关，创办了人民的报纸、电台和通讯社。4月29日，南京《新华日报》创刊，石西民任社长，兼任新华社南京分社社长和南京人民广播电台台长。在任南京《新华日报》社长期间，他继承重庆《新华日报》和延安《解放日报》优良传统，积极探索中国共产党成为执政党后的党报办报道路，成为新中国党报事业的开拓者之一。

指导新闻和文化工作

　　新中国成立后，石西民继续在党的新闻和文化战线努力工作。1950年3月，石西民在华东军区暨第三野战军全军新闻工作会议上发表讲话《关于新闻写作问题》，运用马克思主义观点，总结党报的实践经验，探索新闻写作规律和文风问题。12月30日，出席新华日报工作人员及通讯员新年联欢会，号召党报通讯员成为新经验、新创造的传播者。1952年10月，石西民任中共江苏省委常委兼宣传部长，兼任江苏省文教委员会主任委员。1954年2月，石西民调往北京，任中共中央宣传部副秘书长。

　　1955年5月，石西民调往上海，历任上海市委常委兼宣传部长、市委书记。1956年3月，上海市委宣传部召开出版工作会议，石西民在总结发言中明确了出版社的方针和专业范围，提出了改善党对出版事业管理的具体办法。5月9日起，上海市委宣传部举行16次系列时事报告会，石西民作首场报告，题为《为争取和平方法解放台湾而努力》。7月7日，在上海市政协召开的学术文化界人士座谈会上，石西民发表关于"百家争鸣"问题的讲话。1957年，党中央接受舒新城先生的建议，把重新修订《辞海》的任务交给上海，由石西民直接领导此项工作，他为编纂这部浩繁的大型综合性辞书，调动了全国近五千名专家学者的力量，为此付出了大量心血。

石西民（1912—1987）

1965 年，石西民被调至北京，任文化部副部长、部党组副书记兼中苏友好协会副会长。"文化大革命"中，石西民遭到残酷迫害，被非法关押达九年之久，身心受到极大的摧残。在身陷囹圄的情况下，他坚持正义，拒绝诬陷其他同志。1975 年获自由后，任国家出版事业管理局局长。1980 年 3 月，他出任中国社会科学院副秘书长，主管社科院科研规划和组织工作。这期间，石西民开始了中国共产党新闻事业史的研究工作。他广泛搜集资料，深入研讨几十年来党的新闻事业的经验和教训，发表了《学者与战士》《党报史上的光辉一页》《增强党性深入群众》等重要文章。1983 年，石西民退居二线后，还为指导《郭沫若全集》的编辑出版工作而呕心沥血，直到病危期间，仍在关心这项工作的进展。

石西民在不同的环境和条件下从事新闻工作，积累了丰富的实践经验，同时对我国近代新闻史的研究，对建设和发展无产阶级新闻理论也提出许多真知灼见。石西民为人朴厚、忠实、平易近人，尊重知识，尊重人才；不诿过，不矫饰，不矜持，坚持做实事，收实效，对工作有高度责任感，并且始终保持先进思想和进取精神。以韩愈《原毁》中的"古之君子，其责己也重以周，其待人也轻以约"来概括石西民的一生，是当之无愧的。

注释：

① 姚北桦、王淮冰主编：《俯仰之间——石西民纪念文集》，江苏人民出版社 1996 年版，第 43 页。

② 石西民：《报人生活杂忆》，重庆出版社 1991 年版，第 13 页。

③ 石西民、范剑涯编：《新华日报的回忆·续集》，四川人民出版社 1983 年版，第 101 页。

④ 姚北桦、王淮冰主编：《俯仰之间——石西民纪念文集》，江苏人民出版社 1996 年版，第 26 页。

作品选编

陈毅将军访问记

一、新四军怎样进入苏南的？

是一个春雨如丝的上午，我们二三个人围着一盆炉火。在一间幽明的小屋子里，陈毅将军安详地同我们开始了谈话：

南京、镇江、金坛、溧水等地区，是在茅山山脉周围的一个平原，肥沃的土地，丰富的物产，便捷的交通，它是敌人沿长江西进的后方最主要的战略据点。所以摆在坚持敌后打击日寇的新四军战士面前的，是一个艰难的任务。在苏南这块狭长的地区，北面是滚滚的长江，限制着我们向北活动，除了饮马长江之外，对游击战争是一大障碍。京沪铁路与长江平行，更缩小了我北面活动的地区。在东西南三面，四个大湖，运河、小湖泊、公路网，交织如蛛网，每一条小河浜都可以通上海。在这样一个交通发达的平原地带，又加上这是敌人咽喉，因此成为两军势必争夺的所在。客观环境如此困难，但是我们勇敢地担任了这一神圣的任务。

陈毅将军以强有力的词句这样说："一般人认为游击战争是不能在这困难地区进行的，但我们不同意，我们要反对这种地形拜物教的观点。我们始终认为：游击战主要条件是人力，地形条件固然是重要的，但这是其次的，人力可以战胜地形条件的不利。而且江南虽然地形条件困难，但是日寇的滥烧滥杀已激起了千万大众的仇恨，南京撤退时散布在乡村中××万支长短枪，更给我们很多战斗武器。日寇侵略我们，我们有人山人海来作保障，使敌人如陷孤岛。这人山人海，便是战胜敌人的基础。"

石西民（1912—1987）

203

新四军团结支队初到苏南地区时，有的人看不起他们："上十万的大军都要撤退，靠你们少数的人枪有什么用？"还有比较忠厚老成的人告诉陈毅将军说："陈司令，你的司令部只有七支枪，怎样能够抗日呢？日寇一包围来，你们是逃不掉的。我劝你们改换服装，穿便衣吧！"但是我们堂堂的国家正规军，怎能脱下军装改换便衣？尤其在苏南一般民众抗敌情绪比较消沉时，我们更不能够穿便衣。我们谢绝了老百姓的劝告，就在这样情况底下，开始了我们的战斗。

二、我们是怎样战斗着的？

抽完了一支烟，沉默了一会，陈毅将军继续讲下去：

我们初进入这样一个困难的地区作战，主观的力量又是这样的贫弱，但是我们全支队指战员抗战的情绪和信心都是非常高涨和坚定的，没有一个被这当前的困难所压倒。我当时首先指出，一切当前的困难，都可以由战争的胜利来解决，而且也只有战争的胜利才能解决。我们武器不够，但是可以通过战争夺取敌人的武装来武装自己，我们人力物力困难，但是战争的胜利，可以提高人民抗战信心，他们就会踊跃参战和慰劳援助我们。所以，我当时提出以战争的不断胜利来配合全国战局，特别提出在江南创造一模范抗敌根据地的任务。

自去年六月十五日起至八月十五日止，这两个月中，我们与敌作战三十余次，捷报如雪片一样飞来。从此以后，敌人不敢轻易下乡了，保持了苏南一片干净土地。在这几个月中间比较大的战斗有：

第一是新丰车站的夜袭，把六十八个鬼子兵全部烧死在车站内，缴获了二十余支枪。这一次战斗震动了苏南，民众对新四军的信仰，对抗战前途的信心都提高了。

第二是去年"八一三"攻入句容城。城内的二百余名敌军在城门口就被我击毙三十余，城内伪维持会完全烧毁，烧死汉奸武装和日寇很多，残部狼狈逃出，这一次战斗后，句容城的居民纷纷迁往乡下，感觉到城内不安全了。

第三次战斗是在高资车站。有七十余名伪军和五十余名日寇同住街上，我们以迅速袭击，将伪军全部歼灭，日寇死伤很多。自此以后，周围二十里内敌军都逃往南京，汉奸部队大大动摇，日寇组织伪军利用伪军遭到很大打击。

第四次与×××军一部配合，在丹阳珥陵消灭下乡敌军一连人。从此以后，不仅敌军二三人不敢轻易下乡，就是比较大的队伍，亦不敢轻易下乡了。

第五是动员了十七万民众，在很短期间把镇江到句容，丹阳到句容，金坛到丹阳，镇江到江阴的四条公路彻底破坏了，使敌人仅仅能够保持京沪铁道和溧武公路而已。

敌人在屡次遭我痛击之后，便在去年九月以后改变了战略，采取了封锁战术：（一）积极修复公路，并且为保护公路每隔二三里就在公路桥梁旁都造好据点。由南京到武进这样长的路程，敌人不惜工本，到处构筑据点，使我破坏交通发生困难，往来游击遭到妨害。（二）积极修筑新公路，像棋盘格子一样，将地区划分为几小块，以谋缩小我活动地盘。（三）在每一小棋盘格中，又布置梅花点般的小据点，用少数兵力靠坚固工事固守，使我活动更加困难。（四）最后便是敌预先布置机动兵力，一发现我军，便疾驰包抄。

这是敌人新的军事进攻，虽然增加我游击战的困难，然而敌人决不能将我赶走。陈毅将军以辩证法来解答这个问题，他说："敌人虽然把我们的弱点看清楚了，用这种办法来打击我们，但是他要乘我们的弱点，消灭我的长处，而他自己又暴露了新的弱点。第一，敌据点星罗棋布，把集中的兵力分散了。在战略上讲是挨打战术，而且兵力分散，一切运送子弹给养交通都感不便；第二，少数敌兵固守据点，他是外来民族，不能不与我民众发生关系，因此我又可乘机袭击他。

"由于这两个弱点的暴露，从九月以后，我经常地乘敌不备消灭他守备比较疏忽的盘据点。时常袭击他运输子弹给养的队伍，经常出其不意刺死敌人酋长。敌人已感到，现在用'梅花桩'式的据点不能战胜我们了。

石西民 (1912—1987)

205

"今年二月初东湾的伟大战斗，我毙敌八十余人，攻入敌据点，并且击溃了三百余增援的敌军，这是我们给敌人'梅花桩'式战术的最有力的答复。经我全支队同志英勇顽强的战斗，我们已战胜了敌人新的军事进攻了。"

陈毅将军最后指出："今后敌人的企图，将可能以更大的兵力来'扫荡'我军，而把许多小据点放弃，改守大据点。但是这是敌人快要打出的最后一张牌了。"

三、我们怎样粉碎日寇的政治进攻

日寇竭力鼓动民众反对游击队，对苏南老百姓说："游击队是土匪，专门与老百姓作对。他们不是抗日的，如果他们真抗日，他们若有真本领，可以到九江到徐州去打（当时徐州、九江未失陷），假如他们能把我们'皇军'主力打败，我们自然会退，何必到后方来捣乱。"新四军一开到，敌人更竭力宣传说什么共产军要赤化苏南，想借此动摇上层分子，但是新四军战争的胜利，纪律的严明，粉碎了敌寇的反宣传。日寇在无可奈何之下，只好说："新四军现在对你们好，可是将来是靠不住的。"

团结支队一开入苏南，首先以很大的注意力来运用统一战线，调解地方内部的内讧。陈毅将军告诉记者：当他驻扎某地时，一个绅士来看他，正谈着话，一个参谋跑进来，私下告诉他："与这位绅士同村的另一绅士，已组织一批人要杀这个绅士了。"他听了很惊奇，马上差人去把那位绅士请来，问他究竟有没有这回事。那位绅士承认是要杀那绅士，说那绅士是汉奸。陈毅将军当面指出这种举动的不对，晓以大义，使两人杯酒言和，结果那两位绅士都感动了，安然回去。像这种事实是很多的。团结支队一到苏南，许多地方的绅士想利用军队力量来达到消灭异己的目的，多方包围，请客，到处送来互相攻击、互指汉奸的函件，请军队惩办，更有暗示可以奉送金钱的。在这复杂的情形下，我们认为这不仅是内部斗争，而且是日寇的一种阴谋诡计所造成的现象，所以各方调解，决不偏袒。由于统一战线的正确运用，地方民众的团结一天天巩固起来了。

新四军站在第三者的地位，帮助地方游击队整顿训练，帮助枪支，不干涉他们的用人行政，不把他们改编为正式军队，保留地方性。由于这一正确的策略的运用，地方游击队已有很大成绩。像丹阳地方的游击队，已有独立与日寇作战三十次以上的成绩了。

汉奸和两面派开始动摇，而且有的已帮助我抗战了。各地的汉奸，因为新四军的坚持抗战，开始动摇，金坛、溧水等城里的大汉奸，时常有派人送些情报来的情形。江南最多两面派，这种人为了保持生命财产而对敌敷衍。他们流行着这样的口头语："明保曹操，暗保刘备"哩！"身在日本，心在中国"哩！"大丈夫能屈能伸"哩！等等。这种人并非死心塌地要做汉奸，对这种人的争取也有成绩了，民众组织也发展了。

苏南地方行政组织像保甲、乡、镇、区、会所县政府，渐都恢复了。敌人的经济攫夺受到打击。现在广大的苏南乡村，不仅敌人不能抽壮丁，而且也不能收田赋。一般人民的抗日情绪提高了，敌人不但没能在政治上分化我们，我们却更团结更进步了。这完全是由于战士的英勇，革命军队纪律的优良和正确的统一战线政策的力量。

石西民（1912—1987）

四、克服困难的道路

我们坚持在苏南顽强战斗是有些成绩的，但是这成绩还不太大，还要创造更大的成绩。我们的面前也存在着许多创造更大胜利的困难。

陈将军以坚决的语气说，在这敌人将施用大量兵力来"扫荡"我们的时候，我认为是有办法克服这许多困难，而且战胜敌人新的进攻的。但是我要特别强调指出，今天困难的根本问题，是一个政治问题，换句话说，即是健全游击区的行政机构问题。这个问题能解决，我可以大胆地肯定说，在第二阶段战争中，我们可以使敌人放弃一切乡村、小城市，退守铁路线和大城市，造成真正相持的局面。

五、一个重要的意见

我们被陈将军的话震动了，所以特别提出游击区行政机构这个问题，请他作比较详细的解说，并请他根据实际情形，发表意见。陈将军也不厌谈话时间的过长，继续侃侃谈下去。

"在今天来说，游击区的主要问题是政治问题。因为游击队的作用只是使用力量，消耗力量；民众则是担负着供给人力、物力、财力的储蓄池。怎样来准备乃至充实这力量以供运用？这任务落在行政机构身上，所以行政机构是一个枢纽。

"我们不可否认，今天整个江南游击队作战是有成绩的，民众是奋起了，但是行政机构表现得还是非常无力。如战区中组织壮丁武装民众，优待出征战士家属，侦察汉奸，援助军队作战，这一切做到的成绩还是很少。主要的原因在于今天游击区的行政机构还是抗战以前的老作风。在平时，弊病还可马虎过去，但在战时，就不行了。为了适应战争紧迫的要求，任何一件事的决定和实行，都需要当机立断，假若还是老文章在敌人后方送到数千里路外去等待上级政府批准，则已失掉时效，而且远处敌后的上级对当地情形，也不能十分清楚。所以，游击区的行政今天特别需要独立性、创造性，在最高国策原则下，发挥这种机构的长处。可是今天是缺乏的，正因为这样，许多重要的有关军事的行政，地方政府都诿为无上峰命令轻轻搁置了。

"今天的游击区，需要新的适合战争客观需要的施政纲领，需要健全行政机构，需要党政军民协同的统一战线的最有力的动员组织，更需要有新的财政经济政策，这是保证游击战更大胜利的基本条件。"

差不多三小时的谈话，至此结束了。陈将军最后很谦虚地说："半年多来的战斗，我们总算在敌人种种进攻下尝到了各种的考验。我们一个支队虽然仅仅获得击毙敌人二千余，缴枪二三千支的很小成绩，但是我们总算试验成功，我们没有被敌人赶出苏南，这一点是可以告慰国人的。倘若今天有人以我们不能打一个像台儿庄一样的胜仗来责备我们，这是过分的，他没有认识我们今天坚持江南战争政治上的意义。"话说到这里又转回来，他说："倘若政治能进一步与军事打成一片，我们想那时候'关门捉鬼'并非难事。"

在感动和愉快的心情中，记者告别了这位精明强悍的江南卫星。一个豪爽英武健谈的影子，长期留在我们的脑海里。

注：团结支队，即是新四军一支队。陈毅同志是司令员。——作者

（原载《新华日报》1939 年 4 月 5、6 日；选自《时代鸿爪》，新华出版社 1985 年版）

评析：

这篇报道是 1939 年春，石西民根据周恩来的多向大后方报道新四军的战斗和工作情况，特别是多报道江南敌后的斗争情况的建议，前往新四军一支队采访撰写的。他在一支队司令部访问了陈毅，又同陈毅去东坝，拜访了到任不久的国民党行署主任冷欣，经过多方面接触，对陈毅有了较深入的了解，在《新华日报》上发表了《陈毅将军访问记》。通过这篇报道，能感受到被采访的陈毅将军热情、坦率、豪爽的性格，以及谈吐中所表现出来的敏锐、深刻的形势分析和高度灵活的斗争策略。而石西民也详尽报道了陈毅将军在平原水网地区如何动员、组织和武装民众抗战，坚持游击战争，取得赫赫战果的经验，这对广大军民认清时局，增强抗战必胜信念无疑会起到重要作用，也使大后方民众第一次了解到陈毅这位富有传奇色彩的抗战名将的有关情况。

石西民（1912—1987）

论慎独（节选）

在中国儒家崇尚的道德里，"君子慎独"是被特别着重提出的。什么叫做"慎独"？在今天来解释，则如刘少奇同志在《论共产党员的修养》一文里所说："即使在他个人独立工作、无人监督、有做各种坏事

的可能的时候，他能够'慎独'，不做任何坏事。他的工作经得起检查，绝不害怕别人去检查。"就是这个意思。

"慎独"的功夫在中国先贤中有不少传为美谈的。因为这表现了一个人身上的德行。宋末的文天祥可说是最为人崇敬的一个了。他在兵败被捉之后，许多汉奸用种种方法来劝降，他毫不为动。在解往元朝燕京的途中，他绝食服毒不死。元人把他软禁在燕京，共三年，多次的劝诱，希望他软化，元世祖对他是那样器重，所有这些都不能丝毫动摇一下他钢铁一样的决心，直到最后从容就义。这是"慎独"的模范，这是中国的正气！中华民族对这种"慎独"美德的崇敬决不是偶然的。

作为一个革命者，除了要锻炼其他的革命品质之外，特别要能够"慎独"。一般来说，革命者并不是超人，他之所以能在各方面比一般人要强要好，这原因除去他本质的不同之外，有组织的集体的力量在教育帮助督促纠正是有很大关系的。比如说，我们整顿三风，对三风不正的人是一种束缚。每个党员不论上下都一样，在有组织的集体生活中，互相批评讨论乃至检查，使缺点容易改正，使我们的工作容易做好。但有些人独立工作时，因少了集体帮助督促纠正，则容易出岔子。这就是说"慎独"是难事，正因为其难我们就特别要重视。

从现实情形来说，革命是艰苦的历程。在许多地方许多时候需要我们独立工作，尤其是在这全民抗战时期，工作环境又那样复杂，所接触的阶层是那么多，我们独立工作的同志的生活方式工作方式必然极其繁杂变化。为了进行民族解放的工作，我们不能像一个清教徒处处特别，板起面孔，以至与人格格不入。我们要能与别人生活在一起而又不使自己染上旧社会的坏习惯，做到同流而不合污；对各种有意的金钱、美色、高官厚爵的引诱有所警惕。认识到在独立工作时，偶一不慎，便易入其圈套，特别在生死关头，不坚定的人，终至一失足成千古恨，等等。由此看来，"慎独"的重要，是非常明显了。

共产党员仅仅做到"慎独"自然是不够的。但在上述情况下，能够"慎独"可以说是党员品格的典范之一。在目前中国环境中，"慎独"的修养，应是我们每一个革命者随时随地重视而且要力行的。

如何做到"慎独"呢？我以为每个革命者，特别是独立工作的革命者，要紧紧把握住"无私""有我"这四个大字。这四个字，若以望文生义的态度去理解，那么一定会觉得是矛盾的。其实一点也不矛盾，因为一个人存了半点私心，便不能以个人利益去服从革命的利益、民族的利益，（此处有删节）个人的患得患失，老会占据你的心。这便马上会被腐蚀的细菌侵入，逐日扩大噬尽了你的身心，让你只剩下一个躯壳，这是多么危险的事！明末洪承畴被清兵俘获，起初坚决地抱定为社稷而死的决心，不饮不食，对一切引诱毫不为动。可是过了一些日子，终于为女色、为儿女之私所引诱，空负了明室的厚望，成为千古可耻的贰臣。这种故事是不胜列举的。这告诉我们要做一个完人是不能有一点点私心的。我们革命者最崇高的德行，便是无私。（此处有删节）

　　没有无私便无从"慎独"，这是千古不移的定例。但是为了革命事业的推进，生活在旧的充满腐蚀细菌的环境里，我们不能为自己划上一道鸿沟，筑起一道防疫线；相反的，我们要大胆地勇敢地生活在这里面，活动自如，而能做到一尘不染。多少人口称为了工作上接近人的需要而染上坏习惯，讲穿讲吃讲玩，弄到后来，坠入陷阱。不是自己去向人工作，改造人家，反而是人家改变了你，自己变成行尸走肉，这是多么可怕的事情。要克服这种危险，便得于"无私"之外，随时把握住"有我"，要天天时时反省：我是什么人？我干什么？我与人家区别在什么地方？这种三思反省的功夫，是我们摆脱随波逐流的不二法门。我们要"慎独"，必须时时有我在。

　　最后，我们必须注意自己生活中的小节，对小节不含糊。我们党内教育常常这样说：要同志们对人勿去过分注意小节，吹毛求疵，要从大处着眼。这无疑是对的。可是对一个在独立工作的同志，在他自己的修养标准上，却绝对不能机械地来运用这一原则。前面我们已经说过，在复杂而危险的环境中，使人身败名裂的，往往从小节上的罅隙发生，毒菌因而由此蔓延。因此，任何对自己小节上的原谅，都是祸患之源！

　　"慎独"是不易的，是重要的。正因其难，其重要，所以应该特别努力！

石西民 (1912—1987)

211

（原载《新华日报》1943 年 5 月 29 日；选自
《时代鸿爪》，新华出版社 1985 年版）

评析：

　　这篇文章的写作背景是 1942 年年初，在周恩来的直接领导下，《新华日报》进行整风改版，石西民作为编辑部主任除担负具体组织和实施工作外，还主编了《日本研究》和《团结》专页。在一定程度上可以说《团结》专页是我党在国统区开展整风运动的一个公开阵地。《团结》专页更注重认真深入地做反省功夫，注意发表党员思想转变的自述文章，把专页办成地下党员进行自我教育的园地，被读者"当作一面镜子，想从别人反省文章中照见自己的弱点和缺点"。石西民在《团结》上曾发表 8 篇文章。其中《论慎独》一文论述刘少奇《论共产党员的修养》中所提出的"慎独"概念，认为要做到"慎独"，"每个革命者，特别是独立工作的革命者，要紧紧把握住'无私''有我'这四个大字"。这篇文章有助于革命者认清时局，加强修养。

（编撰：王健　余玉）

邵红叶

（1912—1990）

     邵红叶（1912—1990）　原名邵伯南，上海市人，著名新闻工作者。曾任《新闻报》《文汇报》《新华日报》《解放日报》《晋察冀日报》编辑等职务。1949年1月《天津日报》创刊，历任该报采通部部长、副总编辑、副社长、总编辑。他坚守新闻理想，恪守社会责任，忠于为人民服务的宗旨，将毕生的工作热情投身于党的新闻事业，一生奉献给祖国和人民，为发展党的新闻事业倾尽全力，作出了重要的贡献。

人物评介

霜重色浓映津门

　　邵红叶是党的老一辈新闻工作者，是一位热爱新闻事业的革命者。初识邵红叶，总觉得他一脸严肃、一丝不苟的严谨作风跟"红叶"这个富有诗意的名字不大相称。可是从他的文章和为人中，你会慢慢体会到，他身上有着"红叶"般的品格，那就是对革命事业的无限忠诚，对新闻工作的执着追求，和同志交往的炽热友爱，一往无前、不屈不挠的倔强精神，确如陈毅在《题西山红叶》中所写：西山红叶好，霜重色愈浓。革命亦如此，斗争见英雄。

　　他长期担任《天津日报》的领导工作，是毕生为党工作任劳任怨的新闻实践家，是坚持新闻原则毫不让步的新闻旗手，是培养新生力量严苛有加的新闻导师。他曾是中华全国新闻工作者协会理事、天津市新闻工作者协会会长。1990年4月2日逝世于天津。

毕生为党工作任劳任怨

　　邵红叶，原名邵伯南，笔名有汝谦、南、红叶等，1912年生于上海。父亲智渊，曾任新闻记者三十余年。1928年7月父亲病故，遗债七八千元，家中生活困难。他被迫离开了学校，继承父业，17岁进入上海《新闻报》充任外勤记者，先后8年之久。在这期间，他目睹了帝国主义对中国人民的种种压迫与剥削，及国民党反动派贪污腐败、欺压人民的黑暗统治，心中十分愤慨。此时，他耳闻关于共产党与苏区的情况，心向往之又苦于跻身无门。1938年1月，《新闻报》几个同事和铁道上的几位友人，用英商名义，合资出版了《文汇报》，邵伯南经同事介绍也一起加入了《文汇报》。当时上海已沦陷，他利用该报，竭尽全力宣传抗日，用文字揭发日寇在沪的种种暴行，以笔名"伯南"、"扫荡"、"红叶"等在报纸上发表了《哭陈桐轩先生——一个暴力下的牺牲者》《东战场之一角》《西南之行（一）（二）（三）（四）》等众多抗日文章。很快，日军及租界当局就注意到了他，上海英国工部局三次传讯，多方威胁，胁迫其停止撰写抗日报道，但他坚决不从，且愈益坚定。最后，英国工部局下令通缉，邵伯南被迫于1938年6月离沪赴港，并改名邵红叶。

邵红叶（1912—1990）

　　邵红叶抵达香港后，即写信给《文汇报》经理，提出要经广州、广西、贵州、云南，转往四川、陕北进行采访。报社同意了这一采访路线。邵红叶利用此次机会，以《文汇报》记者的身份，沿途进行新闻采访，并在《文汇报》上发表了若干报道中国人民奋勇抗战的通讯。此时，邵红叶已从事新闻工作10载，这10年的记者生活使他清楚地认识到旧社会的黑暗，立下奋斗志向：投身革命坚持抗战，为推翻旧的社会制度，建立新社会制度而奋斗到底。

　　1939年秋，邵红叶经《新华日报》吴克坚介绍认识了叶剑英、董必武，于10月徒步行抵晋东南太行第十八集团军总部投身革命，任《新华日报》华北版编辑、编辑科科长，成为革命队伍里的一名新闻工作者。1945年5月，他被调往新华通讯社总社、延安解放日报社担任编辑、国民党区编辑部副主任等职。1947年8月，他担任《晋察冀日报》编委兼采通部副部长，期间参加了土改和三查运动。1948年5月，《晋察冀日报》取消，成立华北《人民日报》，他随即任该报采通部副部长。

是年 10 月，保定解放，邵红叶被调往保定，担任《新保定日报》副社长兼总编辑。

1949 年 1 月 17 日，《天津日报》在解放了的天津创刊，邵红叶任采通部部长，后历任副总编辑、副社长、总编辑。他曾被选为中国新闻工作者协会首届理事、天津市新闻工作者协会会长、天津市人民代表大会代表、政协天津市委员会委员、中共天津市委员会候补委员。

1958 年春，邵红叶蒙受不白之冤，后遭错误处分，在后来的"文化大革命"中惨遭迫害，1979 年，在"拨乱反正"中彻底平反。由于精神疾病，邵红叶被迫离开新闻工作岗位。

坚持新闻原则毫不让步

邵红叶有着坚定的无产阶级立场，坚实的马列主义理论基础和思想水平。他坚持全党办报的方针和新闻工作的党性原则，坚持实事求是，反对"客里空"的虚假报道。在新闻报道工作上，高举坚持新闻原则的旗帜，坚持永不在原则面前退让半步。

1941 年，邵红叶与何云任晋冀鲁豫边区临时参议会参议员期间，提出建立"新民主主义的新闻政策"的议案，并于当年 8 月 13 日第 27 次临时会大会审议通过，提交边区政府执行。邵红叶在提案中全力倡导在新民主主义的社会形态下，言论、出版应该得到应有的自由，要有更为完备的新闻政策，促进敌后新闻事业的发展，加强对敌的宣传斗争。是年 9 月 1 日记者节，他为《新华日报》华北版撰写了《为实现新民主主义的新闻政策而奋斗》的文章，指出"议案的通过，为我们敌后的新闻工作划出了一个新的时代。在这个新的时代中，我们敌后的新闻事业，将一定会增添新的活跃的气象，取得许多新的灿烂的成果"。①

邵红叶调至《晋察冀日报》工作期间，随土改工作团下乡搞调查，发现一些工作方法过"左"，立即给报社写报道，因此引起了一些人的

《天津日报》

不满，直到中央发表《中国土地法大纲》纠正"左"的错误后，才证明了他的看法是实事求是的。

邵红叶在《天津日报》任主编期间，有一年开展打麻雀的活动。一群青年跑了一天，一只麻雀也未打着。有人写了一篇小品文，批评这种劳民伤财的做法。有关部门的领导不同意发文，邵红叶就在电话中与对方争论起来，表示，你们不同意，我们也要登。之后，还是发表了。实践证明，打麻雀的活动本身就是错误的。邵红叶当时能够如此坚持，正是坚持了实事求是，没有在强势力面前舍弃新闻原则。②

邵红叶主编《天津日报》认真、严谨出了名。1948年8月，方放采写了手工业工会与私方签订皮鞋行业集体合同的报道，邵红叶把稿子中工人工资分红、福利基金提留等几个百分数下面用红笔重重地画了道道，并在旁边一笔笔加在一起，总计只有百分之九十八点几，凑不上百分之百，便把方放叫来问缘由。方放赶忙解释，数字没有错，是没有写小数点后边的第二位数，写上了感觉文字太啰唆。邵红叶说：这个百分数是工会代表工人从私方争来的，是工人的血汗钱，你凭什么那么大方给抹掉了？方放赶紧翻开采访记录，一看傻眼了，当时也只记了小数点后一位数。邵红叶把稿子给方放，要求立即去了解情况，把数字添上。当时已经深夜一点钟，方放好不容易把数弄清了，再给邵红叶已是快凌晨三点了。此事，令方放和报社人十分佩服。③

培养新生力量严苛有加

在 20 世纪 50 年代的《天津日报》编辑部里，许多同志都深知记者工作是一种艰苦的劳动，谁想轻松、安逸地当一名记者，肯定是不会成功的。应该说，这种感受的认知和确立，与邵红叶的影响分不开。

新中国成立初期，百废待兴，党报的宣传报道任务十分繁重。当时，天津日报社虽然有一些从老解放区来的骨干，但相当一部分人是刚走出学校的青年知识分子。通讯部只有三五个正式的编辑记者，其余二十多名刚刚参加革命的青年，大的不过 23 岁，小的才 19 岁。他们的政治修养和新闻业务知识都不够，用邵红叶的话说就是"革命发展形势轰着鸭子上架"④。在这种情况下，为了尽快打开宣传报道局面，当时作为采访通讯部负责人的邵红叶，十分注意从日常具体工作中培养记者。晚上值班，他总是极为认真地修改记者的稿件，常常是一条千把字的消息，要花费一两个小时同记者一起讨论，反复推敲，连一个用得不准的字、一个错误的标点符号也不放过。这让很多同他一起工作过的记者都受益匪浅，一名老记者在离开新闻工作岗位时，曾无限深情地说：我从一个只有初中文化水平、粗通文字的人能当记者，写消息、通讯乃至评论，可以说是老邵把着手教出来的。像他这样在邵红叶言传身教下成长的记者，不止一个，而是一批。

邵红叶提倡记者之间的互助。凡是有战役性的报道或者市里召开的重要会议，他就指导组织一个报道组，吸收业务水平不等的记者三五人参加，集体采访写稿，通过业务比较熟悉的记者帮助业务经验不足的记者，有效地提高了他们的采访能力和写作水平。以后，他又把这种做法加以推广，各个记者组来了新人，都分别由老记者带领，共同采访一起写稿。这样，经过几年的时间就培养了一批又一批新闻人才。多少年来，报社许多得力的记者，就是这样脱颖而出的。

邵红叶在业务上对记者要求较为严苛，报道中既注意数量，更注意质量。20世纪50年代初期，参加工作时间稍长的几名记者，一个月差不多要写二三十篇稿件，两万多字，而且要求多文体。尽管如此，记者要受到他的表扬也是很不容易的。可是，如果你写了一条好消息或者精彩的通讯，受到读者欢迎，对工作有指导意义，他会非常高兴，发稿时，给记者一个"本报记者"的头衔，并且让人把稿件张贴在评报栏上，书写大红字进行评论，予以表扬。这在当时被认为是一件光荣的事。

晚年的邵红叶虽不能重回新闻前线，但从未放下过笔，会写一些短文杂感抒发情怀。他每天坚持看报点评，《天津日报》《今晚报》看得尤为仔细。他自称老新闻工作者，用自己的言行塑造了一个对党忠诚、严于律己的新闻工作者形象。

邵红叶（1912—1990）

注释：

① 红叶：《为实现新民主主义新闻政策而奋斗》，《新华日报》（华北版）1941年9月1日。

② 杨佩云：《西山红叶好》，《今晚报》1990年4月28日。

③ 方放：《霜重色愈浓——缅怀老新闻工作者邵红叶同志》，《天津日报》1990年4月15日。

④ 鲁思：《悼邵老》，《天津日报》1990年新闻史料。

一个月亮照着两个世界

"月到中秋分外明"，今晚的月亮，是分外的明净圆纯，特别的使人留恋神往。

今天，全边区的人民，都怀着无限兴奋愉快的心情，来度过这一年一度的中秋佳节。不论部队、机关、团体、学校，直至各个村里的老乡，都在磨刀霍霍向猪羊，沽美酒，制精馔，歌声与乐声，交织在漳河的两岸，月光与杯光，映照着一个个欢乐的面孔。在平顺，还有日本觉醒联盟的国际剧团在上演新编的话剧，和我们同庆佳节。慰劳抗日军运动和优待抗属运动，更是到处在沸腾着。整个的边区，今天是沉浸在欢乐的大海中。

还特别值得一提的，就是今天恰逢边区临参会第二次大会太行太岳会议的第七日，这里集合了八十多位来自各方的、人民自己选举出来的参议员，其中有工人、农民，抗日军人，开明士绅，地主、商人，雇主，有国民党员，共产党员，无党无派的进步人士，有男的、女的、老的、少的，同时不仅有中国人，而且还有日本人，朝鲜人。他们真像一家人一样，同聚一堂，融融洽洽，共商国家大事。这充分象征着我们全区人民的大团结，"大团圆"，同时也说明了我们是开着民主自由的大门，只要是抗日或者愿意抗日的，我们都一律诚挚的（地）欢迎，而且保证有饭吃，有衣穿，视若自己的同胞手足一样。

边区是一个分不开的"大家庭"，它不仅今天如此，而且永远的会过着这种自由幸福、欣欣向荣的"大团圆"的生活。

但是，在敌占区里，今天虽然同样逢着中秋佳节，和我根据地比较起来，却是一个截然不同的气象；那里找不到一个快乐的场面，看不见一个快乐的面孔，所有的、所有的还是到处一片凄凉。

长期的侵略战争，带给日本士兵的，是饥饿与死亡。尽管日本军阀怎样地在狂吹"胜利"，但是日本士兵们的生活，是一天比一天恶化，反战厌战的情绪也跟着在一天比一天高涨。尽管敌人怎样抽兵力来进行"清剿"、"扫荡"，但这无异"月下残云，晨边轻雾"，历史的命运，已经确切注定了一九四三年是日本法西斯的死亡年。日本士兵们！当此团圆佳节，你们应该低头想想：你们离开了美丽的家乡，离开了亲爱的父母妻子，从遥远的三岛跑到了我们中国，干那种灭绝人性的"杀人"勾当；战争已经进行五年多，除了饥饿死亡外，你们所得到的还有什么？你们究竟为了谁而要开演这绝望的战争啊?!

敌占区的同胞，在敌寇的铁蹄下，终日过着血和泪的生活，从来没有找到一线的欢笑与慰籍（藉）。今天这个中秋佳节，对他们是更加增添了无限的悲伤，凄凉，不要说由于敌寇的疯狂抓丁，使他们父子兄弟不能团圆；自己的生命，同样毫无保障；而且由于敌人的大抢夏麦和残酷的"配给制"，连想好好地聚餐过一个节日，今天也很难如愿做到。

邵红叶 (1912—1990)

至于伪军与伪组织人员，那当然更加凄惨了。他们受了敌人的压迫，离乡别井，来残害和屠杀自己的同胞。值此团圆佳节，无疑的，他们家里的父母妻子儿女，都在挂着眼泪倚门盼望：为什么他们还不回家？而他们自己呢，现在已经成了敌人的"出气筒"，敌人一不高兴，对于他们，不仅打骂随便，而且随便屠杀。何苦呢！伪军伪组织里面的同胞们！

同是一个月亮，今天照着两个截然不同的世界：一个是自由幸福的源地，一个是黑暗凄凉的深渊。敌占区同胞们！伪军伪组织里的同胞们！在这"举头望明月，低头思故乡"的今天，血的教训该使你们更清楚的（地）知道：没有斗争，就没有生存，团结起来吧！发动起来吧！举起你们反抗的烽火，利用各种明暗的大小的方法，和垂死的敌人展开生死的斗争。反对敌人的征兵抓丁，反对敌人的统制粮食和"配给制度"，拒绝屠杀中国同胞，拒绝和八路军及其他抗日爱国的国军作战，在时机成熟时，更应该组织逃跑、反正，掉转枪口去打日本！

抗战已经经过了五个中秋，赏月之余，检阅一下敌我力量的消长，我们敢于肯定地说："请看今日之域中，竟是谁家天下？"

（原载《新华日报》（华北版）第六六八号；选自
《邵红叶文集》，百花文艺出版社 1991 年版）

评析：

文章通过对比的方式，比较边区与敌区两种截然不同的心境下映衬的不同世界，"一个是自由幸福的源地，一个是黑暗凄凉的深渊。"文章向广大敌后群众宣传共产党的政治主张，揭破日本侵略者、汉奸和反共顽固分子的造谣诬蔑与欺骗宣传，给了更多中国同胞以信心和鼓励。正如《新华日报》在它的发刊词中所说，"本报愿在争取民族生存独立的伟大战斗中作一个鼓励前进的号角"。邵红叶在文章中提倡一切有利于抗战的方针、办法和措施，无情地抨击有害抗日与企图分裂国内团结的敌探汉奸及托派匪徒的阴谋，坚持有理、有利、有节的原则，同国民党顽固派的消极抗日、积极反共的方针，进行了针锋相对的斗争。他不畏恶势力，文风犀利，笔挟风雷，有节有理。

偶　语

（一）

国民党中宣部发言人说："美军在太平洋各岛有剩余物资，搬回美国不合算，故特就地售于中国。"国民党老爷们真会替美国"打算"。

的确，美国国内目前并无内战，把这些剩余战争物资搬回美国去，真是"劳民伤财"，太"不合算"；现在卖给蒋介石，既可大大武装这匹猎犬大打内战，又可捞回一大笔美金，一举两得，何乐不为！

至于蒋介石老爷们，当然"严命"难违，自然也就"价钱便宜"。他哪里曾想到这一笔五万万美金包含着千万中国人民的血与汗？

一方面卖出的，是B24、火箭炮、坦克、大炮等一类"剩余物资"；一方面卖出的，是四口、海关、领空、领土等一类国家主权。国民党中宣部发言人解释这种卖国行为说："谓为美国援华，不如说中美互助。"

这实在是一种奇妙的生意经。但稍有记忆的人，总不会忘记，"七七"以前不是"中日提携"高唱入云的时代吗？结果是大半个中国被"提携"掉了。"中美互助"云云，也应做如是观。

乔装着羊的狼，毕竟还是狼，原因是它终于要吃人。

"调处"这个面孔也诚然不太难看，但"援华"这条尾巴终难掩盖。凭你白宫老爷们怎样声明，中国老百姓不是"傻瓜"，他们知道狼来了应该怎样对付。

邵红叶 (1912—1990)

（二）

苏州开审汉奸陈公博时，陈逆当庭宣读其洋洋数万言的"自白书"；昆明开审"闻案"（按：指著名教授、民主人士闻一多当时被国民党特务杀害案）"凶手"时，中央社将"凶手"的"供词"，全部发表，同样也是洋洋数万言。

一个由自己亲口宣读，一个由中央社义务转播，形式虽异，目的相同：无非想表明一下自己"功在国家"！

审问"闻案""凶手"中，一个"凶手"说："汉子作事汉子当。"

蒋介石老爷们，该你们招供的时候了！难道你不是"汉子"而是"猪子"吗？

梁漱溟氏抨击国民党政府处理李（按：即被国民党特务杀害的民主人士李公朴）闻（即闻一多）惨案，是"吞吞吐吐"。其实，这种"吞吐"政策，他们不仅用之于对内，而且用之于对外。

君不见他们"吞"了无数民营工业，"吐"给美国的是整个中华市场；"吞"了北平东交民巷的德侨房屋，已经准备全部"吐"给美军太太；最近还准备"吞"下太平洋上的剩余物资，却把中国的领空权全都"吐"给白宫老爷们乎！？

孙中原氏被绑后，曾上三次电刑，最近特务又硬要送给孙氏"医药费"三百万元，要孙氏和他们"合作"，这叫"先兵后礼"。

你要和别人"合作"，多少也该尊重一些做人的自由；既绑架、拷打在先，又监视、威吓在后，这不叫"合作"，只能名之曰："活捉"！

（三）

今年三月重庆国参会上，有人呼独夫之子曰"东宫嗣子"；蒋军某部，近又献给蒋介石"定邦剑"一柄，上面还镌有"金龙"两条。

我倒在等着看，看那些无耻的狗，敢不敢在今天的中国，献一件"龙袍"，"三呼万岁"！

长春西北农安县蒋军，近用白纸写上"一千元"，强迫人民当做"钞票"用。

发行这种"新式钞票"，只需大笔一挥，既不需要油墨、机械，又不必去向美国订购什么钞票纸，正合"经济"之道。而且"票面"数字，又可随便增加。只要用枪杆儿一逼，哪怕老百姓不用！？

何怪前些时宋子文之流，在京沪大吹法螺，说中国财政经济情况已入"佳境"，并无"危机"云云。

蒋家小兵，月饷不上万元；（按：伪法币，当时贬值极甚）顾祝同在庐山仙岩饭店时，每天开销，就达十万元。但这位陆军总司令究竟还不及"委员长太太"那么"阔气"。最近宋美龄在牯岭街上，买一个小瓷瓶，一出手就花了十万元。

有人批评我说：你实在少见多怪！蒋介石有印钞机器，截至六月份，他们已发行法币十四万万万至十六万万万元，比抗战前增加一万多倍。有许多钞票，不叫自己太太们随便花花，难道叫他们拿回去糊墙壁吗？

（四）

昆明"枪毙"闻案"凶犯"时，沿途戒备森严，断绝交通，这或许怕人来"劫法场"。因为"凶犯"是"抗战军人"，又是"特务营"排以上干部，究竟与众不同。

国民党老爷们早知今日，一定会悔不该当初暗杀李闻时，没有"戒备森严，断绝交通"，以致弄得中外共知；要不然今天就不必多此一举，大演其"法场换子"了！?

邵红叶（1912—1990）

恶狗打架，自古有之，于今为烈。

重庆较场口"英雄"刘野樵，近在市参议会上，被另一特务指着鼻子大骂"× 你妈的！你是流氓，我也是流氓！""较场口，你在台上指挥，我在台下挨打！""我与你拼了！"

中央社先生们，为何至今不见你们像较场口一样，把这位"代表百分之八十农民"的"英雄"怎样受"辱"的经过，详细报导（道）一下，或代表声明，这是"团体与团体之纠纷，并无政治问题"？

《大公报》载：浙江宁波警察局，近抓获私娼四十多名，决定将她们的头发剃光，"以示惩戒"。这是绝妙的"禁娼"办法。

但头发剃光，还能复生，倒不如干脆把她们"头"也"剃"掉，岂非"一劳永逸"？

必须声明：这不是什么新发明。蒋介石这一群今天的所做（作）所为，请问哪一件不是叫老百姓活不下去的"剃头政策"？

何德奎（按：此人系投向日伪当汉奸的国民党要员）案，上海已闹得满城风雨，但何逆本人，至今仍以"市政府秘书长"资格，出入市府，照常办"公"。闻各局还命令各报，停止"宣传"。

陈公博地下有知，定会大呼："死得冤枉"！

（原载延安《解放日报》1946年9月3、5、8、11日；

选自《邵红叶文集》，百花文艺出版社1991年版）

评析：

1946年，战争还是和平，独裁还是民主，中国站在了历史的十字路口。邵红叶以一名新闻人的身份在《解放日报》上，坚持正义，义正辞严地戳穿美帝国主义与国民党反动派反对民主自由、出卖国家利益的阴谋。1946年7月"李闻惨案"发生后，国民党对此事件不予正面回应。邵红叶写文说他们这是"吞吞吐吐"，还将此"吞吐"政策延伸到国民党对美国政府的诸多谄媚行径，用犀利的语言鞭挞至体无完肤。同年，孙中原遭绑架、电刑后，国民党给予三百万元"医药费"并要求"合作"，称这种行为是"先兵后礼"，邵红叶对此行为予以强烈谴责；面对1946年国统区的恶性通货膨胀、物价飞涨，邵红叶讽刺当权者"有许多钞票，不叫自己太太们随便花花，难道叫他们拿回去糊墙壁吗？"

在这个内忧外患的历史时期，邵红叶坚持党性原则，严守新闻准则，文章句句言事明理，字字掷地有声，为革命群众指明方向，写出了一代党报人的新闻风格，体现了他高度的政治敏感性以及始终不渝的对国家、对民族、对党的事业所持有的满腔热情，为解放战争时期的敌后新闻工作添上了厚重的一笔。

"特殊人物"

在旧社会，有一些"特殊人物"，他们上饭馆吃饭，可以不花钱；上戏院看戏，只要点点头就可以进去。他们可以随便欺侮人、压迫人，甚至杀人放火，也不受国家法律的制裁。现在，这些"特殊人物"，已经随着旧社会的死亡而一去不复返了；但是，这些"特殊人物"的"特殊"思想影响，却在一部分人，甚至有些干部中还存在着。

在我们党内，也有一些领导干部，他口头上也在宣传马克思列宁主义，但自己许多实际行动中，却违反马克思列宁主义。他熟读"党章"和党的某些决议，但在自己许多实际行动中，却不受"党章"和党的决议的约束。

举几个例子来说吧，他自视"特殊"，可以随便不参加党的组织生活，理由是"公务太忙"。他喜欢听别人奉承赞扬，只允许他随便对下级干部批评一通，不准许下级干部对他提出任何批评，理由是"照顾领导人的威信"。如果你硬要批评他，他就找个机会给你"穿小鞋"，"整"你，使你有话说不出口。他的意见，好像"圣旨"一般，只准服从，不准别人提出不同意见；如果你敢于提出不同意见，那就是"无组织、无纪律"，理由是"维护领导人的尊严"……

据说，还有一个"马克思列宁主义学习班"的领导人，他既不参加学习班的党的组织生活，又不是学习班党组织的上级党委委员，但是他对这个学习班的党支部却规定了许多清规戒律。比如：（一）每次支部委员会召开会议时，他必须列席；（二）他有权随时"建议"召开支部委员会或支部大会；（三）支部委员开会时，不要请小组长列席，因为小组长"水平低"，"说话不方便"；（四）支部书记对他有意见，可以面谈，不要在支部委员会上、特别是有小组长列席的会议上谈，以免损害他的"威信"；（五）每次支部委员会议，照例由他派专人当记录，记录当然由他保管。诸如此类……

邵红叶（1912—1990）

227

于是，每次支部委员会上，他照例布置一番工作，提出许多"建议"，还对某些同志进行批评。对于他的意见，不准任何人提出任何不同的意见。你说，接近年老的人，每天坐着看八小时的书，精力不支，这种学习的方法值得考虑。他就说你反对八小时学习制，不保证执行"行政"的决定。诸如此类……

在共产党内，每个党员，不论他的职位高低，在政治上都是一律平等的，都是应该无条件地执行"党章"上各项规定和党的各种决议的，我们绝大多数党员和干部也是这样做的。像前面所说的那些自视"特殊"，任意违反"党章"和党的决议，违反党的组织原则，甚至把自己放在党的组织之上的人，在我们党内毕竟是个别的，极少数的。

但是尽管是个别的，极少数的，也是不允许的。因为，在共产党内，是不允许有任何"特殊人物"的。

（原载《天津日报》副刊 1956 年 8 月 6 日；选自
《邵红叶文集》，百花文艺出版社 1991 年版）

评析：

1956 年年初，中国共产党基本完成了对资本主义所有制的社会主义改造。但仍有一些旧残余思想存在在党内，影响党的团结发展。邵红叶撰文将具有这种思想的人喻为"特殊人物"，并认为这些人"尽管是个别的，极少数的，也是不允许的。因为，在共产党内，是不允许有任何'特殊人物'的"。

邵红叶在《天津日报》工作期间，密切关注党的建设与国家发展，在《天津日报》上陆续刊发的《扫清反行贿、反偷税、反诈骗国家财产斗争中的一切障碍》《坚决展开反官僚主义斗争》《发扬民主，加强团结，努力完成一九五五年任务》《加强党的思想建设，反对资产阶级个人主义》《发扬党内民主，开展批评与自我批评》《不能把个人当做党的化身》等文章中，凭借新闻人的敏感以及对党的事业的忠诚，开诚布公指出国家发展中存在的突出问题，观点明确，立场坚定，对党的事业充满信心。他对党内和社会上滋生的不正之风痛心疾首，谈起这些问题总是十分忧虑，强调要重视发扬党的优良传统，坚信国家必将走上一条民主富强之路，坚信这场最广泛、最深刻的革命定将胜利。

（编撰：孟夏　马艺）

邵红叶 (1912—1990)

经济报道先行者

徐 盈

（1912—1996）

徐盈（1912—1996）著名新闻记者。抗日战争期间，曾任上海《大公报》记者、重庆《大公报》采访部主任，写下《朱德将军在前线》《战地总动员》等著名报道。徐盈对中国的经济有细致的观察和深入的分析，写下了大量以农业、工业为题材的报道，堪称中国经济报道的先行者。主要著作有通讯报道集《抗战中的西北》《烽火十城》《当代中国实业人物志》《西北旅行记》《詹天佑》《共和国前夜：一代名记者徐盈战地文选》，小说集《战时边疆的故事》《苹果山》《前后方》，回忆录《北平围城两月记》等。

经济报道先行者

徐 盈 （1912—1996）

徐盈，原名徐绪桓，山东德州人。1934 年毕业于金陵大学农业专修科，1936 年进入《大公报》，任上海《大公报》记者，1937 年年初，他以《大公报》旅行记者名义同爱人子冈双双前往江西采访，从而认识到中国的希望在中共和红军。之后，他们前往北平，逢七七事变爆发，徐盈辗转到济南，赶往山西战场，采访在华北勇挫日军的八路军，所写的《朱德将军在前线》《战地总动员》等通讯连续发表，从而成名。1938 年，徐盈在武汉参加中国青年新闻记者学会，8 月加入中国共产党。不久，即随报馆迁往重庆，任《大公报》采访部主任。在此期间，他重视中国经济新闻，行踪遍及川、黔、桂、粤、闽、湘、赣等省，写下了许多以农业、工业为题材的报道。1949 年天津解放，他参与天津《大公报》改组，为《进步日报》临时管理委员会主任，后为天津《进步日报》编委和主笔。1952 年调任政务院宗教事务管理处副处长，后宗教事务管理处改为宗教事务管理局，任副局长。1957 年，徐盈被错定为"右派"。1962 年回到北京，担任《新工商》杂志和民族出版社编辑。1978年错误处理被改正，任国务院宗教事务管理局副局长，并兼任全国政协文史资料研究委员会副主任委员等职。曾为《人民政协报》编委，选为第六届、第七届全国政协委员。1996 年 12 月 11 日在北京病逝。①

战争年代的重大问题报道

　　徐盈到《大公报》次年，抗日战争爆发。1937年秋，他来到山西五台山，访问了八路军总部，采访了朱德总司令和政治部主任任弼时，写下了《朱德将军在前线》，对八路军抗日战争的战略战术和坚持团结抗日的真实情况作了报道；他以《战地总动员》的通讯，报道了中共群众工作的情况；还对徐向前、彭雪枫、丁玲等中共将领和文化人士作了报道。

　　解放战争初期，徐盈报道了由美国特使马歇尔、中共代表周恩来和国民党代表张治中组成的军调处执行部的活动。他的三篇长篇通讯《和平播种记》《延安的春天》和《从张家口说起》，写出了军调处三访延安、归绥、徐州、太原、汉口，会见国共双方军政领导人的情况，有力地宣传了抗战以来共产党、八路军争取民主、和平、统一的努力。在《张家口人物速写》中，介绍了聂荣臻、贺龙、萧克、成仿吾、萧三、丁玲等高层人物。特别是他在通讯中记述的谢觉哉、徐特立二老谈边区建设的内容，使国统区人民进一步了解了共产党、八路军和边区的实况，认清了人民革命发展的形势。同样，他对国统区从重庆到北平的光明与黑暗的抗争也有许多报道，如《十月重庆》《抗战中的中国之一重庆》《宠城受降记》《北方风雪画》《北平风霜》等，把战时陪都生活的情景，战后北平的混乱，都写得淋漓尽致。1945年12月，美军强奸北平女大学生沈崇事件发生，徐盈和《大公报》北平办事处的记者，顶住了国民党当局加强新闻检查、封锁事件真相的压力，除了在《大公报》上发表新闻之外，他还给《观察》杂志写了两篇长篇通讯，赞扬北大、清华等大学师生的正义行动。1948年12月12日至1949年1月30日，徐盈写下了《北平围城两月记》，这是他的日记实录，生动地记载了围城期间北平的政治、经济、社会状况和国民党军政要员的活动，机关、工厂、商店的窘况，甚至记下了普通市民、使馆区人士以至监狱囚徒的动态。这是一份难得的社会史料。

开拓经济报道的广阔天地

中国近现代新闻史上，经济报道是个比较弱的内容。一般记者注重政治、军事、社会新闻，即使有一些经济报道，也由于记者不懂经济，而写得不到位。徐盈先后在河北农学院及金陵大学农林专修科学习，打下了较好的自然科学知识基础，对中国经济发展又有细致的研究。所以早在1935年，他就为《国闻周报》写过《滦榆问棉记》，对国内主要产棉区冀东滦县至山海关铁路沿线地区的棉花生产销售情况，作了深入的报道。1936年，他写了长篇通讯《内陆沙漠》，揭示了黄河故道沙漠化的实况。同年，他为《国闻周报》写了题为《一个干燥的农业区》，记述郑州以西到潼关的农业地区的干旱，同样关注环境与经济关系的主题。徐盈的采访也涉及了工业、手工业的状况。1939年，他写的通讯《纺织工业的复兴》，从上海三友实业社1932年被日本侵略者焚毁，写到五十余家纺织厂在后方开工的事实，说明中国的纺织工业是消灭不了的，也表明纺织工业在战时具有国防工业的意义。

徐盈对于实业界和工程技术人员的爱国行为特别关注。1938年他撰写通讯《巩固工业经济国防战线》，记述了中国工业合作协会在西北地区的成就。后来，他陆续报道了范旭东、李烛尘、卢作孚、吴蕴初、颜耀秋、胡厥文、张嘉璈、陈光甫、侯德榜、茅以升、赵祖康等实业家，肯定他们的创业经历和爱国精神以及推进科技进步的成就，成为当年《大公报》和新闻界的一个新视点。1948年，他先后在天津《大公报》上，发表了《手工艺"玉碎"记》和《彩绣的命运——北京手工艺调查》两篇通讯，说明在一切生产正常化的时候，手工业也就恢复了。1947年至1948年间，除写了以《北方工业》为总题目的一组通讯外，他还编撰了《当代中国事业人物志》（第一卷），1948年由中华书局出版。

徐　盈 (1912—1996)

233

现在看来，这些报道对于团结工商业者和企业家的政治意义和经济意义都是不能低估的。收入《北方工业》的许多作品反映的经济领域十分宽广，涉及了机械、矿山、钢铁、有色金属、建筑材料、交通、金融、纺织、煤炭、汽车工业、盐业、化肥、水泥、燃料、化工、手工业、海洋开发等各方面，几乎是一个全面的大调查，提示了这些工业从有到无，由存在到停顿的悲哀命运。这样的报道，在中国现代记者中是极为少见的。他在文章中强调的"中国的生命线在海洋"的观点，真是振聋发聩。②

在国民党统治时期，徐盈作为共产党员，和爱人子冈一起曾接受周恩来、董必武等领导，负责做文化界和实业界人士的统战工作。因此，徐盈除了报道实业界，也重视书写文化人，如《记胡适之》这篇专访，就是在党组织指示他做胡的工作背景下产生的。他对许多大学教授、文化界的名人和华侨领袖人物都有所接触，并建立了友谊。

徐盈新闻通讯的风格

多年的新闻记者生涯，使徐盈已经形成自己的新闻风格。

其一，新闻题材的选择高屋建瓴。他在不同时期总能够发现当时最重要的新闻素材。比如他对全民抗战的报道，对中共高层人物和解放区的报道，对抗战胜利后国统区人民争取民主生活的报道，对中国积贫积弱下的工业、农业的报道，对工商业者和民主人士的报道，都是当时社会人民最关心的新闻热点。沈从文在1948年写的一篇题为《论特写》的文章中说道，抗战以来的通讯特写有四个人的作品，是有"普及"之外的"永久性"、"通常效果"之外的"特别价值"的，这四个人和他们的作品是：范长江的《塞上行》，赵超构的《延安一月》，萧乾的《南德暮秋》及其他国外通讯记事，再就是徐盈的《西北纪游》《烽火十城》《北方工业》。这一论述是非常符合实际的。他对徐盈作品这样评价："从教

《烽火十城》

育后方年轻读者意义说来，作者一支笔实已尽了最大努力。且处处隐见批评，尤其是属于政治经济上人事弱点，和工业技术上困难，从当事方面所得报道和牢骚，都能归纳于叙述中，对普通读者为鼓励，对当事方面却具建议性和批判性。"③ 徐盈反映的人事和斗争，是历史的真实记录，是真正有生命力的作品，其写作方法和艺术成就，至今依旧值得借鉴和参考。

其二，徐盈有很强的分析能力。在他的文字中有很多是对社会的批评，他既是通才，又是专才。作为一名老记者，他养成了写采访手记兼日记的习惯，这对他的写作有极好的帮助。徐盈的勤奋与钻研精神，在当时傲视群伦，罕见其匹。

其三，徐盈的通讯报道的文笔好，有很强的语言文字驾驭能力。这是和他从事过文学创作分不开的。抗战期间，他曾任中国全国文艺界抗敌协会理事。他的文艺创作与新闻写作结合在一起，起到了相互促进的作用。报告文学《烽火十城》《抗战中的西北》就显示出他在这方面的突出优势。

徐盈在报界被称为"徐老大"，为人坦荡，治学严谨，有很高的文学才能。他不慕时尚，不求名利，光明磊落、淡泊忘我，待人以诚挚闻名。他是追求知识和良知的富有担当意识的知识分子，是最懂得以自己的笔为人民写作、最具有创造性的新闻记者。他的通讯、特写，曾震撼人心，因他追求的是改变中国的命运。

注释：

① 徐盈:《共和国前夜：一代名记者徐盈战地文选》，陈正清、徐东编，中国文联出版社 2009 年版。

② 徐盈:《北方工业》，中外出版社 1947 年版。

③《沈从文全集》第 16 卷，北岳文艺出版社 2002 年版，第 513 页。

作品选编

山　客

　　山峰重重，秃着顶，绿色植物在石块上分布着，东一点西一点地像癣疥。北方的山岭多是枯瘦的，青灰色怪石参差地暴露着近似骨骼。在其上，动物的足迹是踏出了弧线的路，经常的，路上走着重载的瘦驴，背着荆条长筐满装着果子的人——这些都是山客。

　　山客是作为原始运输的一种行脚人，他们穿着了原始的服装，由那自耕自足的家庭里生产出来的蓝布衣裤，双脸鞋和荷包烟袋。有一个强健的身体和一张朴质的脸子，但那双呆板的眼神中却时常露出了机警色彩。

　　他们，总是三五个成群结队地络绎地在山丛中隐隐现现地出没着，一个山又一个山地，横跃地和环绕地，从容不迫地赶着路。

这都是一些老于走山的人。自从小时候起，便跑山如平地一样的牧牛，长大后，又开始走一点长路作锻炼，等到背起荆条筐子拿起山棍来正式作一个"山客"时，那已经是烈日下走个百八十里且可以不吃一口水的硬壮汉子了。

这群硬壮汉子从丛山底，把村落里的货物（原为"路"，本书编辑改）运输出来，一年中除了冬季的休闲之外，他们总是来而又往的踏着山径。先是杏子，桃子，李子，天热后则又是核桃，杏子干，这中间有时为在雨季山路过滑而停两三周，之后则是山楂，黑枣与柿子的季节了。……这是山客们的山货。

这些人由于在路上朝夕见面，纵然是因为有习惯上商人的隔膜，但是环境的艰苦使他们大部分渐渐认识结合，而能互助了。譬如在小店中的坐更，深山茂草中的防狼，特别是远足中心灵上的寂寞，山客们是能够合作的。

徐
盈 (1912—1996)

日当午，如果走到山洼里，又恰好这地边上有几株核桃树，或大叶栎树，浓阴，铺盖在地上时，山客们便停下来憩憩脚。有的自己下了背包，有的给驴子卸筐，有的遥远便和地主人打招呼索要一些山泉，且让驴子悠然地在石缝里找点青草吃。

倚在大石头的斜面上，吸着大叶子烟，扯闲天。

谈话的范围总不出乎身边几件琐事，犹如天气变化，山货收获，成色，路上的恶险。若是恰好这地方墙上有用石灰划的白圈，那么话题便会扯到"狼"，从狼的颜色一直谈到那载货驴子的颈下，几个惊狼的铃铛。

有时候，有人便掏出干粮来，就着凉水吃，一壁吃一壁说，讨论着大饼卷大葱和玉米窝头耐久力的比较。又有时，人们便被一二个新颖一点的故事吸引着：

"有一回为了多赶几步路，我便遇了魔——笑什么，你们年青（轻）人有老年人经验多吗？天一晚，起了魔。

"魔像一堵墙，又像一片烟，摸摸什么都没有，可是你就永远走不

237

出，那堵烟墙永远在你前面，牲畜一死儿地叫，死打死不走，我打火石取个火，怎么也打不着。

"我心下真起急，月黑天，怎么也等不到亮，心说这批柿子送不到，误了下锅烘，这趟脚是白跑了，我性子起来先是骂，后来就许下愿来祷告——这样魔才退，我跟着一盏鬼火才绕出那堵墙，谁说没有魔，我亲眼见的……"

烟罢水足之后，便又上了装，嘻嘻哈哈地照旧赶路。到了目的地后，卸了货，但筐子里仍旧是充实着回去，这时候其中是煤油，铁器，洋线代替了"土产品"。

这些便是"山客"。

（原载《申报·自由谈》1935年8月14日；选自《世界散文精华（中国卷）》，江苏文艺出版社1994年版）

评析：

徐盈是一位对中国经济知晓很深的记者。短篇特写《山客》写的是乡间赶脚运货的"农民帮"的普通生活。这些平常的生活现象，似乎没有什么新闻价值，但是对于徐盈这位懂经济的记者来说，他从杏子、桃子、李子、核桃、杏子干、山楂、黑枣与柿子等山货运出大山的过程中看到了山岭的枯瘦，以及在这样贫瘠的土地上生产出大量果实的人民的顽强力量。我们看到了蓝布衣裤的农民生活在穷山恶水中间的艰苦和挣扎，也看到他们的自足和乐观。这正好像他们明知道路上会有狼的凶险，但是也只好视为平常，用冒险换取夹缝中的生活。读者也能从那些煤油、铁器、洋线与"土产品"的交换中看到由于交通的不便导致了乡村经济的长期停滞不前，旧中国积弱积贫的经济状况是具体而无奈的。凡此种种，对"山客"的描写是中国经济的缩影。读者能够从中感受到作者对发展经济的呼唤和他深度的批评意识。

从荥阳到汜水

从荥阳到汜水，黄土层上有了坡度，慢慢地，便展开了垂直断壁的雄姿。一般人就在这垂直断壁里面掘穴来住，宛然是上古遗风，虽然已经并不"茹毛饮血"，却依旧"穴居野处"。

这样，一个家庭的创造也够简单。费工大些，也可以在黄土层里掘出天井院落，屋子里面成弧形，就着土堆，剜成卧榻和桌椅。于是一个房间的落成，除了一扇木门而外，丝毫不用一点砖瓦。但穷苦人家却连这扇木门也在摒弃之列。

像这种窑洞，虽然谈不到美观，可是正合农民的需要。因为黄土层上已经普遍地缺乏着成材的树株，加以沙土又很难烧成坚固的砖瓦，有了窑洞，人们便不至于因为建筑不起房屋而露宿了。尤其窑洞的长处在于随外界的气温来转移，有着"冬暖夏凉"的美誉，由此又可以使农人们"衣""住"同时得到解决。（不是说笑话，这里便有冬天几个人共一条棉裤的事实）窑洞，实在是一个伟大的发明。

徐 盈 (1912—1996)

郑州南乡，荥阳县一带路上总不少看到柿树林。到汜水，因了土地的角度不宜农业，于是种柿树的区域更多。这一区域，每年约有六百吨至八百吨的柿饼输出。汜水城里更有霜糖作坊，专来提取制柿饼时所挥发出来的霜，熬（原为"燠"，本书编辑改）炼滴定以后，就是小饼似的"霜糖"。

我过留这个产柿区域时，柿子留在树上还是钮（纽）扣大小。但听当地农民讲，柿子的品种也很不一致。旧历八月初（国历九月底），柿子就开始下树了，这时的一批名叫"八月黄"，是涩柿，为赶先用的。以后则有水柿和火柿，这二者都可以做柿饼。不过用做柿饼的专用柿名"灰子"，是阴历九月底熟的一种坚硬小型种。

荥阳一带多水柿，汜水一带多"灰子"。"灰子"（亦音"回子"）能够成为柿饼专一品的原因，就在于它的皮厚，坚硬和晚熟上。汜水的柿

239

饼是运到闽广一带去销售的，若是柿饼水分含得稍多，那么运到那里一定有腐败的危险。加之这品种是晚熟，随时做好，便可打包输出，不必用地方来贮藏。

汜水城在一条土岗下。四周围麦子好极了，地低处肥得使麦秆完全倒伏。今年大概有七成以上的年境。可是去年汜水泛滥，都没有什么收获。这里的亩大同华北，是二百四十弓。一亩好麦地平均可以收六斗。一般年境只有二斗的收成，每斗三十六斤。一斗麦可出三十斤挂零的面粉。每元钱可以买到面粉十一至十二斤。

县城破敝不堪，只有一条横街。柿霜铺子集中在东门外的土路旁，大约有六七家的光景。每家铺子都好像是新从土里发掘出来的样子，乌黑且破旧。店老板同时还在经营着农业。

我在那里对于柿子的制饼和滴霜，受到一点教育。我知道三百至四百的鲜柿可得一百斤干饼，每百斤饼可卖二至四元。一百斤饼仅仅能够出一斤霜，一斤霜的价值二毛。每斤霜经提炼后可出霜糖十两至十二两，每斤霜糖的价格是三毛五分。一般说起来，制饼比较有利些，造霜的手续既繁，而得利却是很微少的。

柿饼和柿霜的制法：从树上摘下不十分熟的柿子削去皮，平铺在地上晒出霜。地表上或铺席或不铺，随制者的经济情形而定。晒霜的时候不能下雨，落雨后柿饼易发霉。一周过后，霜便从柿饼堆里流出和沉淀。然后把柿饼穿成贯子，压紧，晒干。而这霜，便收拾在一起，用火来煮。连行几次过滤，以去净霜里的滓渣和污秽。此后还要经过纯技术的搅、打、拍等程序，霜才变成糖，滴在一块块的小瓦片上。在火炉上焙干，就是一块块的霜糖。

柿饼在这一带的农家都会自制的。可是滴霜，却只有东门外的几家霜糖铺了。

当地人民虽然多少得着这副产的浸润，但生活依然是苦极。据说早先在这里，稍为殷实一点的人家，吃着较硬性的蒸馍（即面粉比例较多的），就会被人讥讽为不会过日子的。也许近来好些了，因为这几年来的柿饼的销路是很好的。

对于这么一个柿饼出产地，一向就很少有人注意过。

（原载《国闻周报》第 13 卷第 43 期；选自
《文章例话》，辽宁教育出版社2005年版）

评析：

  《从荥阳到汜水》是徐盈所写长篇报道《一个干枯的农业区》的一节。是一篇通讯，也是一篇旅行记。记者的通讯与作家的旅行记应该有所不同，通讯更注重新闻性特点，发现素材中的现实性问题向社会提出。在《从荥阳到汜水》中，作者注目了社会最底层的普通人的生活形态，再现他们的苦与乐，写出他们的人生困境。如作者所说，他是写了"一向就很少有人注意过"的古老却新鲜的题材。在很少有人了解的黄土高原，窑洞里面生活着的人们，年年面对的不是汜水的泛滥，就是无雨的干枯。他们穴居野处，寄居黄土，生活的简陋，经济的贫穷是全部的特点。作者没有用概括的语言进行走马观花的记录，而是深入采访，细致描写。如同一个社会学家、经济学家对生活的考察，接近每一个生活细节。从窑洞的建造、农业的种植和收成，到柿树的种植和经济价值，甚至写到了柿饼的制作、柿霜的加工工艺。详细计算他们的收入数字，每一笔描写都体现着对人民艰难生活的体贴和关怀，让我们感受到作者对人民的同情和热爱。从荥阳到汜水，路途不甚远，如果不是和人民心贴心地接近，无论如何也不可能写得这么真切而生动。同时，也应该说，如果没有丰富的农业科学知识和精准而朴实的文字技巧也不可能写出这样美妙的文章。

徐　盈（1912—1996）

中国名山颂

  中国本是世界有名的高原多山之国。中国境内多名山。

  过去，中国的名山多半是宗教胜地，是创造历史失败者的休憩所，是精神上的天堂；而今天，中国的名山是抗战根据地，是改造历史的会场，是向"地上天堂"迈进的基点。

大青山，从昆仑古脉蔓延到内蒙古，像是插在某人喉咙里的一把刺刀。

大青山像长蛇似的蜿蜒在绥远省的腹部，将绥远切成了南北两大地区。山北广漠无垠，气候寒冷，凡是水草丰满的地方，都是牧畜事业的摇篮；山南归绥、武川、五原、临河一带，原野辽阔，是沃腴丰美的粮库。小麦面算是这里的大众食品；到暑天，老百姓在吃着黍米发酵作成的酸粥，一切自给自足而有余。这里还有丰富的盐碱，伊盟各地都有出产。此外大山的石灰，归化的石墨，萨拉奇的石绵（棉），均有不小的产量。工艺品以绒毡制革驰名，这项四大工业的形成，乃由于包头、归化一带，又是国内有数的牧场。这么广大的资源养育着大青山抗某根据地，使武装弟兄人强马壮。

今年三月十二日，傅作义将军率部攻克五原城。最高统帅认为是"功勋彪炳"，是"开创我军最后胜利之先声"。大青山，这柄冷凉的刺刀深入某人的喉咙，大青山青青的影子留在青史上万古长青。

黄土高原上的万山，是华北反攻的根据地，谁能实际统治山西，谁就可以统治华北。

长城内外的丛山抗战在开始时首先使某阀陷入泥淖。慢慢地，太行山脉制其后，吕梁山脉挡其前，山的作用，大加发挥，顿在战争进行中起了领导作用。这一片大山中，在北部的恒山为战国策颂为天下的脊梁，实为最重要的分水岭，在南部，横贯的中条山，已被某人公开承认为"盲肠"，虽用了十路大军作了十次以上的围攻，而中条山这某人的盲肠，仍然屹立不拔，牵制着暴人无法冒险西进。新战术的成功，开始给全国军民增加无限勇气。

黄土层本是小麦和杂粮的故乡，只要动员普遍，分配得当，一时粮食还不大成问题。抗战根据地的煤铁盐，丰饶到不可想象。"我的家在太行山上"，太行山里的几项基本工业留在那里两年多未曾移动过。艰苦自然艰苦，但艰苦却增加了活力！蒋委员长嘉奖卫立煌将军的指挥，说他的成功，在于敢向某人背后撤退。军民关系的融洽，才能使"军队之鱼"畅游于"民众之水"。最近华北百团的大出动，是说明了这些"山"的基点已然巩固，正在扩张新的游击圈。波纹状的蔓延，将自"天下之脊"扩大到全华北全东北。

大江两岸地形，对我绝对有利，以包围武汉为中心，向四面瞻望，西北有大洪山脉，东北有大别山脉，南有幕阜山脉。

大洪山抗某根据地位于湖北腹心，北有桐柏大山，南有襄汉大河，高山上满是青葱葱的苍松桐子，平地上则是白花花的棉絮与金黄色的稻田。去年曾与桐柏山协同着张开口袋捉过一次老鼠，今年度又经过了三次"扫荡"，而山影仍旧婷婷，军心仍然旺盛，人民却在战争中充分武装起来了。

战略上的大洪山，是某人心腹中的一枚致命的铁钉，一方面可以四面出动，发挥核心的力量，保卫西部，一方面挟万钧压顶之势，予武汉以致命的威胁。活跃于该山中的某将军曾说过：

"全体将士深知大洪山在战略上之重要性，咸愿与大洪山共存亡。"（八月二十八日中央社电）

雄壮的大洪山的声音何其雄壮！

提起大别山脉，便不能不想到淮河流域的强悍的民风。

中国历史上有两个最专制的朝代，一个是嬴秦，一个是元朝，而推翻这两个专制朝代的，都是淮河流域的平民。他们使大兵败退时"风声鹤唳，草木皆兵"，便充分表现出民众动员的姿态。

中国历史上的对外战争，除了汉唐而外，获得最大胜利的也只有淝水、朱仙镇、黄天荡、采石诸役，而在淮水流域的竟有淝水与采石两次之多，这是淮上健儿的光荣事迹。明亡以后，抗清分子在大别山内，依凭险峻，构成反清战线，于豫皖鄂边区里造成了所谓"四十八寨"。满清占领了大江南北，对这些地方竟无法行使政令。到了清末，又配合着太平天国之役，起了"捻子"，十多年的长时间都不曾平息。"起于淮泗间者恒为天下雄"，乃成为一句本地豪语！

近八十年来，淮上健儿得李鸿章的援引，在行动上渐渐变了质，

徐　盈（1912—1996）

243

民国而后，军阀统治下，江淮南北常为黑暗的云层笼罩着，消失了以往的"义声正气"，乃致抗战发生，添了不少某奸，虽然抗战拨开了云雾，传统的特质是不易完全消（销）蚀的，于是又以多少血与汗建立起日趋壮大的大别山抗某根据地，创造出若干可歌可泣的新英雄故事。

没有亡命的五百戍卒，决没有陈胜吴广，没有能征惯战的江东十千子弟，也就没有了项羽，没有恢复了民族精神的淮上健儿，更就没有大别山抗某根据地。

大别山每天在输出着精神与物质的炸弹，一天天地，提高了我们的信心与勇气，火光起处，要把某某某某都埋葬在中国泥淖里。

赣北与皖南都是山地，大别山脉与幕阜山脉遥相对峙，也就好像山西黄土高原上的吕梁与中条。

鄱阳湖与洞庭湖之间蜿蜒幕阜山脉，长江在这中心被挤得呈三角突出，这三角的弦便是这一带大山。鄱阳湖畔的南浔线上，我军始终保持着弹性的进击；在洞庭湖畔，去年的九月造成了空前的湘北大捷。

幕阜山习称为三省屏藩，外观上确像一张万山屏风，主峰在二千七百余公尺以上。西瞰洞庭，北望燕云，东探鄱阳，正是天然的抗某游击根据地。向西一支，名大云山，纵横新墙河北，周围三百里，盘旋七十二峰，有诗为证：

乱山攒簇如芙蓉，千朵万朵浮虚空，一峰前起众峰起，一峰直上百峰从。

中央危峰独秀出，伸臂欲截天关鸿。山灵妩人作雾雨，咫尺往还迷西东。

这就是湖北大捷的所在。幕阜由与大别山在战略上应当密切配合，到了机会成熟，两山携起手来，就可以缢死某人的大食道。

从太湖下行，在钱塘江北的大山是东西天目山，这一串丛山几乎可以从太湖联上鄱阳湖。浙江全省除浙西三府杭嘉湖以外，都是山地，桐庐以西，某人尤其不敢轻进。

天目山是低地里的高山，环绕着的是丝茶稻棉区域，满山的杉木，整整齐齐，像是出操的军士。山村，水涯，凉亭，桥板，老树，绘成了一幅纯粹江南风景。这是中国的最富庶区域，"上有天堂，下有苏杭"。这座大山不仅成为军事的根据地，同时也是指挥经济战的江南司令台。

山，是中国的保姆，是游击队生长活跃的地方，但也有唯一的遗憾，便是粮食不足，在平时，天目山脉粮食是由青弋江芜湖一带运来，自从某据芜湖，此路久已不通，而由龙游建德来的米，复异常迟缓，乃使大军和在训练中的各级工作者都感到异常困难。这本是"米鱼之乡"的邻居，尚且如此，其他各山根据地的艰苦，更可想而知。

天目山下的对某斗争是较特殊的，即"政治重在军事"，建设浙东，规复浙西，逐渐地已能自被动变为主动。萧山的失陷，证明经济战仍有不少毛病。最近力加整顿，也呈现出新姿态。

军政力量的加强，经济战的加紧，某货和"姨太太列车"的清除，东西天目山有充分力量配合着整个的反攻。

保卫华南，十万大山必然地要成为抗某游击根据地。

徐 盈 (1912—1996)

十万大山是广东防城之北，广西旧省会南宁之南的一条大山，约百公里，去年十一月，某以九天越过十万大山直趋南宁，乃致十万大山的定名引起多少怀疑。其实这里的山都是三四百尺的山峰，山峦层叠，彼此衔接。这山里人民生活穷困，故多绿林好汉，山中行路，找不出一间瓦房，找不出一只鸡蛋，只有满山的玉柱树，剥下皮来可以换钱，山上矿苗虽多，但不丰富。这里过去曾为走私线，后来便为某军利用了。

有人说十万大山是西南天然的长城，而我们竟未能好好利用，这一点，负责者应当认错。实现"十万大山是某某军的坟墓"，这句口号在今天仍有他的新意义。最后胜利之前，南北的名山应当交相辉映！

山，保育有武装，山的黑色奶汁，哺喂着国防。中国的新战术是世界性的。

今日的名山，多到不能一一列举，每一个名山都为某人所称："后方治安之局"，抗某的细菌，由这里散播。

平原上的老百姓，睁眼看见山，便看见了希望，看到了胜利的曙光。从东到西，自南向北，都这样想。

伟大的中国，天天进步，我们的今后武装更逐渐能自高山到平原，自夜间活动到昼间活动，自游击战到运动战。每个名山为血汗培植得如此茁壮可爱。我们的战士在敌人眼中已自蚊蝇变为象与牛。

（选自《奔流佳作丛刊》之《旅途杂感》，奔流书店出版社 1941 年版）

评析：

这是一篇述评新闻。作者用诗一样的语言写述评，用军事家的高瞻远瞩写征途杂感。这是大山颂，也是对中华民族坚如磐石精神的礼赞。

文章收入《旅途杂感》中。《旅途杂感》中大部分文章都是名副其实的旅途杂记，作者有巴金、萧乾、骆宾基、何为、陶亢德、罗洪、舒湮、夏将曙、陈克定等 25 位，是文学性比较强的散文。徐盈的《中国名山颂》是融理性分析和诗人激情的大作。他对中国抗战总趋势的科学分析高屋建瓴，透辟而雄阔；对中国抗日战争的胜利充满信心，相信我们的革命队伍能够陷敌于人民战争的汪洋大海之中，最后战胜侵略者。这在抗日战争正处于最艰难的 20 世纪 40 年代初期是最及时、最需要的好文章，"声音何其雄壮"！

（编撰：刘玉凯）

文章犹如千军万马

乔冠华

（1913—1983）

乔冠华（1913—1983） 著名外交家、国际时事评论家。曾先后担任香港《时事晚报》主笔、重庆《新华日报》编辑，撰写了大量脍炙人口的国际述评。1946年后，任新华社香港分社社长。新中国成立后，曾任政务院新闻总署国际新闻局局长、外交部部长等职，晚年担任中国人民对外友好协会顾问，是中国共产党第十届中央委员。著有《国际述评集》《从慕尼黑到敦刻尔克》等。

文章犹如千军万马

　　乔冠华是中国共产党党内有名的才子。他从清华大学毕业后，先后留学日本、德国，求学期间热切研究马克思主义，倾心进步事业。抗战时期回国从事报刊政论工作，曾担任香港《时事晚报》主笔，发表了大量脍炙人口的国际时评。加入中国共产党后，在香港《世界知识》《大众生活》《华商报》《文汇报》等进步报刊发表大量政论文章，成为名震一时的著名时评家。太平洋战争爆发后，他辗转来到重庆，在周恩来领导下，从事外事和新闻传播工作，主持《新华日报》的国际评论。国共和谈期间，他受命赴上海创办英文对外传播刊物《新华周刊》，之后转赴香港筹办新华社香港分社，担任社长，同时主持英文杂志《中国文摘》。新中国成立后，乔冠华长期在外交领域工作，曾担任外交部政策委员会副主任、部长助理、副部长、部长等职，晚年担任中国人民对外友好协会顾问。

万里求学　倾心进步事业

　　乔冠华，笔名乔木、于怀、于潮，生身于江苏盐城东乔庄的书香门第，祖上数代有科举功名。其父乔守恒知书达礼，博古通今，为人开明厚道。乔冠华是乔家第三个儿子，在兄弟姐妹中排行老九。他幼年读过几年私塾，中学时期开始接触《新青年》《现代评论》《创造月刊》等刊物，逐渐接受了反帝反封建思想，曾三次因参与学潮遭到学校开除。在亭湖中学就读时，乔冠华创办了一份旨在破除迷信、反对神教和封建习俗的班级刊物《强报》，撰写发刊词和《洋鬼子在叫门》等文章，并和同学们一起四处张贴传播。①

乔冠华（1913—1983）

16岁那年，乔冠华以优异成绩从南京一所中学考入清华大学国文系，次年转入哲学系，师从朱自清、冯友兰、陈寅恪、金岳霖、贺麟等大家。在清华，乔冠华求知若渴，学习掌握了日语、德语、英语等多门外语，大量阅读黑格尔等西方古典哲学家和马克思的经典原著，力求把马克思主义读通读懂。大学毕业前后，他曾翻译日本左翼作家小林多喜二等人的短篇小说，以及爱因斯坦、柯勒惠支夫人等的反对法西斯主义的作品，发表在中共盐城地下党主办的刊物《海霞》上。②

1933年春，乔冠华从清华大学毕业，同年夏天赴日本东京帝国大学攻读德国古典哲学。因为涉嫌与日共党员来往和参加反对日本侵华战争的秘密宣传工作，乔冠华一度被日本警察拘留，最后被驱逐出境，1935年回到国内。经冯友兰、金岳霖等教授举荐，乔冠华以公费赴德国留学，在黑格尔的母校图宾根大学攻读哲学博士学位。

仅用一年多时间，乔冠华即以一篇研究庄子的论文《庄子的哲学阐释》获得博士学位，旋即在德国进入高尔基、宋庆龄等国际知名人士发起的国际反对帝国主义大同盟（简称"反帝大同盟"），积极从事中国留学生的抗日爱国活动。

健笔如椽　时评饮誉中外

1938年春，乔冠华漂洋过海回到祖国，在留德同学赵一肩引荐下在广州国民党军队余汉谋部担任上校参谋，负责收集外国军事情报和当时的国际动态，同时主编一份内部刊物。广州沦陷后，1939年3月香港《时事晚报》在余汉谋支持下创刊，乔冠华出任主笔，以"乔木"笔名为该报撰写大量有关国际关系的社论和国际述评。作家徐迟曾回忆当年在港阅读《时事晚报》"乔木"所写社论的感受："报纸的第一篇社论，以俊逸的文笔，写出透彻的见地，闪耀于读者之前，而使我震慑，为之叫绝。之后他天天都有一篇社论，使南天的读者，目明耳聪，茅塞顿开。我个人则是如同从沉睡中被他唤醒一样，觉醒了过来。从此追随真理不舍了。"③ 半年后，《时事晚报》因为经费问题被迫停刊，这时乔冠华已是闻名遐迩的时事评论家和国际问题专家，远在延安的毛泽东虽然从未见过"乔木"其人，也盛赞他的文章"犹如千军万马，我看一篇他写的文章足足等于两个坦克师呢！"④

《时事晚报》停刊后，乔冠华留在香港，一边研究国际问题，一边继续为多家报刊撰写国际时评。中共领导的中国青年新闻记者学会在香港设立分会，乔冠华是主讲国际问题的讲师。茅盾曾说当时香港有"三个半国际问题专家"，乔冠华是其中之一（另外"两个半"分别是金仲华、张铁生、张友渔）。1939年，乔冠华在香港由廖承志等介绍加入中国共产党。皖南事变爆发后，他和邹韬奋、茅盾、范长江、金仲华等筹办香港《华商报》，又与金仲华、杨潮（羊枣）等参加编辑《星岛日报》。⑤ 乔冠华为这些报纸和《世界知识》《大众生活》等刊物，以及中国共产党领导下的国际新闻社香港分社，撰写了大量国际问题评论，传播中国共产党的方针政策，揭露帝国主义的"东方慕尼黑"阴谋，拥有大批忠实读者。

限于信息来源等因素，乔冠华在判断国际局势时难免也有失误的时候。太平洋战争爆发前夕，1941年12月6日乔冠华在香港《大众生活》发表《论美日谈判》的评论，仍然认为"日本纵使不能接受（美方提出的条件），美日谈判也不会因此寿终正寝，日本更不会马上发动战争"。12月7日，他在《华商报》发表的《国际一周》仍然认为"美日谈判是一步步的从一般走向具体了"，日本有可能接受美国提出的谈判条件。

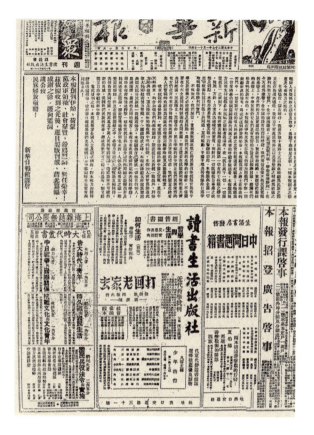

《新华日报》重庆版

乔冠华（1913—1983）

没想到次日凌晨就爆发了"珍珠港事件"。尽管如此，乔冠华绝大多数国际时评还都是论点鲜明的好文章，文笔优美生动，饱含激情，视野开阔又极具前瞻性，给读者留下强烈印象。

太平洋战争爆发后不久，香港沦陷。乔冠华辗转来到重庆，在周恩来领导下的中共南方局外事组工作，同时担任《群众》周刊副主编和《新华日报》社论委员会委员，主持开辟《新华日报》"国际述评"栏目。从 1943 年 1 月到 1946 年 3 月三年多的时间里，《新华日报》每两周一篇的"国际述评"，基本上都是乔冠华执笔，以"于怀"等笔名发表（只在 1944 年 4 月至 8 月因病请假，由夏衍用余伯约的笔名撰写），为读者剖析第二次世界大战后期的重大战役、重要国际会议和世界战争全局的关键性问题。"于怀"的国际述评鞭辟入里又生动活泼，向大后方人民传播了党对重大国际问题的看法，成为许多关心时局读者的时事学习材料。当时作为美国国务院官员在重庆主持美国新闻处工作的费正清在回忆录中谈到对乔冠华文章的印象："我发现他登载在《群众》杂志上的文章，笔锋犀利，没有一句赘词。他的哲学观点和信仰就是革命。"⑥

在重庆，乔冠华与中共党内才女龚澎结为秦晋之好，夫妇两人同为南方局外事组重要成员，与在渝的外国记者、作家、外交官等建立了广泛联系。抗战胜利后，国共和谈期间，乔冠华、龚澎夫妇都是中共代表团外事委员会成员，分别担任研究处处长和新闻处处长，驻在上海开展工作。他们领导几位党内青年，除了每日向国外和驻上海的外国记者发出大量新华社电讯稿外，还创办了一个英文刊物《新华周刊》（*New China Weekly*），对外宣传中共的路线、方针和政策，但很快被国民党政府命令停刊。1946 年 6 月，《群众》在上海复刊，乔冠华是编辑之一。⑦

随着国共和谈破裂和全面内战的爆发，乔冠华于 1946 年 9、10 月间按照中共中央指示再次疏散到香港，任务是与港英当局交涉，公开成立新华社香港分社。到港后，乔冠华担任中共香港工委委员，在 1949 年还担任了几个月的工委书记。1946 年年底，在乔冠华、龚澎领导下，中共第一个正式的英文对外宣传刊物《中国文摘》（*China Digest*）双周刊在香港正式注册创办，该刊旗帜鲜明地宣传中国共产党和解放区的正义事业，其发行量和影响力都超过之前上海的《新华周刊》，在东南亚和美国都产生了不小的反响，是解放战争时期中国解放区对外传播的最主要窗口。1947 年 5 月，新华社香港分社正式成立，乔冠华担任社长，主要负责与港英当局打交道。⑧乔冠华、龚澎夫妇一直在香港工作到 1949 年年中。

旷达洒脱　中国外交奇才

　　新中国成立后，乔冠华长期在国家外宣和外交领域担负重要的领导工作。他曾任政务院新闻总署国际新闻局局长兼《人民中国》首任总编辑；在外交部担任过外交政策委员会副主任、部长助理、副部长、部长等职务，在新中国外交事业史上留下了一连串宝贵足迹。他才气逼人，注重原则而又洒脱豪放，多次随同周恩来总理等党和国家领导人出席重大的国际会议或对外国进行友好访问。在 20 世纪 50 年代的朝鲜停战谈判和 70 年代中美恢复邦交的过程中，乔冠华都发挥过重要作用。1971 年 11 月，乔冠华率领中国代表团出席第 26 届联合国大会，代表中国政府发表精彩演讲，风靡国际。晚年担任中国人民对外友好协会顾问，1983 年 9 月 22 日在北京病逝。

乔冠华（1913—1983）

注释：

　　① 吴妙发：《乔冠华的才情世界》，东方出版社 2008 年版，第 12—13 页。

　　② 罗银胜：《乔冠华传》，文化艺术出版社 2012 年版，第 12 页。

　　③ 徐迟：《祭于潮》，《人民日报》1984 年 9 月 11 日第 8 版。

　　④ 赵建军：《毛泽东与乔冠华》（上），《党史博采》2010 年第 10 期，第 9 页。

　　⑤ 晓妮：《乔冠华港岛显英才》，《国际新闻界》1992 年第 1 期，第 72 页。

　　⑥ 费正清：《费正清自传》，天津人民出版社 1993 年版，第 332—333 页。

　　⑦ 钱之光：《抗战胜利后的中共代表团南京办事处和上海办事处》，《近代史研究》1985 年第 6 期，第 30 页。

　　⑧ 刘子健：《乔冠华忆述香港新华分社成立的经过》，《广东党史》2001 年第 6 期，第 11 页；张彦：《〈人民中国〉诞生记》，《对外大传播》1998 年第 3 期，第 15 页。

作品选编

谜一样的马德里

留心国际情势的，谁都知道决定今后国际命运的将是马德里，然而偏偏对于马德里的命运，全世界的报纸，除掉少数的少数以外，都噤若寒蝉。

这当中是有原因的，因为这几天来关于马德里的消息的不正确，从而事情的真相也就无从大白于天下。全世界五大通讯社（即美国联合通讯社也为美联社、合众社又译联合社、路透社、哈瓦斯通讯社——二战后改组为法国新闻社即法新社和塔斯社）中的四个通讯社都说那是"共产党的叛变"，既然是共产党的叛变，好像问题就与和战无关，而变成一个单纯的内政问题了。

事实上，这是错误的，目前在马德里进行着的不是共产党和非共产党的争执，而是主战派和投降派的斗争。

谁都知道奈格林不是共产党，代·伐育亦不是共产党。从政变的前前后后以及叛变既经发生后，大批的共和军站在反对国防委员会的一方面，这决不是党派的争执。

而且，我们更可以看出，在政变未发生以前，关于米亚加将军的传说早就不一致，如若我们再从米亚加对"叛徒"们的广播看，米亚加将军和加沙度将军对目前事变的态度是否完全一致，更是值得怀疑。

毫无问题，目前在马德里内部进行着的"战争中的战争"，是主战派和投降派的生死的斗争。

从事情发展的经过看，国防委员会的主席加沙度将军不惜出之以政变，以完成其目的；无论其主观的动机如何纯洁，在这一点上，他和他的党徒已经是蒙了不洁，跳下黄河洗不清了，更何况据各方面的报

中·国·名·记·者

告，他已在事变十天以前和佛朗哥非法私自谈和。

谁都知道西班牙政府军所以能博得举世的同情，号召了全世界千万的英雄男女去斗争的缘故，正是因为它是在为着民主而斗争，为民主而斗争的人首先就背叛了民主，复有何话可说。

从这次内争发生的原因看：一方面——奈格林所领导的主战派主张即在英、法承认佛朗哥之后，亦不惜任何牺牲，坚持到底，如若不能得到和平的适当条件的话；而加沙度所领导的国防委员会则以为在军事上继续抗争是空流血，那么从这儿到下来的结论也自然以和平为依归，虽然没有言明那是无条件的投降。

在这一争点上，我们知道加沙度将军所持的观点，正是张伯伦和达拉第的观点。

无论加沙度和达拉第、张伯伦的动机是如何不同，这种观点是不正确的。

前事不忘后事之师，从广大历史的观点上，西班牙内部所发生的大事件在过去没有一次不是在欧洲的舞台上来解决的。如若以伊比利亚半岛为决定历史事件之地盘，在过去，多少事件是无法解释的。最著名的莫如 19 世纪初年 1808—1814 年的西班牙解放战争，那时候，不但巴塞罗那陷落了，马德里陷落了，而且，全西班牙的大城，除掉南方加的斯以及其他不重要的据点之外，都在拿破仑的支配之下。而且，即在军事上，正式的阵地战在 1808 年年底亦即结束了，剩下来的 5 年多的战争从来就没有过一次严明的阵线，那是言如其实的"游击"。那时屯兵在葡萄牙边境的英国盖世大将惠灵顿并没有如今日之张伯伦这样悲观，他对于历史的事件有信心，有毅力，他不断地指摘当时的西班牙当局镇压自发的民众运动。在那时候，谁都不能料到在西班牙沦为夷狄之后的 4 年会有 1812 年的拿破仑在莫斯科的惨败，又二年，他在滑铁卢的惨败。然而西班牙胜利了，那胜利不是在西班牙的舞台，而是在全欧洲的舞台上打出来的。

抚今追昔，1939 年西班牙政府军的情势远胜于 1808 年的冬天，而墨索里尼和希特勒的滑铁卢更无论如何延长不到 6 年以上。然而加沙度将军却失去了历史的信心，张伯伦和达拉第忘却了历史的教训。

现在呢，在马德里，加沙度将军并未因为用了坦克车和重炮屠杀着主战派而得到佛朗哥将军在和平条件上丝毫的让步，相反，他不断地广播：马上开始进攻马德里。在伦敦和巴黎，张伯伦和达拉第承认了佛朗哥，但是从地中海不断地发出叛军非法轰击英法商航队的消息，而罗马方面则大言不惭地道：马德里陷落后，意大利即将提出突尼斯的要求，必要的时候，诉诸武力亦在所不辞。

西班牙政府军的失败——如若这已是不可避免的话——不是失败于军事，而是失败于这生死关头的分裂以及这次分裂中的主要负责者。

不过这次的叛变是一道信号：不情愿在加沙度将军的重炮下沉默的主战西班牙人民，大概也不会在佛朗哥的统治下做顺民。西班牙是一个生长橄榄树的地方，冬天到了，橄榄树的枝枝叶叶化为泥土，但是谁又能担保那现在已经变成橄榄田的肥料的战士的骸骨，不在那历史的春天到来的时候，又结出青葱的果实，来点缀那风光明媚的半岛。

（1939 年 3 月 13 日）

（原载香港《时事晚报》1939 年 3 月 13 日；选自《乔冠华
文集》（上），吉林人民出版社 2000 年版）

评析：
....

1936 年 7 月，在德意两国的支持下，西班牙的佛朗哥集团发动武装叛乱，旨在推翻由西班牙共产党等民主力量组成的联合政府。这场内战持续近三年，导致了数十万人的死亡。内战期间，国际局势动荡不安，新的世界大战的策源地正在形成，德国和意大利明目张胆支持佛朗哥叛军，英、法、美等国出于"反共"立场，表面上采取所谓"不干涉"政策，实则倾向佛朗哥集团。到 1939 年 2 月 27 日，英、法政府宣布承认佛朗哥政权，断绝与西班牙共和国的外交关系。苏联为换取英、法信任共同对付德国，也已经放弃对西班牙共和政府的支持。在此情况下，西班牙共和政府内部发生了分歧，投降派频频发动兵变，屠杀共产党人及民主人士，佛朗哥独

中·国·名·记·者

裁政权即将建立。本文就是在这样的背景下写就的。作者从宏大的历史视野，大胆地预见"墨索里尼和希特勒的滑铁卢无论如何延长不到6年以上"，英、法的政策以及共和政府内部投降派的做法，无疑都是短视的。面对共和政府无可挽回的失败，乔冠华以他史诗般的语言，表达了对西班牙人民的期待和信心。这短短的一篇社论，在生动的历史画卷和开阔的未来视野中剖析了当下的时局，立论鲜明，笔锋犀利而又富有诗意，读来令人耳目一新。

地中海是欧洲近代史的一面镜子

乔冠华（1913—1983）

由于最近意大利的占据阿尔巴尼亚和威胁科浮岛，西班牙叛军集中直布罗陀港附近和西属摩洛哥，以及德海军在西班牙沿海演习，欧洲问题的焦点，又从东南欧移到了地中海。

据最近报告，在地中海英法德意集中的舰队，已经达到476艘，号称为人类文明之摇篮的地中海，再也不能波光容与了。

地中海问题，如若我们仔细探讨起来，其意义之严重，远胜于任何夸张的新闻记载，因为地中海实在是欧洲近代史的一面镜子，它的命运决定着古往今来欧洲各国的兴亡；明乎此，方能知目前在地中海进行着的演变的世界史的意义。

为避免对这一问题的把握之流于庸俗化，我们有稍一分析地中海的过去之必要。

欧洲，因为地理上的限制，它的商业从来就很严明地划分成两个地区：一个是北部围绕着波罗的海、北海和大西洋的区域；一个是围绕着地中海的区域。在前一个区域之中，它包含了德国、荷兰、比利时、法国沿大西洋岸的一部分和英国；在后一个区域中间，主要的，包含了西班牙、法国南部和意大利。在新大陆未被发现以前的4世纪中（1092—1492），这划分非常清楚，尤其是在前两个世纪之中。

欧洲近代史的黎明，正好落在上述 4 世纪的前两个世纪之中，那就是著名的 7 次十字军的东征（1096—1270），那是欧洲和亚洲第一次大规模的交流，人类文明的保姆。

因为此一举，欧洲的商业中心，移到了地中海，打破了过去天下二分的状态。

因为此一举，北欧和南欧的交通势不得不通过欧洲中心的德国；多瑙河变成了南北欧交流的大动脉。

因为此一举，意大利带上了欧洲文化的桂冠，文艺复兴的晨钟从那半岛上敲出，比萨、热那亚和威尼斯变成了 12、13 世纪典型的城市共和国，伟大的但丁唱出了第一首近代诗歌。

如此，直至 14 世纪初，南欧的交通罕有利用海路的，因为那时指南针还未发现，南北欧海路上的巨人角的风涛太险恶。即至 15 世纪，英国的商船到地中海，或者西班牙、意大利的商船到不列颠，也是很稀罕的。

如若一切的物质条件不变，如此发展下去，说不定欧洲第一个资本主义国家是意大利，而不是今日的大不列颠。

但是，历史有它所不得不遵循的轨道。

1492 年的新大陆之发现，和好望角航路之被利用，将这发展的倾向拉到另一个路线。

因为这一转变，地中海的意义突然变得渺小了；因为世界交通的动脉从地中海转到了大西洋，去东方的路线从阿拉伯的沙漠移到了好望角。

因为这一转变，横贯南北欧，以德国为心脏，以多瑙河为动脉的商路已被废弃了，再加之以此后的 30 年战争（1618—1648），在经济的发展上，德国和中欧已入了冬眠状态。

因为这一转变，那曾经戴过欧洲文化的桂冠的意大利，又在那古罗马的凌霄石柱下，去做那西风残照的旧梦。

因为这一转变，在历史上的所谓"西欧"，才打下了根基，大不列颠的世界霸权才奠定了它的外廓的基础。

新大陆被发现了以后，直至欧战以前，曾经和大英帝国争过霸权，而同时又影响到地中海的，只有两次，一次是西班牙，一次是法兰西。

　　新大陆是西班牙人发现的，自然是先入为主，英国为争取世界霸权，自不得不首先打倒西班牙。

　　16 世纪是西班牙人的世纪，同时也是英国和西班牙争霸权的一个世纪。直至 16 世纪末，英国才打下了倾覆西班牙的基础（有名的西班牙商航队 1588 年为英国击败），但这一斗争直至 17 世纪末、18 世纪初，在本质上才算结束；1713 年，继西班牙王位继承战争之后，英国从西班牙得到了现在成为地中海问题核心之一的直布罗陀港。不过，在当时的世界经济体系中，直布罗陀港的意义倒不在其为西地中海的门户，而无宁在其为自英国至好望角航路中的休憩站。

　　1789 年，震撼了欧洲的法国大革命，告诉了英国：欧洲产生了它的一个对手。起初英国是观望，可是等到拿破仑出现，他的企图判明了以后，英国再也难于坐视了。

　　法国是一个地中海的国家，它的企图，自然离不开地中海，尤其是自法国革命的烈火被拿破仑利用为帝国主义的工具以后。在拿破仑的早年之中，就注意到控制地中海的意义之重大。譬如关于东地中海的，他的笔记中就有以下抄自莱诺氏关于埃及的一段："因为埃及位于红海地中海之间，实际上掌握东方和西方交织的枢纽，所以亚力山大大帝才在这儿计划下他的世界帝国的首都，使埃及成为世界的中心。最精明的争霸者都理解：要将他的属国变成一个坚实的国家，必须以埃及为基础，团结欧亚非三洲。"这是拿破仑 1798—1799 年征服埃及的张本。不过，在这个时候，东地中海的威胁对于英国还没有严重的意义，严重的倒是拿破仑在西班牙的活动。1808 年拿破仑之征服西班牙，揭开这威胁的火盖，这间接威胁了英国好望角的航路。

　　为保存西班牙的独立，为维持西地中海的安全，英国帮助了西班牙完成他们的自由战争；那延长了漫漫的 6 年（1808—1814），那是在著名的惠灵顿的领导之下。这是近代史上英国在地中海边打的第一仗。

　　1814 年维也纳会议，英国又从意大利得到了地中海上的第二个据

乔冠华（1913—1983）

点——马耳他岛。

但是直至 19 世纪中叶，地中海从未再能获得他在 12 世纪至 15 世纪当时的地位。经济的条件限制着它和拿破仑的梦的实现。从而英国对在 19 世纪上半叶于东地中海的关心，并不在维持它到东方的航路，而无宁是在制造和保持它在近东的势力范围，如在世界上其他地方的一样。经济条件改变了一切。

一个细微的事件，有时会带有世界史的意义，一条长 100 英里，沟通地中海和红海的运河的建筑，就是属于这一范畴。

在当时，这不过是一个法国工程师的幻想，但其结果：那长不满百里，费时不过 10 年的一条运河之建筑的影响，比之于那死伤千万、延长 174 年的十字军东征，直有过之而无不及。

苏伊士运河的建筑，对于地中海，实在可说是它的 19 世纪的十字军东征。

然而在最初开始（1859 年）的时候，谁都未曾想到过这 19 世纪的十字军的意义。

当法国工程师勒赛斯计划发表的时候，当时的英首相巴麦斯顿，马上就多方设法去阻止它，因为他以为这是拿破仑征服埃及的好梦之再演；而它之为英国所收买，则又是一位并非英国人的首相狄斯拉里手中的事。

苏伊士运河开通于 1869 年，既通之后，第一个影响是英国到东方的航海，缩短了一倍，英国和东方的贸易增加了 10 倍；第二个影响是那主要因为 1492 年以后欧亚商路的改变而中断了其经济发展的近东，经此一变，加倍的在经济上发动起来了。自然，这过程是迟缓的，而且因为地质和气象上的关系，其发展路径自然绝不同于西欧，但是，因为苏伊士的开通，这些国家以各种不同的形式，在经济发展上，终于完成了一大进步，是不可否认的。前一世纪 80 年代小亚细亚和埃及的阿拉伯人，正如同再迟 20 年在一块更辽远的地方所发生的义和团运动一样，发生了排外运动，借着这机会，英国于 1882 年占据了埃及。这是近东分化过程中第一件大事。这是瓦解那以各种不同形式支配了北非、巴尔干一部以及近东的土耳其帝国的第一响。从这一点上说，苏伊士实是捣毁土耳其帝国的最大的动力。

在埃及未被占领以前，继俄土之战的结束而召开的柏林会议中，英国还从土耳其得到塞浦路斯岛，不过那意义完全为 4 年后的埃及占领所掩蔽了。

如此，自从 1869 年苏伊士运河开通以后，地中海又变成了一个世界的海洋，大英帝国的动脉。

正如同 7 世纪以前，地中海变成了世界的海洋，小亚细亚变成欧亚的通衢的时候一样，德国又在地中海露面了，那著名的柏林——巴格达筑路问题，在多少意义上可以看作在近代技术条件下恢复 12 世纪、13 世纪的多瑙河的企图，虽然在许多地方，这两者的平行现象，只是一种历史上的偶合。

这斗争围绕着那正坐落在地中海东头，由腐化而趋于崩溃的土耳其帝国。

英国为保持这一条到东方的航路，自然不能不和德国力争。这一斗争促成了欧战的爆发（1914），在欧战（1914—1918）之中，这一斗争变成了公开的战争方式。

正如同在 19 世纪初年，英国为保持西地中海，出了一个惠灵顿，采取了当时最进步的战斗方式一样，在这 20 世纪初头，为保持东地中海，英国又出了一位劳兰斯，充分的利用了战争中最进步的形态——游击战。

他领导阿拉伯人起来争取他们的独立，打倒那行将就木的土耳其帝国。

在这一点上，那在西地中海领导西班牙人作自由斗争的惠灵顿以及在爱琴海（东地中海）领导希腊人作自由斗争（1821—1829）的拜伦，乃是劳兰斯的光荣的先辈。

欧战既终，土耳其是崩溃了，但是流过血的阿拉伯人并未得到真正的民族自决。不管劳兰斯怎样激烈的抗议，近东终于变成了今日这样的统治地、半统治地的模样。目前还在巴勒斯坦平野流着的阿拉伯人的血，不但是阿拉伯人的抗议，而且还是劳兰斯的抗议。

在欧战期中，足以改变地中海形势的作战技术的进展，厥为潜水艇的使用。欧战中，在地中海作战的德国潜水艇，罕有超过半打以上，但是潜水艇的破坏力量大得惊人，据估计，一艘潜水艇破坏商船的成绩，达到五十万吨。不过，欧战过去了，德国打败了，德国的舰队被毁灭了，英国到印度的航路安全好像又被建立了起来，英国的舰队又开到了马耳他，那目为海上游击队的潜水艇的潜在的危险，又被人忽视了。

如是，地中海又归风平浪静。

然而，又是一次的军事技术的进展，将地中海上的平衡打破得干干净净。那是空军的发展。

在欧战结束后的 1918 年，轰炸机的行动范围只有 290 英里，从那时起，轰炸机的行动范围已经从 290 英里提高到 400 至 500 英里，结果地中海变得狭小了，从前安全的地方，现在不安全了；从前不发生作用的假想敌的据点，现在发生作用了。而且，这轰炸机的行动范围，有在一两年以内增加到一倍以上的可能，其可能之结果是：决定地中海命运的，将不是地中海中的据点，而是那地中海四周的国家的态度。自然，在目前，问题还没有发展到这样尖锐。

根据这空军已完成的技术的进展，意大利重行加强了它地中海的军事地位，在西地中海它完成了撒丁岛的空军根据地，在中地中海它完成了班柳勒拉的空军根据地，东地中海则完成多特干尼斯的空军设防。

以这样的准备，以对于空军的充分的信心，它发动了阿比西尼亚战争。在那些惊慌的日子，英国终于看出：地中海的形势不对了。第一件反响就是从马耳他港调开它的海军，向亚力（历）山大集中，不过这幸而还没有发展成一个危机，因为英法在阿比西尼亚退让了。

如此，意大利在 1935 年 10 月至翌年 5 月，直接的在红海岸边，间接的在西地中海，打了一个胜仗。

接着就是众所周知的德意干涉西班牙，战事（1936 年 7 月至 1939 年 3 月）是结束了，但是意大利还未撤兵，而且叛军已经加入了反共同盟。

这两件事：英法在战略上的失败，和空军的发展，强有力的改变了今日地中海的军事形势。

现在让我们做一次地中海的军事旅行，从东地中海的苏伊士镇——苏伊士运河起直至那军舰云集的直布罗陀港止，全程 3 000 英里。

第一，狭窄的红海进口处的阿拉伯的对面，就是意大利的厄立特里亚和阿比西尼亚，那儿它有着强大的空军，可以堵截红海进口的曼德海峡；以这儿为根据地，它的空军可以轰炸苏伊士。自然苏伊士的运河一断，英国的远东航路固然断，意大利和它的东非帝国的交通，也被切断了。但是意大利可以从它的北非利比亚进攻埃及，在那儿从尼罗河的下游一直有铁路可以达到苏丹的拜拜尔，再从苏丹的拜拜尔，则有支路到红海边上的苏河勤，苏河勤到厄立特里亚北部只不过 100 英里。在这种情况下，英国自还可以从印度及自治领地运兵到埃及援救，即使我们假定它可以通过曼德海峡，而且可以达到红海中部的苏丹镇，换车北上；但是这条路却是离开意空军根据地这样近，当苏伊士运河不通行，那可以随时毫不费力的因空袭而发生障碍。

从红海通过苏伊士的最后一站，是塞得港，这儿离意大利的多特干尼斯空军根据地，只有 400 英里，完全在它的控制之下。出了塞得港，我们就比较自由些；但是不久，我们就要通过克利脱（希属）和利比亚的海面，这儿的距离只有 200 英里，完全在利比亚的意空军根据地陶不洛克的控制之下。自然，我们可以转到克里特岛北面去走，但是那儿离开多特干尼斯只有 100 英里，更坏。

如此，我们到了中地中海的马耳他，这儿离意大利的西西里海岸只 70 英里，离利比亚的的黎波里只 200 英里。在我们未有出险以前，我们还不得不经过西西里和北非海岸中相距只 90 英里的一段，以及撒丁岛和北非间相距只 100 英里的一段。

如此，我们到了西地中海，这儿在目前只有潜在的危险；那，第一来自巴利阿里群岛，第二是来自西班牙南部的卡塔里纳、阿尔梅里亚、马拉加和对岸的阿尔及尔、西属摩洛哥诸城镇。

最后，我们到达了直布罗陀港和海峡。

乔冠华（1913—1983）

263

直布罗陀港目前正聚集着几十艘乃至百艘左右的英法德意的军舰，它的命运正是在悬空的挂着，只有第二次大战才能决定它。

不过，我们更注意的是：如若意大利要控制地中海，它非能控制直布罗陀不可，因为它是一个贫乏的国家，它的原料必需自外来，而这入口的最主要的衢道，是直布罗陀，如若直布罗陀海峡被英国封锁了，意大利就会饿死。

所以，在这一点上，有一些自高的英国人很得意：我们只须将直布罗陀和苏伊士一封锁，我们的原料和食粮只不过迟几天到而已（因为要走好望角），而意大利却要坐着等死。

这是很对的，如若英政府不在1935年葬送了阿比西尼亚，不在1939年绞死了民主西班牙；但是自从这两次重大的历史犯罪完成了以后，这就不同了。关于苏伊士，我们在上面已经分析过，关于直布罗陀：如若西班牙是一个法西斯西班牙（已经是了），在战争开始了以后，直布罗陀纵即封锁了，对于意大利亦不发生致命的作用；何以故？因为在这种情况下，意大利可以利用西班牙铁路和海港；因为西班牙是地中海亦同时是大西洋的国家，封锁直布罗陀一港易，封锁西班牙的全部海港难。更何况还有一个不可知的因子——法西斯的葡萄牙在。

如若我们有兴趣再跑出直布罗陀港，来看看大西洋的风涛，那么我们就会发现，西班牙不但有它的摩洛哥足资军事上的利用，且在西非它还有加那利和伊夫尼岛以及"黄金河"那西非的属地。这些地方都可以造出或者已经造出优秀的潜水艇根据地和空军根据地；而这些岛和属地正好是在自印度和南美至英国的南大西洋航路交流的近处（那交流是在葡属"绿色角群岛"和"白色海峡"之间，西属"黄金河"之南）。在这种情况下，英国的南大西洋航路甚而至于有被逼着放弃的可能。谁说好望角的航路就百分之百的安全？

1939年的地中海形势，大致如此。只有主观到不可救药的一种人，才看不出这当中对于英国的潜在的威胁。

那么，怎么样去解救这危局呢？地中海本是人类文明的一个摇篮，只有用人类文明的结晶——民主主义才能救起这摇篮。在19世纪初

10 年代，惠灵顿在本质上用了这大旗，才解除了那在西地中海出现的暴君的凶残；在 20 世纪的初 10 年代，劳兰斯又是用了这大旗，才扑灭了那在东地中海盘据（踞）的土耳其帝国的统治。但是这些伟大的遗产，都为英政府出卖了。尤其是民主西班牙的被出卖，令人切齿，令人怀疑到英国是不是还有一点活力，来维持它自己的安全。我们已经在上面指出，随着军事技术的发展，地中海未来的命运将不取决于海中之一岛一屿，而渐次的取决于其四周之国家。如若近来的阿拉伯诸国得不到充分的民族自决和民主自由，而使法西斯一时得势，苏伊士和东地中海是无法保持的；如若西班牙就这样不声不响的法西斯化下去，要保卫西地中海简直是做梦。

只有民主才能保卫民主。现在西班牙的政府军还有几十万被幽禁在法国。而半岛上的烽烟，亦未完全熄灭；阿比西尼亚的战士，一部分还在深山中和法西斯苦斗；英国所需要的是一个惠灵顿和一个劳兰斯。不然，即将全大英帝国的军队集中，填满了地中海，亦救不起人类文明的这个摇篮。

（1939 年 4 月 23 日）

（原载香港《世界知识》1939 年第 6 期；选自《乔冠华文集》（上），吉林人民出版社 2000 年版）

乔冠华（1913—1983）

评析：

本文是对 1939 年 4 月底地中海周边局势的评述。为了更好地剖析地中海局势现状，乔冠华在这篇文章中带领读者做了一次上下近千年、东西三千（英）里的跨越时空之旅。他以丰富的历史知识，回顾了从十字军东征、新航路开辟到苏伊士运河投入运营等一系列深刻改变欧洲地缘政治、经济的关键性历史事件，以及第一次世界大战以来潜水艇的出现、空军的发展等军事技术变革给列强的地中海争霸战带来的全新局面，最后带领读者跟随着他的视野由东向西作了一次横穿地中海的想象之旅。他用充分的历史事实说明：英、法等国在地中海东端的阿比西尼亚和西端的西班牙一错再错，已经失去了重要的战略据点，如果他们再不坚决地举起反法西斯的民主主义旗帜，就将失去地中海这个人类文明的摇篮。乔冠华在欧洲留学期间曾在课余专门研究过军事理论，平时也一直有着收集珍藏各种地图集和地图册的习惯。丰厚的知识积累，使他的国际述评气势恢宏，真正做到了胸怀寰宇、胸有成竹。本文就是一篇把政治评论和经济、军事分析完美结合的佳作，作者以饱满的激情和优美的文字，让读者在看清严酷的国际关系现状的同时，开阔了视野，增长了见识。

（编撰：陈开和）

　　唐平铸（1913—1985）20世纪中共军事新闻工作的重要开拓者之一。早年留学日本攻习美术，抗战爆发前夕回国参加红军。从1946年解放战争开始，他长期从事解放军政治宣传工作，担任纵队（军）宣传部长，以及师、军级领导职务。新中国成立后，他参与《解放军报》的创办，作为副总编辑长期主持编务，参与组织一系列重要报道，起草重要文件和社论，后任《人民日报》代总编辑，经历了"文化大革命"中的复杂环境。他在"文化大革命"中被长期羁押，"文化大革命"后得到平反，恢复名誉。

军中一支笔　沉浮风浪中

　　唐平铸是解放战争中闻名于刘邓大军（晋冀鲁豫野战军及后来的第二野战军）的"军中一支笔"。他文思敏捷，能够在战争环境中迅速成稿，写出场面宏大的战役通讯，或短小精致的特写，还善于写蕴含幽默笔调的杂文。新中国成立后，长期担任《解放军报》副总编辑，主持编辑部业务，参与组织撰写了许多重要文件和社论。"文化大革命"中，奉调《人民日报》担任代总编辑，置身于复杂的工作环境，不可避免地受到当时"左"的思想的影响。但在不同的时间和环境里，他抵制过极左言行。1968 年初秋，因政治陷害而被"监护"，失去自由将近八年之久。"文化大革命"结束后获得平反，恢复名誉。

战火中磨出一支笔

　　1913 年 7 月 21 日，唐平铸出生在湖北武汉一个普通人家。父亲原籍湖南，从小到武汉纱厂当工人，因略有文化，逐步由徒工、记账起步，后来当上了一家纱厂的账房先生，一家人可得温饱，孩子们都上了学。但在 1931 年，不到 50 岁的父亲突发脑溢血辞世。唐平铸时年 18 岁。

因父亲对纱厂的劳绩，厂方给了一点股份，母亲与别人合伙开了一家小店谋生，仍坚持让唐平铸上学。

唐平铸自幼聪颖好学，爱好书法美术，跟随名师学习书画，打下了很好的功底。母亲为了培养他，于 1934 年卖掉家中的房子，用这笔钱送唐平铸东渡日本学习。母亲则到亲戚家居住。

20 世纪 30 年代，中共留日支部十分活跃，唐平铸的同学中有多位中共党员。受他们影响，唐平铸到日本不久就加入了中共领导的社会主义青年同盟，隶属于中共东京特别支部。1937 年 5 月，唐平铸受中共旅日组织派遣回国，于 6 月间加入红军原第二方面军。一个月后全面抗战爆发，唐平铸来到延安抗大学习，于次年加入中国共产党。

唐平铸（1913—1985）

从抗大毕业后，唐平铸被分配到刘伯承、邓小平率领的 129 师，先后担任 129 师 769 团敌工干事、股长、科长，后到八路军前方总部敌工部工作。整个抗战时期，他基本上都在太行山根据地度过。唐平铸有日语基础，他的主要工作是收集和分析侵华日军情报。

太行根据地多次遭受日军扫荡，唐平铸参加过"百团大战"等许多战斗。

抗日战争胜利后，唐平铸转入政治宣传部门工作，任太行军区宣传科科长。

解放战争中，唐平铸任刘邓大军第 6 纵队宣传部部长，参加了鲁西南战役和千里跃进大别山的艰苦战斗。唐平铸将自己的工作与新闻报道紧密结合，主持了"王克勤运动"的发起与推广。王克勤 1939 年 7 月被国民党军队抓壮丁，1945 年 10 月在邯郸战役中被解放后参加中国人民解放军。他在解放军战斗队伍中进步很快，入党后被提拔为排长。当时解放战士开小差离去的情况时有发生，王克勤排却始终巩固，原因是王克勤不仅体贴、爱护战士，而且打仗时指挥灵活果断，伤亡很少，还善于做政治思想工作。

唐平铸及时总结和宣传了王克勤的事迹，引起野战军副政委张际春的重视，在刘伯承司令员和邓小平政委支持下，在野战军全军开展了"王克勤运动"。

在激烈的战争环境里，唐平铸出色完成部队宣传工作的同时，本人也勤奋动笔写新闻。他才思敏捷，灵感迸发时短篇报道或杂文感言倚马可待；他又有思考缜密、视野广阔的特点，在规模宏大的战役刚刚结束时就能很快写出场面壮阔的长篇战争报道。由此荣获晋冀鲁豫野战军政治部颁发的军事报道奖。他为野战军创办的《战友报》和《人民战士报》撰写了三十余篇稿件，留下了宝贵的战争记录。

参加创办军报，出任人民日报代总编辑

解放战争后期，唐平铸任 12 军第 34 师政委、军政治部副主任。

1953 年，唐平铸从西南军区调北京，任总政治部宣传部新闻广播处处长。随后，参加了《解放军报》的创办，任副总编辑。组织过许多模范典型人物报道，其中包括学习雷锋和学习"南京路上好八连"的报道。

他参加过军内许多重要文件的起草，主持撰写过许多重要社论和影响很大的文稿，其中包括为编辑《毛主席语录》而起草的"再版前言"。进入 1966 年，唐平铸已是解放军报的实际负责人。

"文化大革命"爆发后的 1966 年 5 月 31 日，陈伯达率工作组到《人民日报》夺权，时任《解放军报》常务副总编辑的唐平铸当晚到《人民日报》参与编辑部事务，并于 1966 年 6 月 20 日被任命为代总编辑，他也是《人民日报》历史上唯一的代总编辑。

在"文化大革命"中主持《人民日报》的工作，唐平铸面临极为复杂的局面。起初，还有从解放军总政治部派出的以李思恭为首的"记者团"的协助，但是几个月后这个记者团就撤走了。而对《人民日报》的工作环境，唐平铸是陌生的。

在"文化大革命"头两年,《人民日报》由"中央文革小组"组长陈伯达主管,《人民日报》发表了许多带有"左"的错误指导思想的文章。

在实际工作中,唐平铸对陈伯达的许多做法是有抵制的。陈伯达到《人民日报》夺权后,唐平铸不赞成大幅度进行人员更换,而且认为大部分编辑部领导经历过革命战争,可以信赖。他主持《人民日报》日常工作后,布置报社评论组撰写的第一篇社论是《团结大多数》。但这篇社论稿在送审时,被"中央文革小组"成员王力认为"不合时宜"而没有刊发。

1966 年 8 月 26 日,唐平铸被宣布为可以列席"中央文革小组"会议的 6 名成员之一,两天后即和胡痴、张平化等人一起受到了毛泽东主席的接见。

1966 年 8 月以后,陈伯达患病住院。凭借一位革命老战士的忠诚,唐平铸比较自觉地接受新任中宣部部长陶铸的领导。这年初秋,唐平铸先后主持起草了两篇社论《抓革命,促生产》(1966 年 9 月 7 日)和《再论抓革命,促生产》(1966 年 11 月 10 日)。他在前一社论的初稿中写道:"有人认为只要把文化革命搞好了,生产暂时停下来以后可以赶上,因此他们只是集中力量搞文化革命,放松了生产的领导,这当然是不对的。"这段话在定稿时被删去,但提出这个思想,在当时是需要勇气的。

1966 年 12 月底,陶铸突然被打倒,唐平铸在人民日报社的地位顿时岌岌可危。1967 年 1 月,唐平铸被任命为"全军文革小组"成员,但是厄运随即开始。

1967 年 1 月中旬,解放军报社出现造反派"夺权"事件,军报代总编辑胡痴被"揪出",唐平铸受牵连立即被打倒。虽然几个月后恢复了《人民日报》的领导工作,但是从这时起,工作难度明显增加,时而受到主持"中央文革小组"事务的江青、康生的责难和诬陷。

此后断续工作到 1968 年夏天,唐平铸又被打倒,于这年 9 月被送入北京卫戍区关押,失去自由达八年之久。

失去自由的岁月是令人痛苦的,但唐平铸在这段时间里坚持学习,

唐平铸(1913—1985)

《人民日报》1966 年 9 月 7 日社论《抓革命，促生产》

还翻译了文学作品。

　　1975 年，唐平铸被释放。1976 年"文化大革命"结束后不久，经中央军委批准，解放军总政治部对唐平铸作出了平反和恢复名誉的结论。1985 年 7 月 20 日，唐平铸在北京逝世，终年 72 岁。他遗言丧事从简，遗体捐献作医学病理研究。

蒋介石的"哀启"

华东人民解放军于孟良崮战斗中歼灭了蒋之嫡系七十四师以后，蒋介石痛哭流涕，如丧考妣，写了一个"手启"（按：应该是"哀启"），"通令各军、师长转各旅、团长朗诵研究，遵行无违"。该"手启"已为刘伯承将军某部于七月十五日鲁西南歼灭三十二师、七十师时所缴获。蒋介石在其"手启"中，把一年来内战失败的责任推到他的部下，他写道："以我绝对优势（？）之'革命'武力，竟每（按：每字用得好）为劣势（？）'乌合之匪众'（按：诬指我人民解放军）所陷害，此中原因，或以谍报不确，地形不明；或以研究不足，部署错误（按：其实都不是技术问题，而是反人民内战的结果），遂至精神不振，行动萎靡，士气低落，纪律败坏（按：这是蒋介石对他的军队在一年内战之后所作的四条结论）。然究其最大缺失，厥为各级指挥官（按：应包括陈诚、顾祝同、薛岳、胡宗南等人在内），每存苟且自保之妄想，既乏敌忾同仇之认识，更无协同一致之精神，坐视为'匪'所制，以致各个击破者，实为我军各级将领'取辱招祸'之最大原因"，（按：蒋介石发动卖国大内战，才是"取辱招祸"之最大原因）。谈到"陆军整编第七十四师全体官兵在最近鲁南一役之壮烈殉职"（按：七十四师放下武器之蒋军官兵已参加人民解放军，反对蒋介石），蒋介石假发慈悲的说什么这是"国军剿匪"以来"最悲壮光辉之史诗"（按：蒋氏这种"史诗"写得越多，中国人民解放也愈快）。"七十四师师长张灵甫、旅长卢醒、团长周少宾等高级将领二十余人"，明明是被解放军打死或被俘虏，蒋介石却白天说鬼话，说是"在阵地相率自戕"，最后来一个："呜呼！凄惨！……可

273

谓史无前例"。(按:其实"前例"也不少,"后例"则更多,刘邓大军横渡黄河后,不到半月,则歼灭了故五十五师,六十三师之一五三旅,三十二师,七十师及六十六师等部,这种"后例"岂不更"呜呼",更"悲惨"吗?)他这样说的目的很明显,是为了欺骗更多的蒋军官兵到内战前线去当炮灰。蒋介石检讨孟良崮战役失败,首先归咎到客观原因方面,说什么:"实以地形过于恶劣","该山山岩层垒,目标暴露",以致"饮水断绝,粮弹俱尽"。最后则大发雷霆,怒骂:"友邻应援不力,招此惨败!"并拿出他的卖国"军纪"、"军令"来镇压"当时应援之各师","其作战不力者,除整编八十二师师长李天霞,已着革职拿办,交军法审判(按:冤枉!蒋军高级将领内战的下场,不是被俘,打死,就是"革职拿办")外,并将其邻近各师长与作战应援有关者,迅即查明责任,依法严处。"(按:嫡系被歼灭,杂牌遭了殃!)蒋介石并令"全体将士……戒畏葸卑怯之劣性,以湔雪国军之耻辱。"每打一次败仗,蒋介石来一个"手启",但他这种"手启"是写不完的,"国军之耻辱"也是永远"湔雪"不了的,把所有的军长、师长都像李天霞那样"革职拿办",也不能挽救蒋介石卖国集团必然失败的厄运。鸟之将死,其鸣也哀,蒋介石这种"哀启",已经象征他这个反动集团必然死亡的命运。

(原载《人民战士报》1947 年 7 月 30 日;选自《刘邓大军征战记新闻编》,新华出版社 1987 年版)

评析:

　　1947 年 7 月,晋冀鲁豫野战军在鲁西南战役中缴获了蒋介石所作"哀启"。那是为两个月前国民党军整编第 74 师在孟良崮战役中被歼而写的。

　　唐平铸读后有感而发,写下这篇短评,以子之矛攻子之盾,以幽默的语言抒发了对解放战争必胜的信念。文中逐条排列蒋介石原句,正语反作,夹叙夹议,或极尽调侃,或讥讽挖苦,于嬉笑怒骂中揭露蒋介石将失败的责任归咎于下属,而不检讨自身的失误和无能。

作者使用了较多的排比谴责之语，指出蒋介石的"哀启"写不完，最终必然失败，"哀启"终将变"哀鸣"。

急急忙忙跑来就被消灭了

——记蒋军一五三旅被歼经过

刘伯承将军的千军万马南渡黄河以后，弄得蒋介石手忙脚乱，急急忙忙把粤军一五三旅调来"补空子"。可是他们也不争气，急急忙忙又被解放军歼灭了。

一五三旅原系广东陈济棠的老部队，去年蒋介石在庐山"避暑"时，曾要他们当卫戍部队。五月间山东战局吃紧，又调他们去山东。走到半路上，听说刘邓大军从鲁西南席卷而来，只好改变计划北调。七月二日，他们赶到定陶城，一小时后，刘邓大军也赶到并包围了他们。头几天他们还不时出城袭扰，看我们不理会他们，满以为"莫闷太"（广东话"没问题"）。

十日下午七时，从解放军第六纵队的指挥所里，发出了总攻的命令。出乎敌人意料以外的几十门大炮，开始从东门和北门轰击。不一会儿，好像地震一样，东城门楼倒塌了，二分队的突击队长刘永芳率领突击队的勇士们首先登上城头。在北边，全国著名战斗英雄王克勤带着突击队向北门攻击。王克勤同志病了五六天，本来首长们不让他去，他却坚决地说："在反攻中共产党员不上，谁上？"当他指挥突击队通过外壕去破坏敌人鹿寨时，敌人集中火力向他们扫射。这时，克勤同志身负重伤，血流如注，他还高喊："大家赶快冲啊，不要管我！"担架员把他抬到半路遇见了沈主任，他拉着沈主任的手说："赶快指挥队伍上吧！党培养了我，我没有完成任务，对不起党。请你告诉同志们，……要团结，要互助，好好打老蒋。还请转告毛主席，我临死到头也要为穷人打仗！"

王克勤同志光荣牺牲的消息，从指挥所传到了前线部队，战士们

唐平铸（1913—1985）

愤怒极了，高喊着要替王克勤报仇！这时天空乌云密布，风雨大作，战士们个个满身泥泞，冒着狂风大雨爬上城头，利用闪电的每一刹那亮光，勇猛地向漆黑的城中心区挺进。

敌人部署混乱了。他们在这七八天里，强迫全城老少，在城内的街头巷尾修筑的许许多多的暗堡、炮楼，那时已经顾不上用了。他们有的固守在几座高层店房内顽抗，有的则如战士们说的，像野地里的兔子一样，到处乱窜。当时我们最大的困难，是喊话他们不懂，越喊越不要命地跑。有一股敌人被我们追急了，把枪放下喊道："八路'公'（军），莫打，我们'告穷'（缴枪）！"战士们也不懂什么叫"告穷"，后来俘虏们用手比画才知道是缴枪的意思。于是大家就喊："告穷呀！告穷呀！"在这震天的喊声中，四千多名广东军队就这样违背了老蒋的意志，急急忙忙地放下了武器。

（原载《人民战士报》1948 年 7 月 30 日；选自《刘邓大军征战记新闻编》，新华出版社 1987 年版）

评析：

1947 年 7 月，刘邓大军千里跃进大别山，南渡黄河后，国民党粤军 153 旅赶来阻挡，到定陶一小时后即被刘邓所部第 6 纵队包围，继而全歼，此为鲁西南战役的一个组成部分。

作者的行文舒卷自如，写战役用大手笔，落墨无多，前后照应清楚，中间却比较详尽地叙述了著名战斗英雄王克勤血洒疆场的情景。作者以这种疏密相间的手法阐明：胜利是鼓舞人心的，但胜利又是用血的代价换来的。文中写王克勤，突出展现解放军高昂的战斗意志，反衬国民党军"像野地里的兔子一样，到处乱窜，急急忙忙地放下了武器"。

作者有意识地在文中掺用敌方的广东方言，增添了全文的幽默感和活泼感，在战争报道中不多见。

（编撰：靳建疆 钱江）

　　吴文焘（1913—2011）　中国共产党的优秀新闻干部，也是最早走出国门的新华社驻外记者之一。曾任《中国通讯》（英文）主编、新华社副社长兼新华社英文广播部主任、新华社东北总分社社长、新华社布拉格分社社长、外文出版社副社长、人民日报社副总编辑、外文出版社社长兼总编辑、外文出版发行事业局局长等。长期从事新闻工作，特别是在中国共产党和新中国对外新闻传播事业的发展历程中作出了开拓性的贡献。

中国声音传五洲

吴文焘 1913 年生于河北清苑，1937 年 6 月毕业于北京大学外语系。同年 11 月，奔赴延安参加革命工作。自此，他的人生轨迹与中国共产党和中国人民的对外新闻传播事业紧密结合在一起，勤勉敬业，几十年如一日，作出了重要贡献。

清凉山上：抗日战争中的新闻战士

1937 年 11 月，吴文焘赴延安，先后在陕北安吴堡青训班、陕北公学、马列学院学习。1938 年 3 月，加入中国共产党。1938 年年底学习结束后，到中共中央宣传部工作，其间曾主编《中国通讯》（*Report from China*）（英文）。《中国通讯》是中国共产党在延安的第一个外文宣传刊物。该刊第一期以"皖南事变报道"为专辑，共 5 篇文章，其中吴文焘撰写了 3 篇。其间，吴文焘还为中共中央机关刊物《解放周刊》撰译过不少稿件。1941 年 6 月后，吴文焘调到《解放日报》工作。同年 8 月，《中国通讯》由新华社接办[①]。

1941 年 11 月，中共中央决定新华社社长由博古兼任，吴文焘任副社长，主持日常工作。吴文焘到任不久，博古鼓励他和同志们克服困难，努力使新华社成为解放区的新闻总汇。在与吴文焘谈话中，博古特别谈到了"两个《大西洋宪章》"的例子（注：因抄收、译校疏漏，延安所收《大西洋宪章》内容与重庆《新华日报》登出的出入很大，形成"两个《大西洋宪章》"），说："党中央要根据咱们收来的新闻电讯决定政策的。可不要再发生'两个《大西洋宪章》'的现象啦！"②

此后，新华社很快建立了外文翻译的校对制度，外电翻译工作有了明显改进，减少了新闻的错漏现象。与此同时，新闻台涌现出不少技术能手，抄报速度和质量显著提高，及时准确抄收的大量国内外重要消息，成为中共中央及时研判国内外形势和进行决策的重要依据。

1944 年夏，在世界反法西斯战争和中国人民抗日战争不断取得胜利的大好形势下，中共中央指示新华社创建对外英文广播。

1944 年 8 月，新华社英文广播部在延安成立，简称英播部。办公地点在清凉山的一个窑洞里。8 月 8 日开始试播，9 月 1 日正式开播，定向美国旧金山，呼号为 CSR DE XNCR。这一电头为"新华社延安"的讯号，冲破敌人重重封锁，穿越千山万水，第一次向海外发出中国共产党的声音。

英播部由吴文焘兼主任，编辑沈建图、陈庶，英籍专家林迈可负责英文修改润色工作。在日常报道上，英播部每日编发今日新闻，初期每天广播两次，每次 1.5—2 小时，每日播出量为十几条英文消息，合中文 1800—3000 字左右。每天清晨，编辑们选读《解放日报》和前方记者发回的电讯稿，从中选编、改写成英文对外广播稿，经修改和润色后由吴文焘做最后审读。下午 4 时，通讯员骑马送到军委三局发报处，一两个小时内用摩尔斯电码发出。英播部还承担重要文件的英译工作，其中毛泽东《论联合政府》的英译本，就是由英播部最早翻译并及时对外播发的。

在重大突发事件方面，新华社为中共中央提供及时准确的消息。1945年 8 月 10 日傍晚，电台收到外电报道日本乞降的急电后，吴文焘第一时

吴文焘（1913—2011）

间直接汇报毛泽东，为中共中央决策部署提供了依据，争取了时间。

漫漫征途：创建新华社东北总分社

1945 年 10 月 5 日，时任新华社副社长的吴文焘奉命领导一支由 16 位不同工种的同志组成的《解放日报》、新华社先遣队，从陕北延安出发，为新华社跟随中共中央转移做准备和接应工作。

1945 年 11 月初，先遣队到达张家口，奉中央指示立即北上，向东北进发。他们挺进承德，步行经过内蒙古的通辽，绕过国民党占领区，到达吉林海龙——当时中共中央东北局所在地。1946 年 2 月 6 日，新华社东北总分社在吉林海龙成立，吴文焘任东北总分社社长③。

处于初创时期的东北总分社，艰难困苦，百废待兴。在吴文焘的领导下，总分社抓紧招募和培训电务人员，并在进入长春后收缴了日、伪和国民党军队留下来的大批通信器材和物资，为日后成为全国解放区中设备最先进、通信技术人才最强的总分社打下了坚实的基础。进入哈尔滨后，东北总分社成立了英文翻译组，开始抄收翻译国际电讯，与东北日报社合办了东北版《参考消息》。

吴文焘还是一名出色的记者，初创时期的东北总分社缺少文字记者，中共中央东北局的一些重要报道是由他采写的。

作为新华社东北总分社的奠基人，吴文焘以卓有成效的工作，获得中共中央东北局领导的信任，赢得同事的尊敬。

奔赴欧洲：让世界听到新中国的声音

新华社的海外阵地建设，始于解放战争时期。1947 年春，蔡畅作为中国解放区的代表赴欧洲参加国际民主妇联理事会议。回国后，她向中共中央东北局建议，派一个人常驻东欧，在那里设立一个据点，进行国际宣传工作，同时还可以做些对外联络工作。当时国际上还很少听到中国解放区的消息，而国外许多人都很关心中国局势。1947年7月初，时任新华社东北总分社社长的吴文焘奉命从哈尔滨起程，经莫斯科，最终到达此行的目的地——捷克斯洛伐克首都布拉格。

1947年第一届世界青年联欢节在布拉格召开，吴文焘作为中国解放区代表团成员参加了联欢节，在联欢节结束后，就以新华社记者的名义留在布拉格工作。他随即参加了当地的国际记者俱乐部，与当地及东欧各国驻布拉格的记者乃至西欧的进步记者建立了联系，逐步开展国际宣传活动。1948年11月，新华社布拉格分社正式成立，吴文焘任社长，另有秘书胡国城，编辑章蟾华、李士玮④。

作为中国共产党对外传播的一个突破口，初期吴文焘的主要任务是向海外报道中国解放战争的消息和解放区的情况，依靠从国内带去的材料，编写介绍我国解放区情况和革命形势的稿件，发送给捷克斯洛伐克《红色权利报》、波兰《人民论坛》、南斯拉夫《战斗报》等东欧几个国家的党报。另外，他作为捷方一个进步的半官方性质媒体——电通社通讯员，为电通社提供中国解放区的消息和稿件，通过它向世界各国广播。据后来到新华社布拉格分社工作的译电员李玉厚回忆："当时正是解放战争激烈进行的时候，当我军主动撤出延安，东欧国家的有些同志就不理解地问，你们怎么把自己的'首都'都丢掉了，这是怎么一回事？"由捷克斯洛伐克广播电台播发的吴文焘写的第一篇英文稿件解答了这一疑问。该稿件还被转载于《广播新闻周报》，杂志的封面图片是由吴文焘提供的一张醒目地标明解放区所在位置的中国地图。

1949年春，东北总分社调译电员李玉厚、报务员刘吉祥和吕文启等到布拉格分社工作。捷政府的邮电部门与中国解放区开展了电讯业务，布拉格分社与总社电报联系也畅通了。4月14日，布拉格分社电台建立，正式抄收总社英文电讯。这是新华社在国外建立的第一个电台。

吴文焘（1913—2011）

作为中国共产党对外宣传的主要渠道，吴文焘及其同事抄收总社的英文新闻稿，每天打字油印约 500 份，免费分发至捷克斯洛伐克、东西欧、美洲以至非洲和印度媒体，使国外读者了解到中国革命的一些真实情况。同时，分社从所订的上百份外文报刊选编、摘发消息和评论，每天几千字的国际舆论稿件用英文或中文发给总社，大大补充了总社国际报道的稿源。

其间，吴文焘曾受命就近出席了许多国际性会议，如：代表中国解放区新闻工作者参加了在芬兰赫尔辛基召开的国际民主记协代表大会；代表广播工作者加入了国际广播协会；代表解放区法律工作者作为观察员参加了世界民主律师协会布达佩斯大会；代表《人民日报》参加了英国《工人日报》21 周年的庆祝活动，并发表了讲话。同时以新华社驻布拉格记者之名，撰写了大量评论、通讯文章，在风云变幻的国际舞台发出中国解放区和新中国的声音。

随着形势的发展，新中国即将成立，新华社布拉格分社还承担了一些对外联络和送往迎来的礼宾工作，履行"驻外机构"的职责。

1953 年春，吴文焘由布拉格回国，自此离开了他"怀有一份特殊感情"的新华社。

回国后，吴文焘任职于外文出版社（前后两度）、人民日报社，先后赴日内瓦、万隆等地，负责日内瓦会议及万隆会议的新闻报道工作，与同事们一起出色地完成了新中国成立初期多次重大外交活动的报道任务。1958 年他参与领导我国对外传播刊物——英文版《北京周报》的创办。

1959 年反右倾运动中，吴文焘被定为右倾机会主义分子，受到不公正对待。1962 年部分平反后，主要从事编译工作。身处逆境，他依旧以严谨务实的工作态度、高超的业务水平，为新闻出版事业作出贡献。1979 年吴文焘获彻底平反，恢复工作，1982 年离休。2011 年 6 月 16 日在北京逝世，享年 98 岁。

注释：

　　① 新华社新闻研究所编：《新华社回忆录》，新华出版社 1986 年版，第 115—116 页。

　　② 新华通讯社社史编写组：《新华通讯社史》，新华出版社 2010 年版，第 189—190 页。

　　③ 新华通讯社辽宁分社编：《新华社东北总分社简史》，第 9—17 页。

　　④ 新华社新闻研究所编：《新华社回忆录》（二），新华出版社 1991 年版，第 294—298 页。

作品选编

吴文焘（1913—2011）

凄风苦雨话伦敦

——旅英纪实之一

　　飞机兜了几个圈子，闪出让旅客们系紧安全带的字幕后，便骤然沉入棉絮般的云雾里去。捷克航空公司的招待员从机房里走出来，亲切地说："这就是伦敦，天气常是这样坏的。我们在降落了！"

　　一九四八年的夏天，我曾到过伦敦。当时，在短短的三天里，我希望能对这八百万居民的城市有个概念。中心区的豪门大厦和栉比的父子有限公司，当然是引人注目的；在地下火车站或地上的两层公共汽车上，以及由于二次大战期间希特勒飞机的轰炸至今还存留在街道上的断壁残垣和交通要道的墙角上，你所看到的，到处是五光十色的广告画和商业招牌。帝国主义者所要保卫的"西方文明"，除了利润二字以外，再也找不出什么别的来。

　　当时，马歇尔的"援助"西欧计划，对于很多天真的人们，还似乎

《凄风苦雨话伦敦》原载报样

有些想像（象）的甜蜜味道。工党的右派领袖们，还在向人民配售其假冒的"社会主义"。可是世界在变化着，三年后的伦敦到底怎样了呢？

走出飞机，疾风卷着急雨，打得人行走不得。二月下旬的岛国天气，对于不惯带伞的大陆来客，真是一个恶作剧。

我和另外两位旅客被引到诺索尔特航空站的"移民局"和海关去。三位穿便衣的汉子问明了那两位旅客的来历，便把他们放行了。一个有小胡子的汉子翻阅着我的护照，问是做什么生意的，到英国来干什么？我说："是代表人民日报来参加英国工人日报二十一周年庆祝会的。"另外一个戴眼镜的和一个满脸横肉的，打量了一下我的小手提包，问有什么贵重物品？我告诉那戴眼镜的自己去检查。这时那满脸横肉的汉子就问我口袋里可有什么文件？我说："有，可重要呢！"随手就从口袋里掏出了一份登着周总理痛斥联合国污蔑中国为"侵略者"的声明的新华社英文稿，和准备在工人日报纪念会上讲话的英译稿，并告诉他："问口袋里的东西，是类似搜身的反常的不友好举动。"这时他又摆出一副狐狸脸，连连解释说："这只是形式，形式！"他于是拿着两个文件，到一边和他的同伙们去会商了。那戴眼镜的从我提包里检出了一卷中文材料，是范长江和邓拓等同志关于改进人民日报的报告清样。他大概是不懂中文的，反复翻阅了好久，才问是什么文件，我回答说："你拿去把它译成英文吧，最好能在《太晤士》报上登载一下！"于是，他不响了。

足足有四十分钟，我才得收拾好全部材料，通过了海关。

工人日报的代表阿塞·克列格和其他几位在候客室等候迎接我的朋友，已在怀疑我是否也像去年年底去英国开会的各国和大代表一样，下了飞机就被迫飞回去了。和来迎的朋友们欢晤寒暄了一会，一个朋友问我是否读过当天报上斯大林大元帅对真理报记者的谈话？我立刻就转到旁边写着"斯米司父子有限公司"字样的派报所，想买一份工人日报。但所得的回答，却是"没有"。后来，我才知道全伦敦报纸的派售很大一部分是这个斯米司公司包办的。这类公司，除了少数长期订阅户外，并不零售工人日报。什么原因呢？那只有老板们知道。

吴文焘 (1913—2011)

既然不卖工人日报，我只得买了几份当天（二月十七日）的伦敦的资产阶级报纸，匆匆和朋友们上了车，冒着雨向城里进发。在保守党《每日电讯》报第一版的边上，登着斯大林大元帅谈话的摘要；和它平行的，是十数种日用品较上周又涨价十分之一的新闻。这天的头条新闻，是各地铁路工人因要求增资十分之一，被工党政府的铁路管理当局拒绝而罢工的事件。由于工党政府援引了早该废除的战时制止罢工的所谓"一〇三五"号法案，将七个要求增资的码头工人代表拘捕起来，伦敦和其他各港口的罢工运动，正是方兴未艾。英国生活费用的高涨，是这样严重地威胁着所有的人们。不久以前，连英王自己也觉得日子不好过了，要求内阁给他增加补贴。马上，工党政府决定在他一年数十万镑的补贴项下，增加了四万镑（等于一百六十个普通工人的全年收入）。可是，工人们呢？……

也是同一天的以"工潮的原因"为题的社论里，《每日电讯》报承认："这些不满（指工人罢工）的基本原因，自然是生活费用的无情高涨。"作为保守党的喉舌的《每日电讯》报警告说："除非设法制止工业上不安的日益高涨的浪潮，否则将是对重整军备的严重威胁！"

看看斯大林大元帅的谈话：

"艾德礼首相应该从他自己及美国的经验中懂得：增加军队和从事军备扩张，就使得军事工业扩大，民用工业减缩，使巨大的民用建设工程停顿，赋税增加，消费品价格上涨。"

这是何等一针见血的话啊！然而，也是同天的工党机关报《每日先驱》却说这个谈话是对艾德礼的个人攻击！

半小时后，我们在一个友人的门前下了车。女主人给煮了杯热咖啡吃，但逼人的寒气依然不退。煤，质量坏，一般家庭还难以买到。已是晌午时分了，另一个朋友约去他家吃饭，说是可以拿出一整月的配给肉量（约合中国一斤多）和整月的鸡蛋配给额（三个）来款待一顿较为丰盛的饭。大家都禁不住苦笑起来。目前英国每个人的配给肉量，比第二次大战中最苦的年月还少了一半。当然，有钱的老板们，可以买到鸡鸭鱼肉，可以在大餐馆里吃到一切。这，正和取消了配给制的衣服一样，去年十月八镑一套的，到今天已经超过了十镑半，为了增加几个先令的工资而和大亨们搏斗的工人们，怎敢去问津呢？

因为还不觉得饿，就约了塞姆（一个朋友的名字）先到"东头"（伦敦的贫民区）去看看。雨，这时变成一阵一阵的，太阳偶尔露露头，就被行云所遮掩起来。我们从最繁华的皮卡德雷大街雇了车，大体是沿着太（泰）晤士河北岸，经过伏利特（或译舰队）街，伦敦"城"区，一直朝东走的。由于英国资产阶级报业大王们的刊物大多集中在伏利特街，所以，这条街的名字已经成了反动宣传的代名词。说到伦敦"城"，那里并没有像中国样的城墙，它的特点就在于那方可数百丈、虎视眈眈的英伦银行和其他数不清的钱庄大厦。这是英国独占资本家的"帝国"，犹如华尔街之于美国独占资本家一样。可是，就在这个"帝国"不远的地方，有一条格罗斯文诺街，那里，大批的房子今天已经成了美国人的机关。从那里走过，就像是到了华盛顿一样。美国在伦敦的什么"经济统制处"、"司令部"，显示出美国主子君临一切的面目。同时，这也说明了，在资本主义世界的范围内，伦敦"城"区和华尔街的激烈的明争暗斗。

从"城"区到"东头"，你就到了另外的一个世界，虽然汽车行程不过是几十分钟。破旧的房屋，在阴湿的天气里，更显得僻陋不堪。战时被炸毁了的房屋的残骸，很多还原封留在那里。这就是伦敦工人们历代聚居的区域。八口之家，挤在一间狭小的房子里。一周平均不过五镑多工资的工人，除了五分之二用在吃上，还要把约五分之一的收入花在房租上。房荒是这样严重，以致一个房屋出租的小广告登出一天之后，就有一七八家来争租（工人日报二月十二日）。根据最近伦敦市政当局的统计，单在大伦敦登记等着找房子结婚、或者生了儿子没处睡的，就有二〇〇、三八八家。盖房子吧？那，对于反动的资产阶级来说，不如军备重要。在第二次大战时，仅只伦敦就有十七万所房子被炸毁了。那些无处容身的英国人民，对于战争贩子们的战争叫嚣是怀着满腔的愤怒的。

因为衣服都淋湿了，我们就改坐公共汽车往回走；在中心区特拉法加广场下车，参观了一下纳尔逊（按为英十八世纪末海军大将）的纪念像。如果说纳尔逊在特拉法加的胜利，是象征着"统治七洋"的大英帝国的黄金时代的开始，那么，今天，在大西洋侵略公约下，"纳尔逊的海军"已经沦为美帝国主义海军的一个侧翼了。一月十四日，在艾森豪威尔到伦敦的第二天，就有大批的退役军人（第二次大战中在艾森豪威尔统帅下的官兵），带着反对希特勒战争中所得的奖章，齐集阵亡将士墓前献花圈，并派代表投书艾森豪威尔，表示：英国人民不要战争，请他和现在英伦三岛的美国海陆空军滚回家去！他们还计划在纳尔逊的纪念像前举行示威大会，但被警察无理制止了。据报载，二月二十五日，英国退役军人的组织，还要在这个特拉法加广场上开会。他们的口号是：反对重新被召入伍，反对重新武装西德，反对扩大侵朝战争到中国。可惜由于我在二十三日必须离英，未能参观这个盛会。

下午三点多钟的时候，寒冷加上饥饿，使人冷得有些发抖了，就找了一个叫"香港楼"的饭馆，打算吃些中国味道的热汤。一个二十来岁的广东同胞操着北方话热情地来招待我们。异国相逢，倍觉亲切。我们每人要了一大碗鸡丝面，青年广东店员又特意给我们拿出了些中国酱

吴文焘 (1913—2011)

287

油和胡椒末，吃来顿觉舒快异常，恍若回到了祖国一般。

在暮色苍茫中走到寓所，打开收音机，英国广播公司正在报告新闻：伦敦码头工人的罢工又扩大了，铁路复工问题谈判失败……第二天的天气预报，仍然是凄风苦雨！

（原载《人民日报》1951 年 5 月 27 日）

评析：

这篇通讯是吴文焘《旅英纪实》（五篇，组稿）的开篇之作。1951 年 5 月，吴文焘代表《人民日报》参加了英国《工人日报》21 周年的庆祝活动。20 世纪五六十年代，虽然英国工党政府对新中国采取不友好的举动，但是《工人日报》作为英国工人阶级斗争的一面旗帜，对中国人民抱有敬意。作者以到达伦敦当日的所见所闻所感所想，创作出这篇优秀新闻作品，与处于风雨如晦境地的英国人民产生共鸣，同情并声援英国工人阶级的正义斗争。

吴文焘此文以"讲故事"的方式开篇，由小见大，由微观及宏观，通过平实记录新闻事实，观察白描人物语言和动作，直击"伦敦'城'区和华尔街的激烈明争暗斗"的事实，一针见血地指出："英国生活费用的高涨，是这样严重地威胁着所有的人们。"

作品以伦敦"雨"表达对当时英国政局的忧虑，并以此切入报道，从伦敦的"疾风卷着急雨"写起，至"仍然是凄风苦雨"收笔，以饱含感情的笔触讲故事，是一篇新闻性、思想性、可读性俱佳的新闻作品。

日内瓦会议的新阶段

随着莫洛托夫外长的返回日内瓦，日内瓦的舆论界显得格外活跃起来。

在纷纭的议论中，人们似乎都认为恢复印度支那和平问题的新的决定性的阶段将随其他外长的不日归来而开始。

表面看来，从六月十九日达成了"关于在柬埔寨和老挝停止敌对行动的协议"到七月十日这三个星期里，日内瓦会议周围的人数减少了，大国的外长们离去了，一千几百个从各国来的记者大约只剩下个零头，过去熙熙攘攘的"记者之家"不免有些冷清了。可是，会议在进行着，而且正像莫洛托夫外长所说的，这个时期外长助理们的继续商谈"对于达成日内瓦会议的肯定结果具有相当重大的意义"。

三星期间，关于印度支那停战监察问题的限制性会议进行了六次。虽然，像联合委员会和中立国监察委员会的职权范围以及后者的成员与表决程序等节，都还没有最后达成协议，但应当说在很多方面双方观点是愈加接近了，而没有不能达成协议的理由。军事专家们关于划定双方军队集结区的会谈，除了越南部分早在六月二日开始外，老挝部分于六月二十四日开始，柬埔寨部分也在七月七日开始了。尽管到目前为止，为双方军事代表所协议的准备向外长会议提出的方案尚未就绪，但人们认为只要双方进一步推诚协商，在大国外长们到来后是可能迅速产生为双方所满意的结果的。

然而标志着这一时期会议的显著事实，还是有关方面代表们的会外个别接触。这种频繁的接触，不仅限于例如中、苏和法国代表间，而且更直接的是法国代表与越南民主共和国代表间，越南民主共和国和老挝、柬埔寨代表间。这些出现在宴席上或别墅园林里而不发公报的会谈，是使双方观点更易于澄清和谅解的方式。莫洛托夫外长和中、越代表团从早就主张这样作（做），经验证明这样作（做）是对的。

"这些会谈的语气是和解的。俄国人、中国人，甚至越盟的代表，始终坚持表示他们愿见印度支那冲突停止的态度。"有影响的巴黎《法兰西晚报》这样报道说："这种有利的因素，似乎产生了这样的气氛，即尚未解决的问题可以求得解决，其中主要的是划定双方军队的集结区。"

这中间，日内瓦会议周围的人们正像世界各地人们一样，曾被周恩来总理兼外长的被人称作"闪电"的"足以影响世界形势"的旅行所

吴文焘（1913—2011）

牢牢地吸引住。继在伯尔尼和法国总理孟戴斯—弗朗斯进行了使人鼓舞和对恢复印度支那和平具有信心的会谈之后，周恩来总理和印度尼赫鲁总理、缅甸吴努总理会谈后所揭示的五项原则的声明，被认为是"亚洲历史的重要一页"，其对日内瓦会议的积极作用是不言而喻的。接着，又是占据报纸上首要地位，受到日内瓦、巴黎和其他各地舆论普遍欢迎和重视的周总理和胡志明主席的会谈。

这中间，人们还看到美帝国主义者在日内瓦所继续表演的可鄙角色。在限制性的会议上，美国代表自然除了重复其"共产主义国家不能参加中立国监察委员会"、"联合国是最好的中立监察组织"等滥（原为"谰"，本书编辑改）调外，想不出什么别的来。而这时，正如会议人士和记者们在私下所谈论的：恰恰是美国在反共的借口下公开组织侵略危地马拉的时候，正是联合国组织又一次被证明成了美国工具的时候。日内瓦和欧洲舆论的愤怒，甚至使一些在日内瓦的美国记者都感到孤立和难为情起来。

远在法国阁潮没有解决的时候，这里的美国代表团和接近它的人们都充满信心地说，孟戴斯—弗朗斯无法组成新阁，法国外交部的"当然主人"是人民共和党的皮杜尔或舒曼们。这样，当向人民保证要结束印度支那战争的法国新总理和周总理会谈的消息传到美国代表团时，人们说那里的反应是"混乱"和"怀恨"。从华盛顿传来的官方言论，更是对法国新内阁的"不信任"。在以停止"美援"相威吓的当中，美国的当权者们把法国政府任何有利于恢复印度支那和平的举动都污蔑为"不光荣"的"投降"。甚至英国不愿追随美国立即成立东南亚侵略集团、扩大印度支那战争的表示，也被目为"出卖"朋友。就在声称以弥补英美政策间的距离为目的的英美两国政府首脑会谈之后，大部分的美国和英国的报纸也不掩饰两国政策主要分歧的未能缩小。华盛顿的锣鼓喧天的全武行马戏团的观众，是日见微少了。

最近从巴黎赶回来采访日内瓦会议的法国记者，告诉我一些和日内瓦会议相关联的法国情势：千百万法国人民早已认识到五月十日范文同代外长所提出的八点建议，对法兰西来说是合理的、光荣的和平方案。因为，其中不仅要求法国承认印度支那人民的民族独立和权利，也照顾到了法国在那里的经济和文化利益等。法国人民坚决支持新内阁谋求在七月二十日实现停战的声明，但同时美国帝国主义者和法国的一些美国化了的政客们，也在竭尽一切可能来阻挠这一目标的实现。最近，华盛顿会同波恩向巴黎方面实行压力，迫使新内阁立即解决"欧洲军"的问题，其目的就在于打破孟戴斯—弗朗斯首先解决印度支那问题的步骤。皮杜尔等前内阁班子在踌躇满志地等着打马回朝；美国驻法大使接连不断地发表谈话，往访新内阁首脑。用法国经济评论刊物《展望》的话来说，就是"狄龙先生（美驻法大使）甚至不惜干涉我国的内政，或者给我们一个真正的哀的美敦书"。

显然在外长们即将开始其日内瓦会议新阶段的路程时，路程上并不是完全平坦的，而是复杂的和障碍重重的。这里一般认为，以美国代表团为首的破坏势力将有以下的阴谋活动：（一）想尽一切办法制造纠纷、挑拨离间，以便在七月二十日以前不能达到停火的协议，来配合法国主战派卷土重来的计划。（二）利用保大集团在他们佯作反对所谓"分治"的口实下，使划定双方军队集结区的工作不能顺利进行，战争不能同时迅速全面停止。（三）在不能达到阻止停火协议时，即进而阻挠有关政治问题的协商，使印度支那人民要求民族独立、统一的愿望不能迅速实现。（四）拒绝参加对印度支那停战的保证，以便为日后在三国中寻求建立美国军事基地、再动干戈留下后门。

今天，全世界人民的眼睛在注视着日内瓦，期待着印度支那的和平得以恢复，从而进一步缓和国际紧张局势，达到人民所希望的不同制度的国家间和平共处。

像收获庄稼一样，在争取最后收获印度支那的和平的时刻是比任何时候都须要警惕地防止一切灾害的。在这里，当事方面的诚意是克服一切障碍、达成和平的决定因素。

七月十日

（原载《人民日报》1954 年 7 月 12 日）

吴文焘（1913—2011）

评析：

　　1954年的日内瓦会议，是新中国第一次以大国身份亮相国际舞台，与美、苏、英、法及其他18个国家，共同平等讨论和平解决朝鲜问题与恢复印度支那和平问题。对于第二次世界大战后举行的一次重要国际会议，中国政府任命周恩来总理兼外长为出席日内瓦会议代表团首席代表。英文娴熟且具有国外工作经验的吴文焘以《人民日报》记者名义对日内瓦会议进行充分报道。这篇通讯就是吴文焘在日内瓦会议期间采写的"日内瓦通讯"组稿之一。

　　文章全面报道了中国代表团讨论印度支那问题的主张与立场，客观反映了中国、苏联、越南等国的团结协作，及时揭露了"美国代表团为首的破坏势力"的阴谋活动。作者论述有理有力有节，通过由表及里对比论证，充分展示了中国政府为解决国际争端，"进一步缓和国际紧张局势，达到人民所希望的不同制度的国家间和平共处"的决心与愿望。

　　和平之声越来越强，尽管还掺杂着不和谐之音。在日内瓦会议即将开始新阶段时，吴文焘在文章中鲜明提出：诚意是克服一切障碍、达成和平的决定因素。1954年7月21日，会议通过《日内瓦会议最后宣言》，印度支那问题最终达成了协议。

日内瓦归来

一、再见吧，日内瓦！

　　七月二十三日，在绚烂的朝阳中我们离开日内瓦，飞向回国途中的第一站——柏林。

　　从春末到夏中，日内瓦的湖光山色和往年并没有什么两样，但在这将近三个月里，全世界各个角落的人们都在道念着日内瓦，盼望着在日内瓦举行的外长会议达成积极的结果。日内瓦的人们在说：虽然从一九一八年到一九四六年日内瓦曾是国际联盟的所在地，他们的城市却从没有像今年这样为全世界所关注。

在我没到日内瓦以前，我所知道的日内瓦，除了它曾是"国联"的所在地以外，就只限于它是有名的瑞士制表业的一个中心，是它那为历代诗人如哥（歌）德、拜伦等所歌颂过的自然景色，是百余年来没有经过战争的一个地方……

四月初旬我到日内瓦时，这座依山傍水的城市虽还不时弥漫着风雪，莱蒙湖边的梧桐虽还没有发出芽儿来，但是日内瓦的园林别墅和湖滨旅馆，依然吸引着无数的游客。由于两次世界大战的火焰都没有延及瑞士，一些资产阶级的人们和报刊就觉得战争也好，和平也好，只要瑞士保持超然的"中立"，有生意可作（做），那就够了。

但是，当我亲身到了瑞士，我发现人民并不是那样"超然"的。春天，美国帝国主义利用在太平洋试验氢弹进行恫吓时，在人民的反对下，日内瓦州的议会里就一致通过了禁止使用原子武器的决议。翻开日内瓦的报纸，不仅反对美国阻挠东西贸易的文章日益多起来；更突出的是：在美国垄断资本企图用提高瑞士钟表进口税一倍的方法来吞噬瑞士钟表在美国的市场中，你可以看到各阶层人士要求对美国进口货加税，以示抗议的呼声。当危地马拉民选的合法政府被美国侵略者以"反共"为借口而推翻之后，瑞士人民的愤激几乎是遍及全国的。一个汽车司机告诉我：就在有名的莱蒙湖"白峰"桥上和其他名胜地方，不时出现"美国佬，回家去吧！"的标语。这样，当美国的"麦卡锡"调查组准备到日内瓦来"审问"在"联合国欧洲办事处"中的美国人有无"共产党及其同情者"时，人民反映那是对瑞士主权的侵犯！

日益众多的瑞士人体会到美国帝国主义者对人类安全的威胁，日内瓦人的日益关怀着外长会议不被美国所破坏，也是显而易见的。七月二十一日那天，是日内瓦会议关于恢复印度支那和平的最后一次全会，也是谣言最多的一天。上午，当人们传说一家日报透露了有关美国最后阻碍达成协议的新闻时，那家报纸出版后不久就被抢购一空。下午，当外长们先后进入"国联大厦"的会议厅时，连美国记者也承认：拥挤在

吴文焘 (1913—2011)

门口的群众对于莫洛托夫、周恩来、孟戴斯—弗朗斯、范文同……都报以热烈的鼓掌，只有对美国代表史密斯先生表示了冷淡。

二十一日中午，停战协定的最后一部分签字仪式举行了。在"国联大厦"门口的人丛中，我发现了一个原在"国联"服务的白发老翁。我问他对这次日内瓦会议的感想，他说："在国联时代，这个建筑里开过多少次会，但从没有一次在有利于世界和平的条件下达成过停止战争的协议。我国人们从来没有像今天这样关心着在这所建筑里所开的外长会议，并以其达成协议为日内瓦的光荣！"

是的，人们忘不了当年的"国联"是在世界人民心目中失去了道义和权威的。远在一九四五年的旧金山会议上，莫洛托夫外长关于"联合国"的成立的演说里，就曾把"国联"的失败作为联合国组织的殷鉴：当"毫无忌惮地力图把它（国际联盟）变为专供某些反动势力和特权国家利用的工具的时候，国际联盟的权威更是特别低落下去了"。而曾几何时，今天的联合国组织又在朝鲜和其他若干问题上成了美国侵略者的工具！

可是，历史究竟是不重演的。日内瓦会议的经过和关于印度支那问题的成就，再一次说明帝国主义在亚洲为所欲为的时代已经一去不复返了。

在七月二十一日的最后一次记者招待会上，苏联代表团的发言人伊利切夫同志说明了会议的历史成就后，向记者们说："当我们行将分手的时候，我不用'别了！'二字，而用'再见！'"当我们的飞机升到莱蒙湖的上空，我似乎也感觉：由于日内瓦会议的成就，秀丽的日内瓦城显得更加光彩了。对于它，我愿借用伊利切夫同志的话说："再见吧，日内瓦！"

二、中国人民的使节

我们的飞机是在周总理和中国代表团其他同志所乘飞机起飞后一小时离开日内瓦的。由于兄弟国家的邀请，以周总理为首的中国代表团在归国途中的日程是访问德意志民主共和国、波兰人民共和国、苏联和蒙古人民共和国。

在日内瓦的"昆特连"飞机场上，周总理和各国的欢送者们一一握手，并在他的声明中指出日内瓦会议成就的伟大意义："它又一次有力地证明：国际争端是可以经过和平协商获得解决的。"周总理说："印度支那和平的恢复，缓和了国际紧张局势，并为进一步协商解决其他重大国际问题开辟了道路。我深信，只要爱好和平的国家和人民坚持不懈地努力，世界和平是可以得到保障的。中华人民共和国愿意与有关各国为达到这个目的而共同努力。"他感谢了瑞士和日内瓦当局和人民对于中国代表团的协助，几十个从各国来的摄影、电影和传真记者争着拍照，日内瓦广播公司把这一声明录下来，广播到日内瓦和全世界……

这个场面使人想起日内瓦会议开幕前夕的情形来。

在我的记忆中最清楚的，是当时美国国务卿杜勒斯企图纠合他的"友邦"发表一个"对中国的联合警告"。这个挑衅计划的目的，自然是想阻止中国出席已在柏林四国外长会议上决定由五大国共同参加的日内瓦会议的。没有实现这一计划，美国的统治者们就积极活动组织太平洋侵略集团；代表官方意见的美国报刊，一致宣传日内瓦会议是注定要失败的。它们说协商是不可想像（象）的，只有"实力政策"；它们甚至说如果日内瓦会议有什么结果的话，那首先将是中华人民共和国的被"孤立"。

然而，事实是多么无情啊！近三个月的日内瓦会议，是以苏联为首的世界和平势力和战争势力进行了曲折复杂的斗争的三个月。日内瓦会议关于和平解决朝鲜问题的部分，虽然由于美国的怠工和破坏而没有达成应有的协议，但很多西方的外交家们，像英国外交大臣艾登先生，都声明这个问题并未被勾销，而且这个问题的解决，不能不有中华人民共和国和朝鲜民主主义人民共和国的参加。在讨论恢复印度支那和平问题的过程中，每一个重要的进展，都是在全世界舆论克服了美国代表的无理阻挠而获得的。当全世界各地欢呼恢复印度支那和平取得协议的时候，美国的总统、国务卿和一些参议员们却躲在一边表示了不满和

吴文焘 (1913—2011)

295

怀恨。

孤立了的不是中华人民共和国，恰恰是美国的统治者们。

从日内瓦会议一开始，不少西方有见识的政治家和报纸就认识到中华人民共和国在国际事务中所占的地位，必须和周恩来总理打交道，不少的西方产业界的代表们来和中国代表团商谈贸易和文化交流问题……因为周恩来总理和中国代表团的代表们不是什么别人，而是解放了的、进行着伟大和平建设的、并取得抗美援朝的光辉胜利的六亿中国人民的使节！

算起来，周总理和其他的代表同志们从访问印度、缅甸和与胡志明主席会谈回到日内瓦来、完成了自己对日内瓦会议所应起的积极作用，到动身访问民主德国、波兰、苏联和蒙古人民共和国各兄弟国家，只有二十来天光景。我亲自听到不少来自各国的记者们对于周总理风尘仆仆、为求世界和平、为求不同社会制度的国家间和平共处所作巨大努力的赞誉。

二十三日的晌午，我们飞抵德意志民主共和国的首都柏林。周总理所乘的那一架飞机，已经先期一小时到达了。

（原载《人民日报》1954 年 8 月 5 日）

评析：

这篇通讯是吴文焘"日内瓦通讯"组稿之一，于 1954 年 7 月 21 日日内瓦会议发表《日内瓦会议最后宣言》两天后采写，作者激动的心情难以自抑："七月二十三日，在绚烂的朝阳中我们离开日内瓦，飞向回国途中的第一站——柏林。"一个新时代开始了。

1954 年 4 月 26 日至 7 月 21 日举行的日内瓦会议，是第二次世界大战后召开的重要国际会议，讨论了和平解决朝鲜问题和恢复印度支那和平等问题。7 月 21 日，会议在发表《日内瓦会议最后宣言》后结束。周恩来总理率领中国代表团出席日内瓦会议，这是新中国第一次走向国际舞台，第一次参与对国际上重大问题的讨论，实现了多边外交领域的一次"破冰之旅"。

作者把宏大主题融入细节中，敏锐发现、及时捕捉、准确提炼，让全世界看到了周恩来总理在会上所表现出的政治家的宽阔胸怀和高超斗争艺术，给与会者及国际社会留下深刻印象，赢得广泛赞誉，中国代表团为会议顺利进行作出了重要贡献。

"再见吧，日内瓦！"多少自信与豪迈！

（编撰：郑艳华）

吴文焘 (1913—2011)

战
火
中
的
新
闻
烈
士

谢文耀

（1913—1948）

　　谢文耀（1913—1948）　中国共产党的优秀新闻战士，曾任《七七报》总编辑、《七七日报》副社长、新华社鄂豫皖野战分社副社长等。解放战争中，他冒着枪林弹雨撰写了反映中原突围的新闻报道；他写的关于刘邓大军强渡黄河、挺进大别山，揭开人民解放军从战略防御到战略反攻序幕的述评，笔锋犀利、分析深刻。1948年2月，在参加土改工作时遭遇地主武装袭击，英勇牺牲。

战火中的新闻烈士

谢文耀 (1913—1948)

1948 年 2 月，新华社鄂豫皖野战分社副社长谢文耀在河南省汝南县开展土改工作时，遭到"还乡团"袭击，英勇牺牲，年仅 34 岁。新华社总社得此噩耗后，去电致哀，并慰勉中原诸新闻工作同志继承文耀同志遗志，化悲痛为力量，继续为创建江淮河汉间革命新闻事业而奋斗。① 同年 9 月 1 日记者节，新华社社长廖承志在中共中央所在地——河北平山县西柏坡主持召开大会，沉痛悼念在解放战争中光荣牺牲的战友，特别表彰了谢文耀烈士。

从"武大青年救国团"中走出来的热血青年

谢文耀，1913 年出生于湖北省汉川县榔头镇谢家垸。1932 年，19 岁的谢文耀以优异成绩考入武汉大学外文系，专修英文，自学法文和世界语。1936 年暑假，他和武大一批进步青年一起，成立了一个秘密团体"武大青年救国团"，被推选为负责人之一。他还与进步同学一起创办了秘密油印刊物《武汉学联》，并在刊物上发表时论，宣传

299

救国救民的道理。他们的活动，被当局和学校看作"非法活动"。在白色恐怖下，他们一边积极寻找中共党组织，一边秘密准备建立临时支部。

1937年2月，谢文耀等人在蛇山脚下的武昌贡院街30号（谢文耀的家），一间简陋破旧的平房内秘密集会。姐姐谢景屏为他们放哨。谢文耀、李厚生、陈约珥、李锐等8人，庄严举手宣誓，每人都填写了入党表，正式成立了一个自发的党组织，称为"中共武汉临时支部"，推选谢文耀、习东光等为负责人。这年五六月间，谢文耀和其他几位同志先后到北平，和中共北方局取得了联系。

1937年7月7日卢沟桥事变后不久，谢文耀从北平回到武汉。9月，中共中央派董必武到武汉建立湖北省工委，临时支部成员除个别人外，都正式成为中共党员。谢文耀成为中共武大支部负责人之一。

在中国共产党的领导下，"武大青年救国团"的成员发展到200多人。他们举办读书会，秘密传阅进步书刊；组织群众歌咏队，大唱抗日救亡歌曲；举办抗战训练班，培训抗日救亡干部。八路军武汉办事处的负责人叶剑英、邓颖超、张爱萍等，亲临抗训班讲课。

1938年10月，日军侵入武汉后，谢文耀奉命到洪湖地区的天门、汉川一带工作，担任中共天（门）汉（川）中心县委宣传部部长，实际上是做军事部部长的工作。他先后在汉阳侏儒山等地，找到地下党员肖利三和肖永思父子，建立了乾侏地下党；随后，返汉川童家岭、马口、叶家兴集一带，找到彭怀堂（老党员），又建起天门地下党和天汉区委领导下的三四个党小组，并和杨学诚、陈秀山、庄果、鲁明健、梁立琳（女）等10个同志接受任务，到鄂中地区开展游击战。在鄂中，他还负责编油印的《党的建设》小册子，供鄂中特委办党训班学习之用。

1938年11月至次年3月，谢文耀又与当时天汉地区的各派游击队取得联系，做统战工作。后来，谢文耀还担任过鄂豫边区天汉地委宣传部部长职务。

抗日烽烟中艰苦办报

1939 年秋，谢文耀调到刚刚诞生的《七七报》工作。《七七报》是中共鄂豫边区党委的机关报，7 月 7 日在湖北京山县养马畈创刊，以 1937 年 7 月 7 日卢沟桥事变的时间命名，社长夏忠武，总编辑李苍江。同年冬，李苍江在应城与安陆交界处被敌人包围，壮烈牺牲。谢文耀接任总编辑职务。

《七七报》从诞生之日起，就是在隆隆的炮声、频繁的转移和流动之中办报，差不多每隔一两天就要换地方。特别是在 1942 年的反"扫荡"斗争中，鄂豫边区被 14 路敌军合围，生活异常艰苦。谢文耀和报社同志冒着枪林弹雨，在艰苦环境下坚持出报，使报纸成为及时传播中共中原地区党委、军队的方针政策和胜利信息，团结人民、教育人民、打击敌人、消灭敌人的重要武器。敌人千方百计要捣毁它，但始终未能得逞。

在鄂豫边区，同志们对谢文耀的评语是："平时没有豪言壮语，沉默寡言，关键时刻表现了无私无畏。他把一切献给党的新闻事业，埋头苦干，从不顾及自己的家庭和个人安危。他心中只有革命工作……"②

谢文耀（1913—1948）

千里突围线上以纸笔为枪

抗战胜利后，以新四军第 5 师为基础，包括南下支队及河南豫西、水西地区的部队，成立中原军区，并将鄂豫皖中央局改为中原局。《七七报》于 1946 年 1 月 14 日改名为《七七日报》，成为中共中原局的机关报，同时成立新华社中原分社。夏农苔任报社和分社社长，谢文耀、周立波任副社长。

1946年6月，全面内战爆发。国民党倚恃其军队在数量和武器装备方面的优势，企图迅速消灭全部人民武装力量，向解放区发动了全面进攻。战争首先在南部战线的中原解放区展开。中原解放军遵照中央军委的指示，除留部分武装就地分散坚持游击战争、箝（钳）制敌人外，主力部队分南北两路向西突围。中原野战军英勇突围，胜利完成了战略转移任务，保存了主力，建立了两块根据地，留下坚持原地斗争的小部分兵力，也牵制了国民党军队30个旅。他们的行动在战略上有力地配合了其他战场的作战，受到中共中央、中央军委的充分肯定和高度赞扬。

谢文耀和《七七日报》社长夏农苔等同志，随中原解放军主力部队转战在千里突围线上。他们浴血奋战，日夜行军，风餐露宿，骡背上驮着文件和油印机，在战斗的间隙，用手中的笔，撰写千里突围中英雄们可歌可泣的事迹，鼓舞全军斗志。

在中原突围过程中，谢文耀的亲密战友、《七七日报》社长夏农苔不幸病逝。谢文耀一直保存着夏农苔留下的《突围日记》，并续写了夏农苔去世前后几天的情况，以表达对战友的悼念之情。

谢文耀深深地热爱新闻工作，并且决心以此作为自己毕生从事的事业。他在1947年3月给姐姐谢景屏的信中写道："我搞报纸近十年，从党的事业方面，从个人兴趣和经历方面，都是以新闻文化工作为自己终身事业。"③

参加土改工作队血沃中原

1947年4月，谢文耀调到太行涉县的新华社临时总社工作，任总编室秘书。7月，从延安撤退的新华社总社转移到太行，与临时总社会合，谢文耀被派赴中原。8月5日，以冀鲁豫前线记者团为基础成立刘邓大军前线分社（又称鄂豫皖野战分社），李普任社长，谢文耀任副社长。

　　刘邓大军进入大别山，像钢刀插入敌人心脏。蒋介石惊慌万状，急忙抽调33个旅的兵力，尾随刘邓大军，企图将远离后方的中原解放军歼灭在大别山区。刘邓大军从局部反攻，转为全面进攻，以运动战为主，大力开创了大别山的革命局面之后，以摧枯拉朽之势、排山倒海之力，消灭敌人的有生力量。谢文耀随军采访，以满腔热情发通讯、写述评，歌颂刘邓大军"如蛟龙入海，驰骋江淮河汉之间"，对革命大好形势作了综合报道。谢文耀大学时代的好友李锐曾在一篇文章中回忆，1947年在热河时，意外地从新华总社广播的新闻中，读到他写的刘邓大军"如蛟龙入海驰骋江淮河汉之间"的报道，曾兴奋得失眠。④

　　刘邓大军开创了大别山根据地之后，主力部队返回淮河北岸，大力开展新辟地区的群众工作。1948年1月中旬，谢文耀等同志随同陈克寒参加了河南汝南县东南部的土改工作。谢文耀在该县袁寨西北十二公里的李楼任工作组副组长。

谢文耀（1913—1948）

　　1948年2月14日（旧历正月初五日）这一天，国民党主力部队十一旅开向汝南城，谢文耀所在的土改工作队先一天得知敌军主力部队将过境扫荡，乃于深夜向正西方向转移约30里，到了汝河河套之内。2月15日，土改工作队的同志探知敌军主力部队已过，决定返回原地继续工作。这天凌晨，谢文耀起得很早，他顾不上吃早饭，独自一人迎着寒风朝着原来工作的李楼走去。当他悄悄进入寨内约一小时后，忽然遭遇十多个"还乡团"的包围。谢文耀当即拔枪应战，但因众寡悬殊，不幸被俘后英勇牺牲。

　　新华社刘邓大军前线分社社长李普3月3日致信新华社总社社长廖承志，详细报告了谢文耀牺牲的经过，廖承志向前线分社发了唁电。新华社总社在太行山的武安县为谢文耀召开了追悼会。前线分社的同志们都按总社的号召，化悲痛为力量，努力搞好工作，以实际行动来悼念牺牲的战友。

　　谢文耀是新华社在革命战争年代牺牲的分社负责人之一，他为创建江淮河汉间的人民新闻事业作出了重要贡献，把壮丽的青春以至生命都献给了他所热爱的中国革命新闻事业。

注释：

① 新华社 1948 年 5 月 22 日电《文耀同志光荣牺牲》。

② 新华社新闻研究所编：《血染的丰碑——新华社烈士纪实》，新华出版社 1999 年版，第 300 页。

③ 新华社新闻研究所编：《血染的丰碑——新华社烈士纪实》，新华出版社 1999 年版，第 305 页。

④《一二九运动回忆录》第一集，人民出版社 1982 年版，第 405 页。

刘邓雄师南征　敌我态势大变

【新华社中原前线二十三日电】前线记者谢文耀评述刘邓反攻大军南征以来敌我态势称：南下解放军的伟大反攻行动，使蒋家匪帮们张皇失措，部署错乱，军心动摇。严重局面是开始于蒋匪军九个半旅在鲁西南的覆灭，当时蒋贼为挽救此惨败的危局，一面将王仲廉撤职查办，一面不惜拆散其在山东的重点攻势，东拼西凑的抽调十几个旅的兵力，加上豫西南的残兵败将，八月初开始分由菏泽巨野公路两端两路北扑，构成所谓钳形进攻，妄图将解放军围歼于菏泽公路与黄河之间，不料甫经部署就绪，解放军却以南越陇海路而开始了早经布置好了的南征行动，蒋匪用冈村宁次之"铁脚合击"完全落空。而且由于解放军神速南进，从八月七日到十四日的短短七天当中，蒋匪曾三次妄谋"围歼"而又不

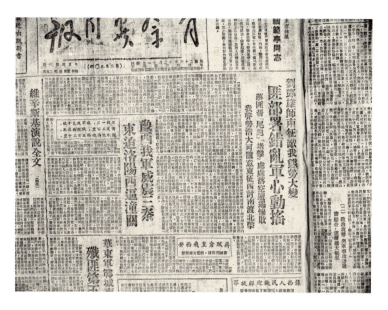

作品原载报样

得不三次改变部署，完全处于被动，在铁路两侧乱忙了一阵蒋匪全然看不见南出陇海的解放军铁锤打击的方向，究竟将落在那（哪）里。蒋贼及其统帅部始终以为刘邓大军是北渡或被迫南移，其愚蠢无知缺乏战略眼光可谓惊人！及至八月十四日以后，南下大军突然出现在沙河以南，蒋匪这才慌了手脚，为了掩盖他惊慌忙乱的丑态，又不愿意也不敢于承认南下解放军的行动乃是一个预定的巨大反攻行动。无可奈何之余，只好叫中央社出来叫嚣所谓"刘匪全部被歼于沙河以北"以自解嘲。蒋家匪帮们所苦恼的是尾追部队，解放军既可望而不可及（即），在沙河仅有的一次阻击亦告惨败，而长江以北的广大地区更无一兵一卒可以阻击解放军的前进。南征大军把蒋匪一切尾追部队远远地扔在后面，从容渡过汝河，进入大别山区。蒋介石匪帮们的一切所谓"围歼""追击""堵击"都已变成纸上的名词。解放军现正驰骋于江淮之间，如蛟龙入海，纵横自如，它高兴进兵那里便进兵那里，随时可以西越平汉，进入桐柏山区；或南渡大江，插足湘赣；或东出皖中而叩京、芜之门；或回师北上再渡黄河。蒋匪军则东碰西撞，顾此失彼，处处可防，而处处不胜防。四十八师（编者按原在鲁中）向光山、经扶碰了两下，忽然觉得不妙。

又夹起尾巴掉头东奔皖西，图救合肥。五十八师（编者按原在豫东皖北）则于固始、商城间徘徊不前。罗广文及八十五师（编者按原在鲁中）等则龟缩于平汉东侧，不敢动弹。五十二师之三十三旅（编者按从湖南调来）才到郾城，又忽然返防武汉。六十五师（编者按原在鲁中）也急忙沿平汉赶回汉口。蒋匪军郑州前方指挥所则由菏泽而开封，而信阳，只能望着刘邓大军的背影移动。二〇六师（编者按原在豫汲县一线）及第三师等才到许昌、正阳，忽然豫西告警，又中途折转，西奔洛阳。蒋贼及其统帅部手忙脚乱之窘态，表露无遗。至于蒋匪内部更是疲惫不堪，士兵逃亡，军心恐慌，达于极点。据甫由四十八师逃来之士兵谈：该师士兵多赤脚跋涉，日食两顿稀饭，原在大别山区所抓的兵，都纷纷逃亡，每连原有一百多人，现只剩五六十人，许多在鲁西南定陶、曹县一带抓来的壮丁，也日有逃亡。蒋匪每到一地，即四处搜捕民夫，行动起来，一股是兵，两股是民，异常迟缓。其部队每当出发时即将从老百姓家里搜出神香点燃，对天祷告八路军不要来，当行至六安以西三四十里处，忽发觉解放军一部在其翼侧时，立即仓惶北撤，有如惊弓之鸟，实则该部解放军离彼等尚有四五十里之遥。四十八师之一七四旅，在六安西北十余里地区可以望见六安城，解放军只以极小部队予以阻击，从本月四日到十四日十天之内，该队尚未敢前进一步。

（原载《晋察冀日报》1947 年 9 月 25 日）

评析：

这篇述评以解放战争时期，刘邓大军强渡黄河，挺进大别山，揭开人民解放军从战略防御到战略反攻的序幕为大背景，忠实记录了南下大军在江淮之间诱敌深入、纵横驰骋、浴血奋战，如蛟龙入海的气势与壮举；生动描述了国民党军在应对南下人民解放军的伟大反攻行动时判断失误、部署无序、顾此失彼、东碰西撞、惊慌忙乱、军心动摇、夹起尾巴徘徊不前的窘态；深刻分析了刘邓大军南征以来敌退我进、敌溃我胜的战略态势。

　　述评语言犀利、文风泼辣、现场感强，字里行间既显露出新华社前线记者在枪林弹雨中不畏艰险深入采访的勇敢与无畏，也饱含着新华社前线记者向着崇高、向着正义、心向人民的一腔热血和激情。不仅对前线将士起到了凝聚力量、鼓舞士气的作用，而且也向民众传递了中国人民解放军必胜的信念。

　　谢文耀的友人李锐曾在《痛哀谢文耀》一诗中表达了对述评的赞美之意和对故友的怀念之情："故人又似笑来前，喜读'蛟龙入海'篇，正待中原席卷日，何期万里哭南天。"

（编撰：白继红）

谢文耀（1913—1948）

西北前线报佳音

林 朗

（1913—1960）

林朗（1913—1960） 经历过抗日战争和解放战争洗礼的优秀新闻工作者。曾任八路军前线记者团记者、延安《解放日报》记者，新华社西北总分社社长、西北《群众日报》副总编辑，新华社副总编辑兼国内部主任，俄文《友好报》总编辑等。战争期间，他采写了许多出色的新闻、通讯和军事评论，起到了很好的宣传组织作用。新中国成立后，作为地方和中央新闻单位的负责人，为中国共产党新闻工作的组织建设和业务建设作出了重要贡献。

西北前线报佳音

林 朗 (1913—1960)

革命战争年代，林朗是延安《解放日报》和新华社著名战地记者之一。曾先后赴华北前线、西北前线采访，写了许多出色的新闻、通讯和军事评论。特别是在胡宗南进攻陕甘宁边区，彭德怀率领西北野战军展开延安保卫战，先后取得青化砭战役、洋马河战役、蟠龙战役等胜利后，他采写的《记蟠龙大捷》《志大才疏阴险虚伪的胡宗南》等战地名作，传播了胜利的佳音，鼓舞了士气，大快人心。

战火映照下的新闻生涯

林朗，本名姜国忠，江苏滨海人。1937年抗日战争爆发，正在上海大夏大学读书的林朗毅然投笔从戎，来到山西临汾参加了八路军。1938年上半年到达延安，在瓦窑堡抗大一大队学习并加入中国共产党，下半年到八路军总政治部工作，开始了饱经战争洗礼的新闻生涯和革命生涯。

1938年冬，林朗参加八路军总政治部的前线记者团，到华北抗日前线和敌后采访，报道了中国共产党领导的敌后战场上中国人民英勇抗战的事迹。在转战前线、深入敌后的日子里，他与解放区军民息息相通，写出许多出色的新闻、通讯和军事评论，生动地再现了抗日战争中敌后战场的战斗场景和英雄事迹，得到广泛认可和好评。例如，战地通讯《河口歼敌记》记述了八路军在晋察冀边区五台县城附近歼灭敌人有生力量的事迹，成为新闻史上的名篇。《河北平原的一支铁骑——记屡建奇功的×××师骑兵营》，以近四千字的通讯记录了守护晋察冀军区外线东面门户的×××师骑兵营的光辉战绩和英雄事迹，于 1940 年 8 月 9 日、10 日在《新华日报》上连载。

1941 年 5 月 16 日，延安《解放日报》正式创刊，林朗被调到《解放日报》，从事采访和编辑工作。1945 年 2 月，新华社广播科改组为编辑科，不久林朗加入编辑科国内组，负责延安地区下属几个县和驻军的采访报道任务。在陕甘宁边区的艰难岁月，他对八路军 359 旅南泥湾垦荒自给的报道，反映了陕甘宁边区部队"自力更生、艰苦奋斗"的革命精神与英雄事迹，反映了人民子弟兵的劳动者本色，为边区的大生产运动和随后的丰衣足食生活增添了一面光辉旗帜。如 1943 年 4 月 5 日《解放日报》登载的林朗《向军队看齐》一文，报道了 3 月 21 日农学家李世俊在南泥湾管理处门前广场上，向 200 位农民动员扩大生产的情况。

1946 年春，内战的乌云笼罩全国。中共中央提出了"全党办通讯社"的决策，解放日报社、新华社按照《新华社、解放日报暂行管理规则》进行改组，解放日报社一大批采编人员调入新华社，加强了新华社的业务力量。改组后，林朗任新华社解放区新闻编辑部副主任。这期间，林朗再次投入军事报道中。

1947 年 3 月，国民党胡宗南部大举进犯陕甘宁边区，由彭德怀率领的西北野战军随即展开延安保卫战。在取得了青化砭战役、洋马河战役的胜利后，5 月 2 日黄昏，西北野战部队乘胡宗南部主力进占绥德、回援不及之机，对其补给地蟠龙守军突然发起攻击，并于 4 日 24 时攻克蟠龙镇。林朗的战地报道《记蟠龙大捷》，以细腻的笔法还原了蟠龙战役的历史现场。

经此三战三捷，人民解放军稳定了陕北战局，为转入战略反攻奠定了基础。新华社 5 月 9 日播发的述评《志大才疏阴险虚伪的胡宗南》就是林朗在这个历史节点上写就的一篇战斗檄文。林朗从蟠龙战役前线将述评文稿发到四大队（跟随中共中央转战陕北的新华社工作队），经过范长江修改后，又送周恩来副主席审阅，周恩来认为需要补充修改，提出改写意见，并口述应补充的内容，由编辑赵棣生笔录而成。这篇述评历数了胡宗南的劣迹和败绩，最后指出："胡宗南这个'西北王'的幻梦必将破灭在西北，命运注定这位野心十足、志大才疏、阴险虚伪的常败将军，其一生恶迹，必在这次的军事冒险中得到清算，而且这也正是蒋介石法西斯统治王朝将要灭亡的象征。"据后来得到的消息证实，胡宗南本人听到陕北新华广播电台播出这篇述评时，"气急败坏，发出一阵狂笑"。①

后来，林朗在中共中央西北局领导下，筹建新华社西北总分社，先后任西北总分社副社长、社长，并兼任《群众日报》副总编辑。随着西北五省全部解放，西北局经中央批准提出了"慎重稳进"的工作方针。对此，林朗主持下的西北总分社认为这是有关团结各族人民、安定西北政局的一条重大方针，林朗指出："新闻要新要快，但是在少数民族地区，必须在党的'慎重稳进'方针的前提下进行，报道必须有利于民族团结，有利于经济发展，有利于政治安定，这是当前西北各族人民的根本利益所在，也是党和政府对西北这个多民族地区的一条重要指导方针。"②

1952 年，林朗调到北京工作，先后担任新华社副总编辑兼国内部主任，中苏友好协会党组书记、代秘书长兼俄文《友好报》总编辑。

林
朗
(1913—1960)

言传身教马克思主义新闻观

林朗是马克思主义新闻观的忠实践行者和传播者，体现了专业的业务能力和高度的政治觉悟。同时，林朗知人善任，团结和培养了一批新闻干部，为中国共产党和新中国新闻工作的组织建设、业务建设作出了重要的贡献。

林朗认为："一条新闻必须要有明确的目的性，既要宣传党的政策，又要检验党的政策执行情况，使所发出的新闻起到宣传、教育和鼓舞人民的作用。"③ 他强调深入调查研究的作用，"要听取各方面的意见，把事实弄清楚，千万不能道听途说，人云亦云，否则容易受骗上当，犯'客里空'的错误"。④ 对刚参加新闻工作的年轻人，林朗不仅十分注意提高他们的思想、政策水平，培养他们严肃认真的工作作风，而且鼓励并帮助他们大胆实践，多写稿件，引导他们走上成才之路。

林朗工作作风严谨，审阅记者稿件耐心细致。遇到重大报道时，写稿的记者必须经受他对稿子的查问，如果有交待不清的地方，他就要求记者补充完善，否则就无法通过。他看稿子时总是字斟句酌，不放过任何一个错别字，哪怕一个标点符号、一个数字都要仔细推敲、核实。如果稿子改得太乱，林朗就会让写稿的记者誊抄一遍，以免排字工人出错，而对于稿件中的人名、地名、数字等等，更是不容许有半点潦草马虎。

林朗不仅是个好记者，坚持专业操守，更是一个好人，时刻捍卫道德底线。比如有的记者为了写报道私拆军属给前方战士的信件，就受到他的严肃批评。

铁骨铮铮坚守党性

林朗为人耿直，作风正派，坚持原则，坚持党性。这种高尚的情操和坚定的品格在危难的时候更显出其本色与可贵。1955 年，林朗调任中苏友好协会总会党组书记、代秘书长兼俄文《友好报》总编辑。不久就赶上了 1957 年反右派斗争，他不同意把有的同志对个别领导人的意见说成是反党言论，也不同意把本单位几个在鸣放中提过善意批评意见的年轻同志划为右派。为此，在1958年的反右补课中，他被中苏友好协会总会整风领导小组以"反党反苏、重用坏人"等莫须有的罪名定为右派分子，开除党籍，撤销党内外一切职务，工资降五级（由9级降到14级）。林朗刚正不屈，在定他为右派分子的政治结论和开除他党籍的决定上写道："许多材料同实际情况是有出入的，甚至是完全不符合的，我对此提出保留的意见。"

这场政治风暴剥夺了林朗的政治生命和工作权利，而此时他又被查出患了胃癌。由于是右派，正常的医疗得不到保障，手术后的一年半，也就是1960年2月3日，林朗含冤辞世，年仅47岁。

直至1978年，中共中央作出对错划右派予以改正的决定后，林朗的爱人刘军提出申诉，中共中央宣传部、中共中央组织部组成联合复查小组，最终改正了对他的错误处理，恢复了他的名誉和党籍，使沉冤得以昭雪。1979年4月29日，在北京八宝山革命公墓礼堂，为林朗等6位同志举行了隆重的追悼会。中宣部副部长朱穆之致悼词，称林朗是中国共产党的好党员，党和人民的好干部，全国宣传文教战线的忠诚战士，"忠心耿耿，勤勤恳恳，把自己的毕生精力贡献给了党的新闻事业"，他"坚决正确地执行了党中央对外宣传的方针、政策，坚持国际主义原则，坚持党的干部政策，立场坚定，明辨是非，襟怀坦白，无私无畏，同'左'的和右的错误倾向进行了必要的斗争，表现了一个共产党员光明磊落、刚直不阿的品质"。

林　朗（1913—1960）

注释：

① 赵棣生：《跟随党中央、毛主席转战陕北》，新华社新闻研究所编：《新华社回忆录》，新华出版社1986年版，第186页。

② 高向明：《缅怀林朗》，新华社新闻研究所编：《新华社回忆录（二）》，新华出版社1991年版，第257—258页。

③ 高向明：《缅怀林朗》，新华社新闻研究所编：《新华社回忆录（二）》，新华出版社1991年版，第256页。

④ 吕正庭:《难忘的一段经历》,见陕西日报社与延安时期新闻出版工作者西安联谊会合编、延安时期新闻出版工作者西安联谊会内部发行的《延安时期新闻出版工作者回忆录》,第 216 页。

河口歼敌记

敌军侵占五台城

为了五台一个县城的夺取,敌人配备了陆空军和机械化部队,以加倍于我的兵力,虽过数日时间,偿付了重大代价,才算疲惫的走进五台城。日寇第二次大举进攻的计划中,向五台窜犯的部队,号称是十九路中的一路,敌人不只是希望占领五台,还准备向冀察晋边区内心中发展:可是我们一开始就给予以迎头痛击。后来因为敌人滥施毒气,但是在避免无谓牺牲原则下,才开始有计划的撤退,把五台变成一座没有居民没有粮食的空墟,我们自动的放弃它,转移到更易于消灭敌人的新阵地。所出乎敌人意料之外的,就是这一次的侵占五台城正掘下了十一月四日遭受河口全部歼灭的坟墓!

残暴的大屠杀

窜居五台的敌人,看到向边区内心深入的艰难,终日彷徨踌躇,进退维谷;但为维持"皇军"面子,不得不装腔作势的向前摸索。十一月二日，敌人一零九师团蚊野大队四五百人，依赖大炮飞机向我们×大队的队部轰击，大队部仅一连武装要完成击退敌人的任务，兵力太少；于是迅速躲蔽（避）到优势的山岗上，准备回击。敌人满以为可以胜利，于是壮起胆子，冲进距五台七十里高洪口前的港口镇，港口民众大半都已避入山沟，只有一些年老的同胞和裹足的妇女留在那里。因之恐怖变成了事实！随着敌人足迹而来的是奸淫、屠杀、抢掠、放火，一个和平宁静的村落，立刻成为血腥的世界；屋顶上放出红黑色火焰，金银手（首）饰和储藏的纸币银元，都跑进"皇军"腰包；老百姓每年辛苦的收获，赖以维持生活的粮食，都不能幸免地被放进煤油，燃起柴火；躲在屋里的同胞，也伴随屋子而火葬了，跑出屋外，那又成为日军的枪靶；那些裹足于行走的妇女事先不能作安全的躲避，于是恰好成为兽军泄欲的工具，在光天化日之下，在血腥和火药气的氛围中，他们是经受了兽军的侮辱，集体奸淫，轮流奸淫，直到她们的生命停止了呼吸。更惨痛者，这些兽军发现了储备粮食的地穴中，还潜伏着八个不及逃跑的同胞，于是敌人立刻用土填进地穴中，八个纯朴的农民，就这样结束了他们的生活。

林 朗
(1913—1960)

遭遇了歼灭的命运

　　我们英勇的第×××团的一部分和×大队的一连战士，已经准备好了"回敬"的礼物。在十一月三日晨光曦微中，从远距港口七十里的联头村，开始歼灭战斗的急行军；在军事布区上，分作三路，担负三种不同的任务：第一路躲避在港口西十五里的石盆村一带的山侧，以备尾击敌人后背，使他无法退回原处。第二路埋伏在由石盆至南茹的山面上，长度共有十里。河口和石沟这十个中型村落，就砌建在这十里长的山沟中，星罗棋布的房屋，更难使敌人发现目标。这一路队伍的任务，是以迅雷不及掩耳的手段，杀伤敌人，消除敌人。第三路等候在西距五台四十里的南茹村，攻击敌人的先遣队，使他们不能逃回五台去，等完成了慎重的军事准备，已是傍午时分。武装弟兄们，都静候着查收敌人留给我们的礼物。在战斗的火焰中，四个村落的老百姓都带着热烈的期望，迁移到附近的重山中。敌人似乎觉得再逗留在这血腥的港口，非常无聊，于是流露着好像"胜利"的身影在暮色苍茫中拖回五台去。

晚上，月亮照遍山野，照着"皇军"荒淫后颓废的行列，沟道里杂乱的石块，发出皮鞋沉重的声响。摇摆的树枝，并不引起任何的注意，冷风只增加急促的呼吸，没有行军的戒备，没有战斗的警号，"皇军"沉寂地西行着。那时是黄昏九时左右，走了二十里的路程，中心部队，正走进河口村，石盆已落在队伍的后面。

山上突然有人影匆忙地移动着，手榴弹像雨点似的从山腰落进山沟，步枪的子弹形成浓密的火网，顺利回到五台的梦是打破了！对抗哪能措手得及！队伍骤然的紊乱了，相互拥挤成一团。随着敌人的溃败，是我们第二路英勇的战士们从山崖中急速地奔驰下来，插进敌人的围圈，开始白刃的肉搏；敌人实在没有反手的余地，其先头部队，在神慌意乱下，向前逼进。这时候，我们以逸待劳的第三路弟兄们，拦路迎击，阻止了鬼子去路，一个也难幸免的通过，只得赶快回转。这时隐藏在石盆的武装同志们，不浪费一分钟的时间，敏捷地截断敌人后路，猛烈向前冲锋，以缩小蚊野大队活动的空间。马的哀鸣，人的呼唤，构成为一幅"皇军"丧胆的画面。大部分的寇军，是葬送在手榴弹、枪弹和刺刀的面前。还有一些魂不附体的敌人，狼狈地散匿到河口村的民房里，把墙壁当做掩体，希图延续垂死的命运。这时月亮升在当头，满山遍野露飘着老百姓的呼喊和掌声；时间已是午夜，我们军队基本上已胜利地完成歼灭战的任务，但怎能让敌人零散的逃兵，避在屋子里梦想继续的抗拒呢？于是进行第二步骤的搜索战，包围了每一间有敌人的房屋，消灭了每一个还想抵抗的敌人，直到晴空已浮起了红霞与朝阳，歼灭战斗才告一结束。蚊野大队长停止了血的跳跃，但他的时针却照常小声小气地呼吸着，正是七点钟。在南茹西北十里地的一个村庄，发出凄咽的哨笛声，这是敌人在收集残部；总计有十条落水狗奔回到五台去。

群众仇恨的发泄

战士们，光荣地完成了这任务，被老百姓拉到家里作恢复疲劳的休息。多数民众踊跃地担任收集战利品的工作；但是当他们面对着死亡的敌尸回忆起昨日港口血腥大屠杀的情形，想到千百万同胞在敌人铁蹄下过着悲惨凄凉的生活，他们不自禁地用敌人的刺刀向没有灵魂的敌人砍去，这是残忍吗？但有什么理由责备他们从仇恨和报复中发生出来的举动呢？当时，我们军队政治工作人员，毫不放松的向群众进行政治的说服：日本的士兵也是跟我们一样的纯良，可惜他们缺乏反抗的性能和理智的了解，受法西斯军阀的欺骗、麻醉，被"天皇"政府用铁镣囚送到中国来。我们的敌人，不是日本的士兵，而是日本的政府和法西斯策略……群众听完了解释，报以枯涩的苦笑，在大批政治工作人员的协同动作下，和平地把敌军埋进了山沟的土堆中。

怅惘的慰劳

距离河口有五十里的两个村庄的老百姓，欣闻胜利的情报后，想到武装同志们忍受着饥饿，经过一天行军，一夜战斗，委实太辛苦了！于是煮好了面条，宰了猪羊，走向目的地——五十里的路程，走进河口村，走遍了周围二十里的重山，找寻到每一个有人的所在地，直到夕阳西下，方才挑起沉重的担子，失望地怅惘地把慰劳品带回家去。军队呢？他们已经离开此地而去执行新的任务了；不把日寇驱赶出中国，他们是不愿休息的。

胜利的总结

以死伤八十一人的代价，完成一个河口歼灭战，是有它不可磨灭之意义的。河口的歼灭战直接地消灭了五台线上敌军的有生力量，丧失了他们继续攻击的勇气与信心，同时给我作战部队获得很多宝贵的战斗

林　朗 (1913—1960)

317

经验。战利品的获得，补充了我们军马一百五十匹，大炮三门，迫击炮四门，机关枪三十一挺，步枪三百余支，……奠定了我们第 × 军分区胜利的基础，一方面更打破日寇消灭晋察冀边区的噩梦，增加了粉碎敌人围攻的主要因素的比重，提高了其他战场上的战士们的情绪。

（原载《新中华报》1939 年 3 月 16 日；选自《新华社记者笔下的抗战》，新华出版社 2005 年版）

评析：

　　这篇战地通讯分六个部分，层层铺垫，环环相扣，行文跌宕起伏，完整再现了八路军河口歼敌战的来龙去脉和历史场景。

　　"敌军侵占五台城"既是河口战的背景，也构成一个对比反讽和叙事铺垫："就是这一次的侵占五台城正掘下了十一月四日遭受河口全部歼灭的坟墓。"

　　随后，在"残暴的大屠杀"一节中，充分暴露了侵华日军的凶狠残暴和惨无人道，暗合其用自己的罪行自掘坟墓的历史逻辑，也积蓄着读者基于道义和惩恶的满腔怒火和阅读期待。

　　"遭遇了歼灭的命运"作为全篇的高潮和主体，在时间上、逻辑上、阅读期待上恰当其时地展现出来、释放出来，犹如一个电影长镜头、大场面，使读者如临其境地目睹了八路军的英勇智慧和敌人的节节溃败。

　　"群众仇恨的发泄"则将前文所积蓄的仇恨、义愤的能量释放出来，但有放有收——收于八路军对群众做的思想政治工作，既客观展现了正义之师的形象，又让全篇的情绪超越复仇的快感，而达于一种人道的、宽厚的境界。

　　"怅惘的慰劳"一节使全篇回归一个宁静、祥和、乐观、温暖的基调，歌颂着同仇敌忾的情谊和乐观英勇的气概。而最后"胜利的总结"则以点睛之笔诠释了这场战斗的收获和意义。

河北平原的一支铁骑

——记屡建奇功的 ××× 师骑兵营

走出崇山峻岭的晋察冀的中心地带，东面是一块开阔的丰美的小平原，从这小平原越过平汉线的北段，就是冀中军区的大平原了。这一块小平原的中部，包括完县、唐县、曲县的平原区，是晋察冀军区外线的东面门户，坚守着门户的，就是 ××× 师骑兵营。

骑兵营的防区，是一条长约一百里的外线，背倚着重重的高山，面临着广阔的平原。平原上，是他们的家庭，也是他们的战场。从一九三七年的十月起，直到现在，这一支 × 路军的铁骑兵，在这里战斗着，生活着，发展着，用大小二百次以上的胜利，在群众中建立起最高的威信。

高门屯的胜利

一九三八年九月，敌人对晋察冀军区实行九路围攻，五万兵力向内线凶猛进迫，骑兵营担任曲阳方面的战斗任务，他们用主力迎战敌人的正面进攻，另以班排为单位，组织无数游击小组，作广大横面的散布，积极伏击截击敌人。由于骑兵营运动的迅速，所以更充分地发挥了灵活分散与机动集中的战术上的能动性。

七月三日，七百匹身经百战的壮马，从几十个不同距离的点线上集中起来，天空刚拉上了黑幕，他们就出发了。马高昂着头颈，踏着熟悉的道路，严肃前进。战士们左臂提着轻机枪、步枪，背着大刀，挂着手榴弹，神采焕发地坚实地骑在马上，没有言语与欢笑。铁一般的长长的行列。尾随在行列后面的，有一位青年自卫队员，这是第一个。相距二十米处，还有第二个，……这样一直延长到一里之遥，是一条联络线。流动在联络线后面的，是成群结队的老百姓，壮年、青年、十几岁的小

林　朗
(1913—1960)

孩子，男的、女的，十六七岁一伙的妇女自卫队，他们是救护员、担架员、运输员、了（瞭）望员、侦探。骑在马上的，有他们最关心的人物：儿子、兄弟、丈夫、亲戚和最亲热的南方朋友。

前面屹立着定州、曲阳间的高门屯据点。据点里酣睡着五百个敌寇守备兵，他们的任务是，小心保护这个重要的弹药库与粮食库。我们一部分骑兵成为临时步兵，跟随在大队骑兵后面，分三路，突兀地冲进村子，四个哨兵被杀死了三个，另外一个只放一枪就不见踪影了。大部分敌人为紧张的马蹄声所惊醒，慌忙夺门窜出，正遇到我们步兵的白刃相加，纷纷倒地；一部分乘隙逃脱的，即以单衣赤体，狂奔街上。我骑兵如猛鹰捉鸡，来回奔驰；架在高屋上的机关枪，又以居高临下之势，对乱滚成球丧魂落魄的"皇军"张开了火舌。经过两小时有计划的袭击性的战斗，已有二百多替日本军阀当工具的士兵，成为流落高门屯的游魂了；约有三百个想从死中逃生的鬼子兵，向定州城蜂拥奔逃。我们的骑兵也就张开四蹄，飞追不舍，高门屯至定州城四十里的道路上，染红了鲜血。

老百姓的担架上面，牛车上面，满载着步枪、机枪、炮弹、子弹、黄衣服、米、面、罐头……这些丰富的胜利品，是军民共享的。

高门屯的胜利，吓得深入内线的东路敌军，慌忙退出阜平，退出王快，退出晋察冀军区。

边区老百姓普遍地欢呼起来："我们的骑兵又胜了，我们的骑兵营又胜了！"

军民打成一片

铁的骑兵营，是军区东线上的英勇的保卫者。这个荣誉的名字，与晋察冀军区的创建史，有血肉不可分离的联系，它和独立×团是军区战斗史上两面辉煌的旗帜。独立×团成为建立×区的骨干，而骑兵营也成为奋战在华北战场上，建树最多最驰名的骑兵军了。

一千匹久经锻炼的健壮的大马，上面载着一千位身经百战的抗日战士，他们的年龄常流动在十七岁到三十岁的青年线上，是清一色的青年队员，活泼、快乐、勇敢、爽直、诚恳，五分之四的指战员身上，有治好了的伤痕，紫铜色的脸，手舞足蹈地谈笑。他们之中有很多是南方口音，他们爱惜马犹如爱惜自己的生命，绝对忠实于所信仰的主义，……这一切，织成他们英勇的姿态，现实的生活——愉快，胜利，光明。

小平原上的老百姓与骑兵营，利益上，生活上，已融成一片。他们的儿子、丈夫，极愿意参加骑兵营，他们把成为骑兵营的一名战士，当做是家庭的与自身的无上光荣。当一位老年人或年轻的农妇告诉你："俺家有人在骑兵营里！"他们或她们的面孔上，自然现出一种满足的微笑。但是，骑兵营常常给踊跃参加者以失望，因为首先要有一匹马，才能欢迎一位新战士入伍，同时在质量上更有着严格要求，以致骑兵营缴获的武器，参加来的战士，大批大批编入到其他行列中。

骑兵营中，有二分之一的战士，是革命老战士，他们多数仍旧担任着原有的职务，这就提高了战斗力；还有二分之一具备二年以上军龄的新战士，他们是贫苦的农民、农村手工业者，年青，诚朴，具有二年多流血斗争的经验。

南方人，老战士，在老百姓看来，是英武的，值得崇敬的；本地人，新战士，是他们的儿子、丈夫、兄弟……他们更加亲切。所以说，骑兵营对于他们不仅是名词上的熟悉，并且认识每一个战士的面孔。有一次，我经过骑兵营防区的许多村庄，故意在自卫队岗哨面前不拿出我的路条，我说是骑兵营的，他们立刻不承认，向我反问："你是骑兵营的？我怎么没见过你！"或是："俺不信，骑兵营同志俺都认识。"有一次，我为骑兵营每天所消耗的干草数量担心，连问几个老百姓："你们乐意每天送骑兵营这样多的草吗？"他们听到笑起来了："那有什么不愿意，反正不是给了价吗（即给了草钱），马不吃草怎能打仗？"

老百姓所以普遍地有着这样坚牢不拔的信仰与充满内心的喜悦，不是凭空造成的，而是有它灿烂辉煌的历史根源。

林 朗
（1913—1960）

321

坚持冀西抗战

当×××师主力获得有名的平型关的胜利时，师部令直属的骑兵营活动在冀西南拒马河与唐河之间的山岳、高原与平川地带，在雄伟而荒凉的倒马关，阻止骄奢的察南敌人的南进。从南口、张家口侥幸得势的敌军一个联队，在倒马关北三十里的走马驿一线，在不明情况中受到包围。崎岖险要的道路，乘马都会感到困难，敌人装备臃肿，行动极为不便。在烦躁的两天里，敌寇军官只能从望远镜中看出不好的趋势，发现到处有牵着马的骑兵在运动。第三天，敌人连呼吸都感到困难，于是整个联队向后迅速撤退，放弃了对平汉线两翼远距离的迂回部署。骑兵营一面拦击，一面斩断这条毒蛇的尾巴，消灭了敌人后卫队一百余人，获得沿途遗弃下的辎重给养。

这时，北战场上，平汉、同蒲两路的×军，纷纷撤退，石家庄潮涌般地集中起几十万大军。骑兵营为配合新形势的需要，就从山岳高原转战于平川地带。位于石家庄西北二百余里至四百余里的这一块小平原上，曲阳、唐县、完县、满城四县民众，正蒙着失败主义的面网，彷徨无措。在这突然被割裂的社会里，散兵土匪，打家劫舍，汉奸流氓，横行霸道，城里几十名"皇军"，卵翼着的几个维持会汉奸，成为人类命运至高无上的主宰。不懂得斗争的老百姓，只单纯地感觉到"死"就是前途，万想不到会突然出现一个×路军骑兵营，连演了两次曲阳城的壮烈争夺战，从血口里光复了一片黑暗的县城。同时，漕河南岸的满城，又发生连续三天的大激战，一百多敌人被击毙！

这两个收复国土的胜利，立时唤醒了昏迷中的一群老百姓。他们起始用惊异的眼光看着，"打得真不错"，"从没有看过这样能打鬼子的"。但却总不超出钦佩而静观的态度。等到连续的事实继续说明骑兵营是他们利益的真正保护者时，他们才普遍地动起来，参加骑兵营，成立自卫队，打汉奸，破坏铁路，偷电线，运弹药。

经过骑兵营一个月的艰苦战斗，国旗从一九三七年的十一月起，重新飘扬在曲阳县、唐县、完县、满城的城楼上，初具形态的伪组织被摧毁了，杀人放火的敌军被赶走了，悲观失望的群众转变为斗争的战士了。

骑兵营的流血苦斗，完成了一个伟大的任务——打下了创造晋察冀军区冀西抗日根据地的基础。

创下光荣战绩

一九三八年二月，×路军对平汉线作英勇的总反攻，骑兵营参加保定至石家庄一线的出击，以神勇的姿态，收复望都、新乐两个铁路上的县城，占领清风店车站，袭击保定夺得西关，使军区反攻平汉线获得空前的胜利，使敌寇视为神经中枢的平汉线，停滞一月不能通车。

敌人在羞辱中的一种回答，是三月间分兵八路向军区作的首次"围攻"。骑兵营主力，击退七百名进攻完县的敌人。当敌正在向铁路上败退时，在完县与方顺桥之间受到伏击，被打死一百多。同时，骑兵营的另一个连，在曲阳、定州间，打坏敌人八辆汽车，消灭汽车上所有的仇敌。敌人为进入内线用的三条汽车路，也都受到骑兵营配合老百姓的致命破坏。这样，八路"围攻"就迅速被粉碎了。

林　朗 (1913—1960)

烽火中的五月，力竭声嘶的敌寇，正在徐州外围与我军主力作激烈的对战，全华北的×路军，实行总出击，以配合大徐州的保卫战。骑兵营在这个战略指导下，横越平汉路，驰骋于广漠的青色的大平原上。

挺进津浦线

一条迤长的行列，掀起平原上深厚的尘土，成为一二十里长的一条灰线。战士们头戴竹笠，左臂衣袖上粘上醒目的臂章，和蔼地、亲热地、雄壮地通过黑压压的老百姓的视线，经过定县、安国、安平、饶阳、献县，直向津浦路进发，首先在交河泊镇间发生姚码头战斗，击散二百多移动中的敌人，俘虏敌分队长、士兵十余人，缴获大批枪枝（支）

和马匹。

他们所指挥的骑兵地方游击队，积极破坏敌人运输命脉的津浦路，攻入青州、阳镇、沧县，使敌人正感受台儿庄切肤之痛时，又加上了津浦路北段的破路、攻城、覆车、掘轨、炸坏火车头等等挨打的痛苦。

有文化教养的富有斗争性的冀中大平原的老百姓，极乐意骑兵营长期驻在自己的村子里。为达到这个目的，就派代表从路途上截留，或是往他村邀请。他们普遍不赞成骑兵营的粮秣给养的发价规定，如果坚决给钱，很易被误解为不亲热。看到要开走了，他们总是说："再住几天"。他们觉得自从民国以来，就未见过这样好的军队。

前后有几千老百姓愿意加入骑兵营，因为缺乏足够的马匹，只好婉言相劝，预约他们下次加入。可是，他们常执拗地坚持说："没有马，我们有车子，不参加不成"！（冀中自行车很多。）

一年以来，当冀中老百姓知道我是来自路西的晋察冀时，就常常向我问起关于骑兵营的消息，我告诉他们："骑兵营现在人多，马多，胜仗多……"

他们快乐得笑起来了。

（原载《新华日报》1940 年 8 月 9 日、10 日；选自《抗战烽火录——〈新华日报〉通讯选》，新华出版社 1985 年版）

评析：
....

这篇通讯以翔实的采访素材、诗一般的语言、流畅的"镜头"，记录了一个堪称"正义之师、英勇之师、胜利之师"的英雄群体及其背后的人民群众的伟力。正义体现在骑兵营对老百姓的守护、百姓对骑兵营的拥戴和支援，以及"军民打成一片"的亲人般的情谊；英勇体现在不畏艰难险阻勇斗强敌；胜利体现在骑兵营的不断发展壮大和屡战屡胜的战绩。

该文虽意在写实，但却不失意味，充满抒情色彩：在峥嵘岁月中挺起人性的高贵，沧桑战乱中充满人间的温情，给人力量、鼓舞和希望。文中军民鱼水般的深情厚谊、同仇敌忾的战斗意志、淳朴乐观的斗争精神，强烈地透出革命英雄主义和革命理想主义气息。

全篇镜头感很强，犹如一个精美的战争故事片。有壮阔的战争场面，有紧密的战斗情节，也有"快中取慢"的花絮特写；有群像素描，有个性刻画，有静态呈现，有动态跟进，有静默画，也有各种如在耳畔的同期声……这也正是长篇不"长"的秘诀：对语言表达、叙事节奏的拿捏驾驭，使文章充满故事性、可读性和感染力。

记蟠龙大捷

林朗
(1913—1960)

人民战士们焦急地度过了两天的连绵阴雨，2日黄昏刮起了西北风，大家都高兴地迅速完成了一切战斗准备。眼前群众所遭受蒋胡军蹂躏的悲惨景象，使得每一个人的血都在沸腾。

3日，在晨光熹微的薄雾中，以蟠龙为中心的10里圆周内的群山上，同时响起稠密的枪声。在这几十个高低不一的山头上，山腰间和山坡旁，筑有敌人无数强固工事与防御点。在沟洼小道里，蜂窝似的密布着敌人的宿营穴。经过半小时激烈枪炮互射，西北人民解放军某部就迅速夺取了蒋军几个较低的阵地，立即进入敌人筑好的工事。敌人慌忙跑到高山的工事里，不敢露头地用轻重机枪拼命盲目扫射，用山炮、迫击炮轰击。炮弹都落在远处的山上，扬起了一阵阵灰土。敌人在尽情地浪费着美国人的弹药。

不久两架飞机低飞来助战了，用机枪疯狂低飞扫射。人民解放军某部立即加以射击，其中一架马上着火向南降落，另一架慌张地逃去。从此蒋机再不敢低飞了。

下午3时半，激烈的争夺战开始了。大家的情绪和努力都贯注到蟠龙东1000米的积牧峁。这是一架最高的山，占领了它就可以俯瞰一切，控制一切。敌人最强大的工事就在这里。

首先人民炮手开始准确射击，一颗颗炮弹都正好落在敌人的工事里。一六七旅四九九团二营五连连长被击中毙命了，全连马上慌乱起来；于是敌人急调四连来换防。又经过一阵连续的轰击，使山头上烟雾弥天。这时候，步兵群勇敢地跑上 1000 米的高处，10 分钟就接近了敌人的外壕工事，立即投掷手榴弹，冲过 6 尺宽、7 尺深的外壕圈，冲过铁丝网，进入敌人机枪掩体和单人壕；最后举起明晃晃的刺刀解决了战斗。二十几个活着的敌人放下了武器，六十几具尸体或坐或仰或俯地留在工事里，还有十几个受伤的敌人在呻吟。被俘者苦痛地申述"我们被强迫的，没办法啦！"有一个以布裹头的俘虏，从干粮袋中取出锅饼请解放军战士们吃，大家都谢绝了。因为这个饼是向老百姓抢来的面粉，烧了老百姓的窗门，随后又把老百姓的锅打烂了。

记者巡视占有整个山头的复杂的强固的工事，想到它曾经花费了蒋胡军二十多天的经营，而人民解放军在一小时内就占领了。为着据守它，蒋胡军一个连已作了无谓牺牲；而人民解放军只付出十几名伤亡的代价。满山上到处都是老百姓的门板、树木、锅盖、衣服、粮食和麦草，有些锅里煮着的牛肉、羊肉还冒着热气，而满山遍野正丢着牛羊的皮和骨头。可是农民们这时候正为着没有牛耕种而哭泣，无数的小羊正为着没有母羊哺乳而嗥叫！这一切使人想到蒋介石就是瘟疫，它象征着死亡和毁灭。我西北人民解放军正与其他解放军兄弟军队，为了扑灭这股瘟疫而光荣地战斗着。积牧峁占领后，人民武装从此握着优势。

黄昏过去了，将圆的月亮爬上山头。这时攻占阵地的某部有功的战士退下去休息，而由另一部来执行新的攻击任务。他们都是年轻、英武、整齐的队列，擦肩而过，互相微笑地打着招呼："同志，我们的任务完成了，你们快拿下那个寨子吧！""放心吧，没问题。"

这时每个人都紧张地严肃地执行自己的任务：工兵扫清地雷，炮兵观察阵地，电话员架设电线，卫生员急救伤员，炊事员送水送饭……延安游击队，永坪游击队拿着步枪手榴弹热情地赶来参战，担架队员小心翼翼地抬着伤员。但大部还在休息，悠闲地抽着纸烟。附近村庄中的群众，纷纷自动来作工事与平毁敌人工事。他们亲热地对战士说："你们要好好保护自己。"

一切都准备好了，新的行动又告开始。指挥员坚毅地命令："活捉旅长李昆岗，收复蟠龙镇。"

又经过一天一夜的激烈战斗，所有山头和工事都被人民解放军占领了，只余西面一个小峁子上的敌人还在绝望地抗拒。黄昏时分，冲锋号响了。人民勇士从东、西、南的各个山头上，以排山倒海之势冲向蟠龙镇。掩护的炮声和机枪火力响成一片，不久战士的呼喊声又盖过了枪炮声。这时候，蟠龙镇上的蒋胡军慌乱极了，他们一群一群地从街上逃进屋里，又从屋里逃向上沟，爬进窑洞，但是马上又从窑洞里爬到街上……这时候，有十几个人结成一群拼命向北奔逃，解放军某指挥员大喊"抓住他们！"原来这就是旅长李昆岗及其高级指挥人员，他们不敢逃向南面30华里的青化砭，而选择相距80里的瓦窑堡。就是这些被俘的高级军官，昨天还依靠它坚固工事顽强抵抗，可是现在只有无可奈何地被活捉了。

林　朗 (1913—1960)

在皎洁的月光下，记者进入破碎了的蟠龙，见到成群结队的戴着宽大皮前沿军帽，穿美式汉奸军服的蒋胡军俘虏，由伙、马伕陪送至解放军营地。千余匹骡马被从各个马房里牵出，驮上了缴获的武器。街上房子里堆着面粉、军服、鞋子、盐和纸烟，蒋胡军9个旅的服装和给养从此都完了。

蟠龙过去是一个热闹的市镇，如今被蒋介石的魔手迅速毁灭了。全街只见到两个老太婆，他们招呼记者进去喝水，恳切地说："你们来了就好了！"

（新华社陕北 1947 年 5 月 13 日电；选自《新华社 70 年新闻作品选集》，新华出版社 2001 年版）

评析：

　　记录战争场景和过程要避免写成流水账，须把握两点：首先是详略的安排，第二是细节的凸显。前者取决于战斗的客观过程和每个阶段的意义，后者取决于作者的观察、理解和叙事艺术。本篇报道在这两方面做得都比较到位，在重要的环节都没有遗漏的同时，叙事有张有弛。报道对蟠龙战役的描述可以分成三个部分或三个阶段：第一阶段是 3 日晨的战斗；第二阶段是 3 日下午的战斗；第三阶段是全面进攻。其中，每一个阶段都包含"战斗准备——战斗高潮——尾声"三部曲，三个阶段之间、三部曲之间衔接自然、跌宕起伏，动静结合、点面结合、软硬结合，既有宏观战争全貌，又有各种生动可感的"具象"——对话、人物和场景的特写"镜头"。错落有致、收放自如、分寸得当的笔法，体现了鲜明的林朗战地素描风格。

（编撰：李成）

　　左漠野（1913—1997）　中国广电改革的先行者，自1937年起，历任《新中华报》编辑、中央广播事业局对外广播部主任、中央人民广播电台台长等职，至1982年离休，堪称中国广播电视事业老前辈。他提出"自己走路"方针，强调自主性、原创性，使广播成为独立自主的大众媒介，推进中国广播事业的发展；提倡广播电视有学，发表了一系列论文，为广播电视学科的成立大声鼓呼。

人物评介

全心全意办广播

　　左漠野，原名左铁铮，湖南岳阳人。1935 年毕业于北京师范大学，1937 年加入中国共产党，同年去延安，任《新中华报》编辑。1949 年任北平新华广播电台新闻科科长。新中国成立后，历任中央广播事业局编委兼对外广播部主任、副局长兼中央人民广播电台台长，1982 年离休。他曾任中国广播电视学会副会长、中华全国新闻工作者协会理事、《当代中国的广播电视》主编。还发表了若干关于广播电视业务建设和广播电视学的论文，提出"自己走路"方针，并积极为广播电视学科的成立奔走。终其一生，左漠野念兹在兹，满腔心血尽付中国广电事业之中。

崎岖不畏明朝路

　　左漠野生于知识分子家庭，自幼熟读四书五经，父亲常在寒暑假时给他补习古文、教他作文言文，为他打下良好的文化功底。之后，左漠野就读于北京师范大学教育系。然而，他对自己的求学生涯似乎并不甚满意。1935 年左漠野从北师大毕业，在《书怀》一诗中写道：

"落花流水感年华，悔恨徒然枉自嗟。往事荒唐成梦幻，人情浮薄等轻纱。崎岖不畏明朝路，风雨狂吹夜胡笳。慈母倚闾空有泪，家山从此即天涯。"①

　　苦闷往往是青年人奋斗的动力。1937年，左漠野加入中国共产党，同年5月，怀着投笔从戎的志向前往延安，却无缘心仪的军事工作，于是服从安排任《新中华报》编辑。到1937年冬，左漠野被调往八路军总政治部宣传部，不久后又被调到八路军总司令部秘书处。在司令部秘书处，他主要负责草拟首长对外函电、记录首长讲话、向首长报告国内外新闻等秘书工作。他对时任八路军总司令的朱德早已景仰有加，而今借工作机会，得以在朱德身边工作、生活，自觉十分幸运。在朱德身边，他初识戎马，备受历练，其扎实的文化功底很快令他在军中脱颖而出。1939年，左漠野再入新闻之门，被调至《新华日报》（华北版）任编委，开始了毕生的新闻生涯。1945年后，历任晋冀鲁豫《人民日报》研究部部长、新华社总社对蒋管区广播部主任、北平新华广播电台新闻科科长等职务。

　　1950年，左漠野任中央广播事业局副局长兼对外广播部主任。当时的对外广播事业起步不足三年，他和一帮年轻的同事们摩拳擦掌，尝试了各种方法，努力提高中国对外广播的国际影响力。

　　1958年，黎巴嫩危机爆发，美国出兵黎巴嫩、约旦。左漠野和同事们把握时机，精心准备了一个阿拉伯语的特别节目：《阿拉伯兄弟，我们支持你们!》。节目反响极佳，更有阿拉伯听众来信说："感谢你们对阿拉伯人的支持，听到你们称我们为兄弟，我们感动得流下了眼泪。"②

左漠野（1913—1997）

向前看我辈登台③

　　"文革"十年，全中国的广播事业几乎处于停滞状态。面对复杂的政治环境，左漠野郁郁不得志，只得借诗歌抒怀。当时，他"反诗"的唯一读者是妻子田林。左漠野唯恐"反诗"被人发现，又怕时间一久自己忘记，就请妻子用蝇头小楷把诗抄在一本线装书的字里行间。十年间，他断断续续写下四十首反映"文革"的旧体诗，自称《十年诗草》。1978年中共十一届三中全会召开后，左漠野欣喜若狂，他意识到自己终于可以结束借诗抒怀的困顿境况，他的广播事业就要重新起步了。

当时，左漠野任中央广播事业局副局长、中央人民广播电台台长。左漠野静下心来对已停滞多年的中国广播事业作了一番深入思考。1979年5月，他把20世纪50年代初胡乔木提出的广播"要自己走路"的方针重新提了出来，并再次作了阐述。④

"自己走路"的意思是说，在内容生产上，广播不能完全依赖报纸、通讯社，沦为传声筒，而应当主动采、编、写一些作品。这一方针本在20世纪50年代时实行过，却在"文革"十年中彻底搁浅。

"自己走路"方针的重新提出和付诸实施，为中国广播事业的发展开拓了新天地，为此后中国广播电视事业的进一步改革打下了基础，广播从此摆脱了对报纸与通讯社的依赖，成为一种独立自主的大众传播媒介。在"自己走路"这一方针的指引下，当时的中央人民广播电台呈现一派生机：不仅自主采写的新闻数量直线上升，而且不少重大新闻报道的时效性还赶在通讯社和报纸之前。

定下"自己走路"的方针后，左漠野亲手在中央人民广播电台里组织起一个新闻评论班子，出题目、写评论、审评论，打响了中央人民广播电台广播评论的名气，全国省市级电台的评论工作也闻风而起。他还打破了长期不让广播搞批评报道的新闻禁令，一批反映民心的批评报道涌现出来。此外，中央人民广播电台还举办了听众信箱，拉近与听众的距离，增强互动性。由此，中央人民广播电台在受众中的威信空前提高，自身的潜力得到发掘，自信心大大增强。⑤

1981年，"自己走路"的方针已经被普遍接受，但新的问题开始浮现出来：电台记者们认为，虽然几年间，电台自己生产出了一批内容，但质量还不够高，如何提高电台新闻节目的质量成为新的问题。在这一背景下，左漠野提出了"我们要为创建广播体而努力"的提议。

根据他的设想，所谓的"广播体"有四个要素：一是短小精悍，二是新鲜生动，三是有声有色，四是口语通俗。左漠野试图用"广播体"三个字，将广播写作的种种要求提炼出来，成为广播工作者的努力目标。⑥

　　然而，建设"广播体"的设想并未能落到实处。左漠野提出建设"广播体"后，一时舆论相当热闹，但却缺乏具体的建设过程。他提出了"广播体"的具体要求，却从未提出哪一篇稿件符合要求，也没有对电台记者做出具体建议。晚年回顾此事，他也不得不承认，建设"广播体"收效不大。

　　左漠野还第一个提出了改录播为直播的设想，但可惜囿于当时的设备条件，这一设想没能立即在广播电台中实施下去。

到老春蚕尚有丝

左漠野（1913—1997）

　　1982 年，左漠野离休。离休之际，他又写了一首《书怀》，只不过这次写的并非少年苦闷，而是迟暮老人的豁达与昂扬："六九流年解甲时，平生何必让谁知。许身蜡炬应无泪，到老春蚕尚有丝。继往开来领作气，迎新迭旧必由之。三山远落云霄外，人世伊旬系我思。"⑦

　　离休后的左漠野仍然在为中国的广播电视事业而不停忙碌。1984 年，左漠野等人提出了"广播电视有学"的观点。左漠野认为："我们需要创建具有中国特色的社会主义广播学、电视学，因为我们多年来所说的新闻学，实际上是报纸学，广播电视和报纸虽然具有某些共同规律，但又各有其特殊规律。新闻学不能把广播、电视全部包括在里面。"⑧在这一思想指导下，左漠野等人又为广播电视学科的成立而不辞奔走。1986 年，中国广播电视学会成立，左漠野任副会长。他还担负起《当代中国广播电视》一书的主编重任，该书篇幅达 80 万字，工程巨大，有时，左漠野就躺在病床上审阅稿件。

20 世纪 80 年代初，中国第一次出现了电视节目主持人。1988 年，左漠野提出了电视节目主持人需要具备的四项基本素质：一是知识丰富，二是能写会说，三是严肃活泼，四是平易近人。在左漠野看来，节目主持人可以有计划、组织、制作、审查和传播节目的责任和权力；节目主持人是节目的"承包者"，还可以引进竞争和激励的机制，实行任期目标责任制，从而充分发挥节目主持人的积极性和创造性，推动广播电视事业的改革。这一大胆的设想，正是受当时中国经济体制改革的启发而产生的。

　　左漠野对新闻与宣传的关系也有自己的看法。他并不赞同把新闻与宣传对立起来的观点，认为广播电视的中心任务就是进行新闻宣传，为政治服务。如果把新闻与宣传对立起来，就否定了新闻报道的政治性，那么，电台与电视台就不能名正言顺地称之为新闻宣传机关，也就不能理直气壮地进行新闻宣传了。⑨

　　1997 年 1 月，左漠野与世长辞。其曾经的部下对他如是评价：德高望重的老广播，改革开放的先行者。

注释：

① 左漠野：《宿莽集》，中国广播电视出版社 1988 年版，第 5 页。

② 杨淑英、浩山：《开创者的心愿——访左漠野同志》，《国际广播》1987 年第 1 期。

③ 左漠野：《宿莽集》，中国广播电视出版社 1988 年版，第 34 页。

④ 左漠野著：《樵苏集——关于广播电视的几篇文稿》，中国广播电视出版社 1993 年版，第 2 页。

⑤ 罗弘道：《德高望重的老广播　改革开放的先行者——怀念左漠野同志》，《中国广播电视学刊》1997 年第 2 期。

⑥ 陆原：《广播体的建设仍须努力——重读左漠野同志致一位县广播站编辑的信》，《中国广播电视学刊》1997 年第 9 期。

⑦ 左漠野：《宿莽集》，中国广播电视出版社 1988 年版，第 36 页。

⑧ 左漠野：《我们需要广播学、电视学》，《现代传播》1985 年第 3 期。

⑨ 左漠野：《樵苏集——关于广播电视的几篇文稿》，中国广播电视出版社 1993 年版，第 6 页。

西班牙问题的现阶段（节选）

一

左漠野（1913—1997）

英国首相鲍尔温的新年献词，有一句这样的话，今年是和平年。无疑的，全世界爱好和平的人士，也都是这样地希望着。而且事实上，在和平的壁垒里，委实是不乏开明的政治家和英勇的战士，继续不断地为着保卫民主与和平而奋斗！可是，"道高一尺，魔高一丈"，另一壁垒——侵略壁垒——里的法西斯恶魔，却无所不用其极的在制造战争，破坏和平，企图招致人类第二次大火并的到来，藉以"趁火打劫"而完成他们"殖民地再分割"的"迷梦"！血战八月的西班牙战争，便是这两个垒壁斗争的缩影。

自一九三六年七月到现在，整整八个月了。在这个短短的岁月里，这个"斗牛风"的国度遭逢了自身历史上之空前的浩劫！壮丽的宫殿在铁鸟的飞翔下崩溃了，雄伟的堡垒在炮弹声中破毁了，无数千万可敬可爱的妇孺老幼以及为民主自由而战的西班牙战士，在法西斯首领——墨索里尼与希特勒共同牵线的傀儡——弗朗哥将军的血刃下，英勇地牺牲了。法西屠伯们导演的这一幕"血流漂杵"的历史悲剧，迄今仍未终结；为民主与自由而英勇战斗的西班牙大众，亦毫未气馁；反之，却更严密地组织起来了，"再接再厉"地给予了法西斯凶焰以无情的打击！假如意卑里安是一个孤立的荒岛，这一战争确实是一个纯粹的"内战"，那无疑的，最后的胜利将在最近的将来降落在政府军中间——不，西班牙人民中间。然而，事实不是这样简单。谁也知道这个战争是有错综复杂的国际背境（景），换言之，这个战争决不是一个纯粹的"内战"，而是一个国际战争的雏形，把它作为第二次世界大战的信号去估量，决不会有人说是错误吧。要之，在目前，西班牙问题已然是整个欧洲问题的交（焦）点之一，它底（的）发展将攸关着今后人类历史的行程。

二

当西班牙战争开始的时候，假若一切爱好和平的国家，能够步法（伐）一致，给予侵略者以制裁，无疑的，西班牙问题决不会闹到今日这个田地。更具体一点说，假如英法苏能够采取坚定的步骤，来制止德意法西斯蒂对于叛军的援助，使西班牙内部的战争，能够简单化为西班牙政府剿伐叛逆的战争，则西班牙的内战，也许老早完结，而地中海沿岸的法西斯强盗，也不致如此猖獗。无奈老奸巨猾的英国绅士们：始终是不放弃"八面玲珑"的外交故技，犹豫观望，使得法国"爱莫能助"，"进退维谷"的莱翁勃仑终于一九三六年八月一日提出了"不干涉协定"，并且在伦敦设立了"不干涉西班牙协定国际委员会"，从事阻止干涉的行动。诚如英国有名的国际问题专家杜德所言："英国的国民内阁维持所谓'中立'、'大公无私'、'不干涉'的政策，实则这种政策袒护了法西斯国家每一次的侵略行动，抑遏着民主主义的抵抗力。"同样的，所谓"不干涉协定"，实际上也只不过是"助桀为虐"的护符。在"不干涉"声中，德意承认了叛军政府，大批的军火与飞机运到了西班牙，无数武装犀利的法西斯军队被派遣为侵西的"志愿"兵。（省略）……

三

诚然，西班牙战争之所以不能早日结束，主要的是由于弗朗哥的幕后人——墨索里尼与希特勒——之不断的策动与支持；可是，老奸巨猾的英国政府亦不能完全辞其咎。它始终是不放下一把"欧洲均衡"的算盘，始终是想用"讨价还价"的外交方法去获得德意的让步，而将西班牙弄成一个利益均沾的"次殖民地"。在这个场合，法国是心有余而力不足，苏联亦复是爱莫能助呵。唐宁街的绅士们真可以说是有相当的聪明，但无奈法西英雄们太不够朋友。几个月来，法西斯的凶焰是"有加无已"。不仅烧遍了半个半岛，而且将要烧断大英帝国底（的）"动脉"了。更明白一点说，德意在西班牙的军事进出，到现在已经严重地威胁着英法在地中海上的势力。尤其是在玛拉迦陷落以后，英国地中海的航路是更为不安全了。诚如英国工党上议员哈莱所言：倘若英法再不奋起作反法西斯的斗争，则地中海恐将成为"法西斯主义的内湖"。基于这个事实的利害，英法对于西班牙问题的态度便更接近了，从而，"不干涉协定"便逐渐被强化了。（省略）……从这几点看来，西班牙战争的结束，还不知道在何年月日哩！基于事实的呈现，笔者这个预测可以说是"不幸而言中"了。

四

左漠野（1913—1997）

上面已经说到，英国始终不忘情所谓外交谈判途径去获得德意对西班牙问题的让步，同时欲以英意君子协定去拆散这一对打得火热的法西斯情侣。一方面可以稍挫希特勒的气焰，另一方面可以缓和西班牙战争而寻出一个"利益均沾"的前途。从"约翰牛"底（的）眼中看来，这可不是一举两得的妙计吗？不错，自英意君子协定签订以后，有一个很短的时期意国委实是缓和了对西的干涉，可是，这一点熹微的和平曙光，终于由英国国防白皮书的公布而成为幻影，从而，英意君子协定里底（的）"亲善"，也就付之东流了。固然，英国大扩军计划案之主要的假想敌国，并非意大利；然其侧重于海军，空军及海外要塞之加强，究不能不影响到意英地中上的"亲善"。假如意大利是一个财富充实的国家，还可以用扩军对付扩军的方法，沉着应付英国。然而，在目前意大利的经济情况之下，却办不到。因此，故不能不另觅政治的途径。而此种政治途径之比较有速效者，在目前之环境下，当不出利用西班牙内战或利用近东方面回教徒之反英运动两途。这，是我们理解当前西班牙问题的重要关键。（省略）……

五

现在，我们要将西班牙问题各关系国的态度，描画出一个简单的轮廓，从而，指出这一紧张局势的前途。众所周知的事实，西班牙问题各关系国的态度之分野，显然是两个不同的范畴。一方面是法苏诸国所形成的和平壁垒，另一方面便是由德意葡所组织的侵略阵线。老奸巨猾的英国，始终是徘徊观望于两者之间，对于现阶段的西班牙局势，法苏的态度依然是一致的，据伦敦十九日哈瓦斯电：西政府军会向英政府发出照会，陈述意正规军队参加西国民军作战之事实，要求英政府即向西乱不干涉委员会提出讨论。英政府倘拒绝西政府要求，不予提出讨论，则苏联政府大约自动提出，届时法当为俄之后盾。在另一方面，德意的态度又怎样呢？意大利的积极，在最近的事实上表现得很明显，然而，希特勒却似乎有点"怠工"的模样。尽管柏林有力方面的舆论，说"德意对于西班牙问题意见一致，并无异议"；可是从法外长台尔博斯对于德驻法大使态度（对撤退志愿兵之态度）之公正表示"极端钦佩"这一点看来，德意对于西班牙问题，或多或少，似乎有点"异议"了。这其间的絮果兰因，必须联系到德意在中欧的矛盾。例如最近签订的意南协定，就足够希特勒阁下眼红呵！再者，我们要分析一下英国对于当前西班牙问题的态度。谁也知道，英国政府的外交是最善于"见风转舵"的。日德同盟，希特勒的殖民地要求，墨索里尼之遨游非洲而以回教国之保护者自命，地中海里比亚沿岸的意海军大演习，以及最近墨索里尼痛诋和平主义国家的演词，这一切的客观情势，逼迫英国绅士们不得不更接近于和平主义的国家，因而在当前西班牙问题上也就呈现出更为密切的英法合作。这，与其说它是爱好和平，毋宁说是迫于法西斯之咄咄逼人的气焰。……

一弛一张的国际关系，固然可以影响到西班牙的战争；然而，"西班牙的命运，只有西班牙人民自己能够决定。"马德里几度的转危为安，近日来政府军节节胜利的捷报频传，都足以力证西班牙人民并没有放弃为西班牙的命运而奋斗的使命！意卑里安半岛上的民主与自由呵，终于会由西班牙人民自己完成！

（选自《文化动向》，1937 年第 1 卷第 3 期）

评析：

　　1937 年，左漠野做出了重要的人生选择——加入中国共产党。同年去延安，任《新中华报》编辑。本文是左漠野早期任编辑、负责国际版评论的代表作品。文章中，左漠野表现出其对国际局势的判断力，对西班牙局势的预测"不幸而言中"；同时发扬出左漠野作为年轻新闻工作者对和平与民主主义的坚定信心。

左漠野（1913—1997）

自己走路，发挥优势（节选）

　　五十年代之初，全国新闻工作会议为广播规定了三项任务：一、发布新闻，传达政令；二、社会教育；三、文化娱乐。继而胡乔木同志向我们提出：你们要自己走路。意思是说，广播不能完全依靠报纸和通讯社，自己应当采、编、写一些东西。在"文化大革命"前的十七年里，我们曾经努力学步，取得了初步的成绩。正当我们总结了工作经验，提出了业务整改方案，准备大踏步前进的时候，"文化大革命"的狂风暴雨从天而降了。在林彪、江青一伙横行霸道的十年浩劫里，我们自己走路的权利全部被剥夺了。那期间的局领导无限忠于"上峰"指示，坚决贯彻"红七条"，整天价喊着"确保安全播音"。他们公然宣称，把报纸上的社论一字不差地播出去，就是对外广播的最大针对性。他们不许编辑写评论，不许记者写新闻，不许播音员直播，谁要是让外宾在广播里讲话，那就是"丧失国家主权"。在这种封建法西斯的禁锢政策之下，广播就成了通讯社的传声筒，报纸的录音版，许多积极的老听众都把收音机束之高阁或者送到委托行去了。

粉碎"四人帮"以后，拨乱反正。在去年春天的中央台记者会议上，我们重新提出广播要自己走路。一年多来，我们自己走路取得了一定的成绩。在中央台的新闻节目里出现了大量的"本台消息"，现在广播的新闻有百分之五十几是自己采写的。我们也重新开始写评论。据统计，六月份各专业部一共写了三十二篇评论。最近我去四川、湖北和东北看了一下，感到一年来地方台在自己走路方面也取得了相当的成绩。它们都建立了自己的记者站，有了自己的"本台消息"，并就有关四化建设和社会道德风尚等方面问题，写了一些述评和评论，博得了听众的好评。近来《四川日报》常用四川省台记者写的新闻作头版头条。上海台出了一本广播评论稿选，名为《三十而立》。

一年来，我们重新自己走路已经迈出了可喜的一步，根据少说多做的精神，本来可以不必再多议论，看准目标，按照计划，昂首阔步地继续前进就行了。问题是什么叫自己走路，为什么要自己走路，今天有的同志对此还有不同的理解，甚至持有异议，因此，对于这个问题的谈论就仍有其必要性了。

我们说的"自己走路"，就是根据中央的路线、方针、政策、重大的工作部署和广播的特点，根据国内外形势的发展，订出每个时期的宣传报道方针和选题计划，采访、编写、组织和制作我们的广播新闻、评论及其他专稿、文艺节目，向广大听众进行宣传。

有的同志认为：我们一直是自己走路，我们的少儿节目、文艺节目、体育、卫生、科学知识等节目，不都是自己搞的吗？即使我们自己不采写新闻和评论，关系也不大，可以用新华社和《人民日报》的新闻、评论，用不着去花费力量，再花力量也搞不过人家。我觉得这个意见是片面、消极和保守的。今天，在广大的广播工作者中间，持有这种观点的虽然只是极少数的甚至是个别的同志，然而还是有必要从讨论中求得共同的认识和共同的语言。广播电台是一个新闻机关，采写新闻、评论是它的天职。广播电台曾被誉为"党和人民的喉舌"，如果电台没有自己的新闻、言论，怎么能够称为喉舌呢？那只能说是一个喇叭，而喇叭像喇叭花一样，在有政治责任感和革命事业心的人们的眼里，是没有地位的。在"自己走路"方面，新闻和评论决不是像某些同志所说的只是"一隅之地"，而是一个非常重要的举足轻重的组成部分。自己走路是含有自力更生的意思。在新闻、评论方面之所以需要自力更生，是因为广播有其自身的特点，通讯社和报纸不能满足它的需要，同时，电台如果自己不采写新闻和评论，也就根本谈不到什么宣传的计划性和针对性了。今天，在各个新闻单位之间，除了协作以外，还需要有一点竞争，竞争可以相互促进，以利于更好地为四化服务。自力更生并不排除争取外援。自己走路，决不意味着我们每天广播的稿件、节目全都是自己采写制作的，对于党和国家的通讯社和报纸的稿件，我们现在是有所选择地采用，今后也还是有所选择地采用，这一点是丝毫没有疑义的。同时，我们还要组织和依靠广泛的社会力量，帮助我们办好人民的广播。

一年来，我们自己走路虽然取得了一定成绩，但决不能高估。我们自己采写的新闻、评论虽然有了一定的数量，但一般地说，质量还不高，要提高质量，尚须做艰苦的努力。有的同志说："坚持自己走路，要在听与看、声音与形象上多做文章。"今天，我们要自己走路，当然要讲求音响效果，但那毕竟是形式问题，而首先是要在思想性和政策性方面多下功夫，多做文章。最近，为了征求各地方台对召开全国广播工作会议的意见，我们开了几个片会。会上许多同志提出，这次全国广播工作会议解决问题要有重点，重点是一个：自己走路问题，或者说有重点地解决两个问题：（一）自己走路问题；（二）新闻评论问题。同志们所见略同。要进一步地把我们的广播宣传工作搞上去，更好地为四化服务，当前的中心问题，就是使大家对自己走路有一个统一的认识，创造有利于自己走路的条件，采取有利于自己走路的有力措施，同心协力，坚持自己走路，继续前进。

自从重新提出自己走路以来，有时有的同志说：我们要走自己的路。"自己走路"和"走自己的路"是两个不同的概念。讲到走自己的

左漠野（1913—1997）

341

路，就不免令人联想到马克思在资本论序言里所引用的但丁的两句话："走你自己的路，让人们去说罢！"资本论是无产阶级的"圣经"，它探究和阐释了资本主义社会经济运动的规律，论证了资本主义的必然灭亡和共产主义的必然胜利。这里所说的"自己的路"含有无产阶级革命之路的意思。今天我们开始了新的长征，行进在新长征路上的人们走的是同一条路——奔向四化的道路。如果说广播要走自己的路，就可能引起别人的误解，甚至曲解，以为我们要另搞一套，除了社会主义的路以外，还有一条别的什么路。当然，我们每个广播工作者，对于"走自己的路"的提法是不会误解的，它的意思就是要发挥广播的特点，再无别的意思。我想，如果是这样的话，那还不如直截了当地说发挥广播的特点好了。"自己走路"和"走自己的路"这两个提法，如果作为口号来加以选择，用来开辟我们的业务，鼓励我们的士气，锻炼我们的才能，把广播宣传搞上去，对四化建设作出较大的贡献，那么，我认为前一个提法是更明确，更恰当，更符合实际，更富有推动力的。在"文化大革命"之前的十七年里，由于客观和主观的各种原因，我们自己走路走得并不很好，之后的十年里，根本就不让走了。这一年多来虽然已重新开始起步，但也仅仅是迈出了第一步。新长征的路还长，新的历史时期的任务很艰巨，传统的观念和章法还有相当的影响。广播要自己走路，还需要作持久的艰苦的努力。我们每个广播工作者必须统一认识，同心协力，坚持自己走路，要走得稳，走得快，走得好，走向四个现代化的宏伟目标，走向共产主义。

要发挥广播的特点，也就是发挥广播的优势。谈到广播的优势，就不免联想到人们常说的"广播是老三"。大家都知道，我们先有报纸，然后有通讯社，然后才有广播。从出生的年月而言，广播的确是老三，是个后生。古人说："后生可畏。"后生之所以可畏，是因为他有优势可以发挥。（省略）……广播和电视的确是一个非常现代化的宣传工具。我们现在要搞四个现代化，要在本世纪末把我国建设成为一个现代化的、高度民主、高度文明的社会主义强国。我们没有任何理由不大力加强和充分运用这个现代的宣传工具，来促进四个现代化的实现。

要发挥广播的特点，当然就要弄清楚什么是广播的特点。广播的特点就是：凭借声音，传播迅速，直接深入广大的群众。今天，对国内广播有八十几座电台，有六千万架收音机，有一亿一千万只有线喇叭。广播的特点加上这些已有的发射和收听的技术装备，就是广播优势的所在。我们应当发挥这个优势。

古话说："秀才不出门，能知天下事。"在过去的封建时代，这句话显然是夸大之词，在有了报纸，特别是有了广播以后，它才真正成了现实。任何一个人在任何一个地方，只要他带着一个收音机，就可以知道当天的"天下大事"。广播在传播新闻方面具有无比的优越性。因此，外国的一些大的广播电台对于搞好广播新闻，是不惜工本的。譬如美国之音，它有三十个驻国内外记者和一百多个特约通讯员，每天抄收各大通讯社和外国广播电台的新闻报道一百五十万字，发稿五十多万字。英国 BBC 的情况也大体差不多，它每天光抄收各国广播电台的新闻报道就有一百万字。我们把发布新闻作为广播三大任务的第一个任务，这个方针是完全正确的。

……

现在中央台广播的新闻有百分之五十几是自己采访编写的，但质量一般说还不高，尚须继续努力改进，提高质量。鉴于广播的长处和短处，我认为广播新闻的改进，应当从简明新闻着手。一条有分量的简明新闻应当具备三个要素：简明、扼要、新鲜。简明就包含着短，新鲜就包含着快。光是新鲜而不重要或比较重要，也不能成为新闻。

……

广播的三大任务之一是社会教育。早在开国之初，我们就提出广播应当成为一所空中的学校。粉碎"四人帮"以后，曾经中断了许多年的一些社会教育性节目陆续恢复了，受到广大听众的欢迎。现在，全国人民开始了向四化进军的新长征。要实现四个现代化，就必须提高全民族的科学文化水平，培养出千千万万的又红又专的人才，这是一个重大的战略任务。教育能否搞好，关系四化成败。在当前师资、校舍、课本、教具等各方面都很缺乏的情况下，要实现这个战略任务，光是现有

左漠野（1913—1997）

343

的正规学校是难以胜任的，必须广开学路，空中学校可以成为正规学校的一个有力的补充。远在一九二二年，列宁就指出：要充分利用广播来宣传马克思主义，"让我们为数不多的能够主讲社会科学共产主义的教授，同时给联邦各个角落千百个讲座主讲这门科学"，"使广大群众能够收到莫斯科或其他中心城市的演说、报告和讲课"。由此可见，作为一种社会教育的工具，广播是有巨大优势的。我们应当发挥这个优势，办好社会教育性节目，为提高全民族科学文化水平，培养四化建设的人才，作出应有的贡献。

......

广播凭借声音，是听的。以音乐为主体的文艺广播可以充分发挥这个优势，这是其它（他）宣传工具所没有的。我们有重视音乐的民族传统。古人说"礼、乐、刑、政，其极一也，盖所以一民心而出治道也"，"移风易俗，莫善乎乐"。这意思是说音乐具有巨大的教化力量。我们知道，三十年代，许多青年唱着《义勇军进行曲》走上了抗日救亡的道路；《在太行山上》和《游击队之歌》鼓舞敌后根据地的广大军民，同日本帝国主义进行了英勇的斗争。中国人民的优秀儿女曾经唱着"雄赳赳、气昂昂，跨过鸭绿江"，抗美援朝。今天，全国人民又开始了新的长征。行进在长征路上的人们是很忙，很紧张，很辛苦的，广播文艺应当很好地为他们服务，要把一些不仅政治观点正确，而且艺术水平也很高的作品献给他们，使他们听了高兴、愉快、兴奋、舒畅，忘记劳动、工作之后的疲劳，增强继续战斗的干劲和雄心壮志。

......

大家都知道，广播有着极其广大的群众性，这是一个很大的优势，要发挥这个优势，就必须做好听众工作。我曾设想，是不是给广播立个"王法"，听众就是王，准确生动就是法。我们有些同志对办节目愿花工夫，而对于听众来信却不重视，甚至认为是负担，殊不知听众来信中的表扬、批评和要求，对于我们改进工作办好广播是不可缺少的鼓励和鞭策。据某些地方台的同志谈，他们办的听众信箱，为听众服务这一类节目，是很受群众欢迎的，节目内容比较生动丰富，来信反映也比较多。

《樵苏集》

我们必须高度重视听众工作。党的群众路线和三大作风，应当在听众来信、听众信箱和为听众服务节目里得到体现。人民的广播，如果不是紧密联系而是脱离人民群众，是一定办不好、办不活的。

……

常言道：世间无难事，只怕有心人。只要能够实事求是地承认自己的短处、弱点，从而自觉地在写作方面多下工夫，多学、多问、多想、多写、多商量，就不难把我们的短处弥补起来，克服弱点，成为一群强干的广播宣传战士。

最近，中央领导同志指出，在宣传部门工作的同志中间，要提倡一种好的风气：第一，读书之风，第二，思考问题之风，第三，调查研究之风，第四，同人家平等商量问题之风。我们要响应这个号召，大兴四风，让四风把我们的广播园地吹得繁花似锦，欣欣向荣。

我们现在已经进入了一个新的历史时期。正如耀邦同志说的："今后二十年，应该是英雄辈出，群星灿烂的年代，大有作为的年代。"在今年春天召开的中央台记者会议上，有个同志提出：电台需不需要有几个名记者？没有问题，广播战线上也将要产生一些为群众所欢迎的有名的记者、编辑、评论员、播音员、文艺工作者、后勤工作者、思想政治工作者，为社会主义的四化建设作出出色的贡献。在战争年代，延安陕北公学的校歌有两句，我很喜爱。在我们自己走路、发挥优势、向四化的宏伟目标前进的今天，我想可以把这两句歌词给同志们介绍一下：昂首看那边，胜利就在前面！……

（选自《樵苏集——关于广播电视的几篇文稿》，
中国广播电视出版社 1993 年版）

评析：

　　左漠野在本文中正式提出了"自己走路"这一广播事业发展方针。根据这一方针，广播电台应当在内容生产上摆脱一味依赖通讯社与报纸的旧习，转而积极地进行内容采编，在内容上提高独立性，从而使广播完成从"传声筒"到独立的大众媒介的转变。这一方针奠定了中国广播电视事业未来的发展前提，中国广播电视事业得以在后来涌现种种惊人变化，均有赖此"自己走路"方针。由此看来，左漠野提出"自己走路"这一观点，功莫大焉。

建设广播电视学断想（节选）

——写在《中国广播电视学刊》创刊的时候

　　《中国广播电视学刊》创刊了，我衷心地祝愿这棵破土而出的新苗苗壮地成长。

　　党的十一届三中全会重新确立的马克思主义路线的春风，给我国广播电视战线带来了前所未有的好形势，呈现出方兴未艾的势头。我国广播电视工作者坚持"自己走路"的方针，扬独家之优势，汇天下之精华，取得了显著的成绩。今天，广播电视已经成为人们生活中不可缺少的东西。不仅在国内人民的政治、经济和文化生活中产生着巨大的影响，同时也是世界各地的人们了解中国人民和人民中国的一个窗口。

可是，广播电视工作者并没有因为既得的成绩而一味地自我感觉良好，而是清醒地认识到，主观的工作同客观的形势和广大群众的要求还有一个相当大的距离。大家有这样一个共同的志愿：全面改革，发挥优势，努力开创广播电视的新局面。我们要开创广播电视的新局面，就必须努力进行广播电视的理论建设。大家知道，理论是有超前和反馈作用的。没有理论的实践是盲目的实践。正确的理论一旦为人们掌握，就可以变成物质的力量。中国广播电视学会，就是在这种客观形势和主观认识的结合处产生的。它的宗旨是：以马列主义、毛泽东思想为指导，组织会员开展广播电视的学术研究，为提高广播电视工作者的素质、提高广播电视质量和发展广播电视事业服务，为社会主义物质文明和精神文明建设服务，促进广播电视工作的全面改革。我想，《中国广播电视学刊》的任务，就是本着这个宗旨，坚持四项基本原则，贯彻"双百"方针，实行学术自由、写作自由、讨论和批评的自由，以开展广播电视的学术研究，促进具有中国特色的社会主义广播电视学（广播学、电视学）的建设和发展。

成语说：名正言顺。广播电视学是一个集合名词，分开来说就是广播学、电视学。这种合与分是相反相成的。近代科学技术发展趋势是科学分化占主导地位，而现代科学与技术革命，综合则有占主导地位的趋向。各门学科之间彼此渗透，紧密联系，既高度分化又高度综合。广播和电视具有共性，但又各有其特性。广播电视学主要是研究广播和电视的某些共同规律，而广播、电视自身的特殊规律，就需要广播学、电视学去着重钻研、探究了。广播学、电视学可以利用广播电视学的共性研究的成果，去深化其自身特殊规律的研究，而广播学、电视学的研究成果，又可以给广播电视学的研究提供基础和新鲜的资源。两者可以同步进行。广播学、电视学是广播电视学的子系统，它们的下面还有许多分

左漠野 (1913—1997)

347

支。广播电视学是研究广播电视的传播活动及规律的科学，它包括四个组成部分：广播电视宣传、广播电视技术、广播电视管理，广播电视史。广播电视宣传是四个组成部分的主体，而它们又是密切关联、互相交叉的。西方的大众传播学已经介绍到我国来了。但是还没有听说外国有一门广播电视学。那么，是否外国没有的东西我们就不能有呢？古老的指南针早已作出了否定的回答。具有中国特色的社会主义大众传播学，只能在实践、认识、再实践、再认识的循环中产生。

"广播电视有学"的提出，绝非意味着我们在广播电视方面已经有了不少学问了，而只是说其中大有学问，需要我们认真刻苦地去学习、钻研，学以致用。中国人民广播已有四十多年的历史，电视的历史也将近三十年了。我国广播电视工作者在过去几十年的实践中，积累了许多经验，从中找出了某些带规律性的东西，并且逐步使它们系统化。但是，总的说来，广播电视理论的研究还很不够，跟不上客观形势和整个事业发展的要求。关于广播电视的理论研究，无论是宏观的还是微观的，都还没有取得比较显著的成果。（略）

......

我想，从事广播电视学（广播学、电视学）的研究和写作，有三个需要注意的要点：

一、要联系实际。大家知道，具体地研究具体情况，是马克思主义的最本质的东西和活的灵魂。毛泽东思想就是马列主义普遍原理和中国革命具体实践相结合的产物。广播电视学有着较强的实践性。研究广播电视学必须联系我国广播电视的实际，包括历史的实际、当前的实际、可预见的未来的实际。在研究中，不仅是定性分析，而且一定要有定量分析，使两者很好地结合起来。联系实际的研究和写作，决不是堆砌事实、罗列现象，而是要从实际出发，总结以往的经验，研究当前的具体情况，关注可以预见的前景，虚实结合，以虚带实，提出问题，说明问题，解决问题。作为实践之认识的研究成果，应当是再实践的正确向导。只有密切联系中国广播电视和中国的实际，才能建设具有中国特色的社会主义广播电视学，也才能使它放出国际性的光彩。

二、要博览群科。"正像关于人的科学将包括自然科学一样，自然科学往后也将包括关于人的科学，这将是一门科学。"马克思关于人类科学发展的这一预见，正在我们的时代变为生动的现实。任何一个学科都不能孤立地进行研究，必须从相关的学科吸收有用的东西。广播电视学（广播学、电视学）也不能例外。广播电视理论的研究者，必须博览群科，从有关学科——新闻学、传播学、社会学、政治学、经济学、法学、历史学、教育学、心理学、美学、语言学、管理学、电子学、声学、光学等，批判地汲取合适的养分，以利于广播学、电视学这对孪生的婴儿茁壮成长起来。新的技术革命推动现代科学迅猛发展，相继出现了一序列新兴学科，如四十年代末几乎同时产生的系统论、信息论、控制论，对当代科学技术的发展和科学家的思维方式产生了重大影响。七十年代以来，又新兴和发展起耗散结构论、协同论、突变论。这些现代科学的理论和方法，特别是系统理论、系统方法，应该也能够应用到广播电视学的研究中来。当然，对于有关学科的借鉴、引用、汲取，要采取实事求是的科学态度，切忌浮光掠影，一知半解地生搬硬套。

三、要坚持经典。这个经典就是马克思主义哲学——辩证唯物主义。我们必须以马克思主义哲学，作为建设广播电视学的指针。辩证唯物主义是世界观和方法论。在科学的体系中，马克思主义哲学是最高层次。如果离开了这个经，就会走错道。只有很好地创造性地掌握和运用马克思主义哲学的武器，辅之以现代科学方法和广播电视学本身所独有的特殊方法，才能对我们所从事的工作的实际、情况、过程和问题，作出正确的分析、说明、概括、上升，逐步建成广播电视的科学的理论体系。

广播电视学的建设是一大系统工程，需要"众志成城"。我希望而且相信，在广播电视系统从事各种不同活动的同志们，都会关心和支援这项"基建工程"。学会的一个不言而喻的职责是"以文会友"，这个《学刊》就是会友以文的一个园地。我愿意和同志们在一起，勉作一个辛勤的园丁，用我们的心血和汗水，把这块园地经营好；同时，要发扬"开门办广播"的传统作风，把这个园地的门向外敞开，让各方面特别是兄弟新闻部门的同志们、朋友们的鸿文佳作连同建议与批评，能够不断地

左漠野 (1913—1997)

349

传来，使这个园地四季常青，很好地开花结果。

的确，广播电视方面的学问也是无止境的。古人说："书山有路勤为径，学海无涯苦作舟。"同舟共济于这无边学海中的人们，只要端正航向，协力同心，艰苦奋斗，就一定可以为所从事的事业找到新的彼岸。

（选自《中国电视学刊》1987 年第 1 期）

评析：

离休之后的左漠野，并没有让自己闲置下来，他将自己的精力从实际的广播工作转向了对广播电视事业的思考中去。在这一阶段的思考中，他认为"广播电视有学"，对此观点，他并没有仅仅停留在构思阶段，而是不遗余力地为之鼓呼奔走。在左漠野等人的努力下，中国广播电视学会和《中国广播电视学刊》相继诞生。作为首创者，左漠野功莫大焉。

（编撰：张培超 邓绍根）